LE BIGAME

Par XAVIER DE MONTÉPIN

Ce poison allait couler dans mes veines, il coulera dans les vôtres; buvez, madame.

F. ROY, Libraire-Éditeur, rue Saint-Antoine, 185.

LE BIGAME

PREMIÈRE PARTIE

CHAPITRE PREMIER

UNE MANSARDE DE LA RUE SAINT-HONORÉ

Le 30 août 1715, le plus considérable événement du dix-huitième siècle était au moment de s'accomplir. — Le Roi-Soleil allait s'éteindre, Louis-le-Grand allait disparaître du monde sur lequel rayonnait depuis si longtemps sa gloire impérissable.

Dans cette journée du 30, la marquise de Maintenon, accompagnée du Père Le Tellier, monta en carrosse et se rendit à Saint-Cyr.

Tous deux, à l'heure suprême, abandonnaient le roi, qui les fit vainement redemander l'un et l'autre.

L'agonie du monarque commença le 31 et fut empoisonnée par le spectacle de la plus monstrueuse ingratitude. — Le grand roi reconnut au lit de mort l'indifférence de ses fils, de ses filles, de ses parents, celle de sa favorite, la versatilité de ses courtisans, la duplicité du prêtre dont il avait fait son confesseur. — Seuls, quelques valets pleuraient autour de la couche où le colosse du siècle rendait son dernier soupir.

Le dimanche, 1er septembre, à huit heures et onze minutes, on entendit un long soupir. — Louis XIV était mort!

A neuf heures, les salons du duc d'Orléans furent trop étroits pour contenir la foule des courtisans.

Tandis qu'on procédait à l'ensevelissement du feu roi, la nouvelle du grand événement se répandait comme une traînée de feu dans Paris, où elle excitait une telle allégresse qu'on eût dit que la France venait d'être délivrée du plus cruel de tous les fléaux; une atroce joie éclata de toutes parts. Le peuple dansa, chanta, sur les places publiques. Monsieur d'Argenson, qui vainement avait essayé d'arrêter ce débordement impie, déclara qu'il serait impuissant à prévenir les plus affreux désordres si le convoi traversait Paris.

En conséquence, le 9 septembre, dans la soirée, le funèbre cortége partait silencieusement de Versailles, traversait le bois de Boulogne, et par des chemins détournés gagnait la plaine Saint-Denis.

Derrière le char funèbre d'un prince tant adulé toute sa vie, les courtisans faisaient presque absolument défaut. — Chose inouïe! il ne s'y trouvait pas six personnes qui n'y fussent point appelées par leurs fonctions. — Parmi les princes du sang, M. le Duc seul accompagnait le corps.

Quelques précautions qu'on eût prises pour éviter de honteux outrages à la dépouille mortelle du Roi, une populace effrénée remplissait la plaine Saint-Denis. — L'air retentissait de chansons scandaleuses et des éclats d'une joie sacrilége. — Sur le chemin, sous des baraques improvisées comme pour une foire, s'entassaient des tonneaux de vin et d'eau-de-vie. Des curieux, ivres déjà, chargeaient de sarcasmes obscènes et de sanglantes épigrammes la mémoire de celui qui avait été Louis XIV!!! D'aveugles fanatiques, transportés de rage par le souvenir des persécutions dont la bulle *Unigenitus* avait été l'objet, criaient qu'il fallait arracher les flambeaux du convoi, et, avec ces flambeaux, incendier les maisons des jésuites.

Du milieu de la foule s'élevaient des voix hurlant un quatrain qui faisait allusion au dépôt du cœur du roi dans la maison professe de la Compagnie de Jésus, où se trouvait déjà le cœur de son père.

Voici ces quatre vers, sauvages et exécrables, que nous reproduisons à titre de curiosité historique :

« C'est donc vous, troupe sacrée,
Qui demandez le cœur des rois...
Ainsi, d'un vieux cerf aux abois
On donne aux chiens la curée. »

Enfin, le 12 septembre, le Parlement, après une courte délibération, annulait le testament de Louis XIV, et déclarait M. le duc d'Orléans régent de France, pour administrer les affaires du royaume pendant la minorité du roi.

Philippe d'Orléans doit jouer un rôle d'une haute importance dans le récit que nous commençons.

Quelques semaines après ces grands événements, c'est-à-dire dans les premiers jours du mois d'octobre, à l'heure où tout dormait dans Paris, excepté les joueurs, les amoureux et les filous, le passant attardé sur le pavé boueux de la rue Saint-Honoré, et levant les yeux vers le ciel, aurait pu voir une lumière étrange briller derrière la fenêtre à petits carreaux de l'une des mansardes d'une haute maison de suspecte apparence.

Parfois cette lumière ne répandait qu'une clarté pâle, à peine perceptible et qui semblait près de s'éteindre; puis tout à coup elle grandissait rapidement, devenait rouge, fulgurante, presque éblouissante, et prenait des proportions d'incendie, pour disparaître bientôt et renaître encore après des intermittences d'une durée plus ou moins longue.

Ces intermittences pouvaient à la rigueur s'expliquer par l'action d'un soufflet de forge tantôt oisif, tantôt mis en mouvement par une main vigoureuse; mais il semblait peu vraisemblable d'admettre, dans une mansarde d'un quartier populeux, l'installation d'une forge et de ses accessoires.

A côté de cette fenêtre s'en trouvait une autre, celle-ci largement ouverte. — Dans son cadre sombre, et sur le fond faiblement éclairé de l'intérieur, on distinguait vaguement une forme humaine, debout et immobile.

Pénétrons dans la maison aux deux mansardes, gravissons les marches d'un escalier fétide qui n'avait pour rampe qu'une corde gluante, arrêtons-nous à l'étage le plus élevé, là où l'escalier finissait et où deux portes vermoulues se trouvaient en face l'une de l'autre.

L'une de ces portes va s'ouvrir devant nous et nous permettre de franchir le seuil d'une chambre étroite et basse, à demi conquise sur la toiture, et mal éclairée par une lampe de cuivre posée sur une petite table de sapin grossièrement travaillé.

Quelques siéges de bois, et deux lits, ou plutôt deux grabats, composaient tout le mobilier.

Sur l'un des deux lits, une femme âgée de quarante à quarante-cinq ans, mais beaucoup plus vieille en apparence à cause des longues mèches de cheveux déjà gris qui ruisselaient autour de son visage cuivré, dormait d'un sommeil fiévreux et agité. — De brusques tressaillements secouaient par accès son maigre corps, et ses lèvres murmuraient des paroles inintelligibles. — Cette femme se nommait Gillonne.

La forme humaine debout auprès de la fenêtre ouverte était celle d'une jeune fille, les yeux fixés sur le ciel éblouissant d'étoiles.

Cette jeune fille, cette enfant presque —(elle paraissait avoir seize ans à peine),

— s'absorba pendant quelques minutes encore dans la contemplation muette et profonde des astres innombrables dont les rayonnements semblaient la fasciner, puis elle abandonna brusquement l'embrasure, devenue pour elle une sorte d'observatoire, et regagnant l'intérieur de la chambre, sans toutefois refermer la fenêtre, elle se dirigea vers la petite table sur laquelle était placée la lampe de cuivre.

A côté de cette lampe se voyait, tout ouvert, un gros volume à tranches rouges, solidement relié en basane brune et garni de coins de cuivre vert-de-grisé. Des gravures sur bois, naïves de dessin et d'exécution, représentant des figures bizarres, en apparence incompréhensibles, attiraient le regard curieux sur les pages du vélin jauni.

Ce volume était un traité d'astrologie, compilation savante d'un maître ès-sciences occultes, résumant les théories de Naïbod, Maginus, Origène et Argol, au sujet du grand art d'interroger les constellations célestes, et de dresser, selon les règles, un thème de nativité.

La jeune fille s'assit, releva la mèche de sa lampe pour la contraindre à fournir une lumière un peu plus vive, plaça le livre sur ses genoux, et, de même qu'un instant auparavant elle s'était absorbée dans la contemplation des astres radieux, elle s'abîma dans la lecture, ou plutôt dans l'étude du mystérieux et vénérable bouquin.

L'étrange enfant qui, à une heure si avancée de la nuit, se livrait à cette occupation au moins bizarre, était une de ces merveilles éclatantes que la nature s'amuse de temps à autre à produire, sans doute afin de donner un irrécusable démenti aux incrédules dont le scepticisme affirme que la perfection absolue n'est pas de ce monde.

De taille moyenne, mais admirablement proportionnée, la jeune adepte des sciences occultes offrait le type oriental dans ce qu'il a de plus rare et de plus accompli. — De grands yeux d'un bleu très-sombre et d'un éclat presque insoutenable éclairaient son visage sublime et d'une chaude pâleur, semblable à celui de Balkis, l'éblouissante reine de Saba, venant offrir ses trésors et son amour au roi Salomon. — Une chevelure soyeuse, d'un noir velouté, se tordait trois fois en nattes épaisses autour de sa tête patricienne, et ne laissait voir que l'extrémité inférieure de ses petites oreilles nacrées.

Un vêtement de laine brune, élimé par un long usage, mais d'une propreté irréprochable, dessinait les contours à la fois sveltes et arrondis d'un buste sculpté en plein marbre de Paros.

Des mains effilées — (véritables mains de grande dame, aux doigts frêles et aux ongles roses) — terminaient les bras encore un peu grêles, mais d'une irréprochable pureté de forme.

Nous aurons achevé le portrait, ou plutôt le rapide croquis de cette divine créature qui se nommait Hilda, quand nous aurons dit que tout en elle était aussi parfait que le visage. — Ses moindres mouvements recélaient une grâce de chatte et de couleuvre. — Elle devait charmer irrésistiblement dès le premier regard, quoiqu'il y eût quelque chose de presque effrayant dans l'éclat métallique de ses prunelles, étincelant sous de longs cils recourbés, et je ne sais quoi de dur dans l'expression de son sourire, quand ses lèvres rouges comme du sang s'écartaient à demi pour dévoiler ses dents de jeune chien.

La merveilleuse créature, appuyant sa tête fine sur une de ses mains, lisait et relisait sans relâche les deux pages qu'elle n'avait un instant quittées que pour aller contempler le ciel. Évidemment elle forçait son intelligence à comprendre les formules obscures du livre cabalistique. — Par moments la ligne pure de ses sourcils se contractait, un pli se creusait sur son front, ses dents mordaient sa lèvre inférieure, puis cette contraction passagère disparaissait et le visage n'exprimait plus qu'une méditation profonde. C'est que la lectrice venait, à force de tension d'esprit, de résoudre quelque difficulté, insurmontable dans le premier moment.

Il en était ainsi depuis une demi-heure environ, et rien ne troublait le profond silence de la mansarde, quand la femme couchée et endormie se débattit tout à coup sur son grabat, comme sous l'obsession d'un cauchemar ; — en même temps elle poussait des gémissements inarticulés. — Enfin elle s'éveilla, haletante ; elle se dressa sur son coude d'un air effaré et elle murmura d'une voix gutturale et profondément émue :

— Hilda, tu es là, n'est-ce pas? C'est toi que je vois, mon enfant?

La jeune fille leva la tête à demi, et répondit du ton le plus calme :

— C'est parfaitement moi, oui, ma mère...

— Quelle heure est-il?

— Deux heures du matin viennent de sonner à l'horloge du Palais-Royal.

— Que fais-tu donc si tard, et pourquoi n'es-tu point au lit depuis longtemps?

— J'étudie... Je lis...

— Toujours le même livre?

— Toujours.

La femme couchée haussa imperceptiblement les épaules, et reprit :

— Il ne s'est rien passé d'extraordinaire depuis que je suis endormie?

— Rien absolument. — Que voulez-vous qui se passe ici? — Pourquoi me demandez-vous cela, ma mère?...

— Parce que je faisais un mauvais rêve, un rêve effrayant, un rêve horrible, et que j'en ai l'esprit si plein de trouble et d'effroi qu'il me semble avoir assisté véritablement aux choses qui s'accomplissaient dans ce rêve.

La jeune fille quitta son siége, posa son livre sur la table et s'approcha du lit.

— Ah! — dit-elle, — vous rêviez... — Quoi donc?

— Ta sœur de lait, Diane de Saint-Gildas, était dans cette mansarde...

— Eh bien! mais il me semble que ce n'est pas effrayant le moins du monde, — murmura Hilda en souriant.

— Attends donc!... tu vas voir... Diane te disait qu'elle était menacée d'un grand péril; elle ajoutait que toi seule au monde pouvais la sauver, et qu'elle venait se confier à toi...

— Et sans doute j'essayais de la protéger, et, malgré tout ce que je pouvais faire pour la défendre, ce péril l'atteignait!... Voilà ce qui vous a tant émue...

— Non, ce n'est pas cela... c'est bien pis!!... Tu répondais à Diane par des protestations de tendresse...Elle se jetait dans tes bras...Je vous voyais échanger des baisers comme deux sœurs séparées et qui se retrouvent; puis, soudainement, Diane devenait pâle... pâle comme une morte, et chancelait sous ton étreinte... Tu l'étouffais en l'embrassant...

— Je l'étouffais, mais sans le vouloir? — s'écria la jeune fille.

— Je le crus d'abord, mais bientôt je fus désabusée. — Diane murmurait : «*Hilda, tu me tues!!*» — et elle se débattait faiblement. — Toi, sans lui répondre, tu continuais à lui sourire, mais, en lui souriant, tu nouais plus étroitement ton étreinte... — Elle t'implorait d'une voix suppliante, qui peu à peu cessa d'être distincte. — Les gémissements devinrent un râle et ce râle lui-même s'éteignait. — Diane était morte!! — Tu ouvris les bras... — Elle s'abattit avec un bruit sinistre à cette place où te voilà... Il y avait du sang à ses lèvres et ses yeux fixes ne voyaient plus... — Alors, en souriant toujours, tu mis le pied sur son cadavre...

Un instant de silence succéda à ces dernières paroles. Hilda n'avait pu les écouter sans un frisson involontaire...

— C'est horrible, en effet, — dit-elle ensuite, — mais heureusement c'est insensé!... Ma mère, votre rêve n'a pas le sens commun! Vous savez bien que Diane est, après vous, la personne que j'aime le plus en ce monde! Vous savez bien que le plus grand chagrin, je pourrais même dire le seul chagrin de ma vie, est venu de notre séparation!

— Je sais tout cela, mais je sais aussi que les rêves sont un avertissement, et que les choses qu'ils annoncent, si invraisemblables, si impossibles même qu'elles paraissent, doivent tôt ou tard se réaliser. — Tu n'en doutes pas plus que moi, toi, ma fille, toi curieuse par dessus tout de sonder les arcanes de l'inconnu... toi que j'ai vue si souvent questionner ceux de notre race, les suppliant de t'initier à la science mystérieuse de l'interprétation des songes...

Au milieu de ses ruines gisait, étendu sur le dos, le corps ou le cadavre du locataire de la mansarde
(Page 12.)

Hilda secoua la tête en écoutant sa mère. —Elle allait répondre. —Elle n'en eut pas le temps...

Une explosion effroyable retentit à l'improviste, avec le bruit du tonnerre, dans la mansarde voisine, —celle dont nous avons vu la fenêtre éclairée par des lueurs intermittentes.

L'étage supérieur de la maison s'ébranla, comme secoué par un tremblement de terre. — Des fissures profondes sillonnèrent la mince cloison contre laquelle s'appuyaient les grabats de la mère et de la fille. — Par ces fissures se précipitèrent des torrents de fumée noire et infecte, accompagnés de cette odeur méphitique et asphyxiante particulière à certains gaz explosibles.

En même temps un cri se fit entendre, cri d'épouvante et d'agonie, et le bruit sourd de la chute d'un corps sur les briques du carrelage lui succéda sans transition.

Folle de terreur, la vieille Gillonne se précipita hors de son lit, et, par un mouvement tout instinctif, elle saisit Hilda dans ses bras et la pressa contre sa poitrine, en balbutiant d'une voix éteinte :

— Miséricorde ! nous sommes perdues !! Le toit de la maison va s'écrouler sur nous !! Fuyons, s'il en est temps encore...

Et, sans s'apercevoir qu'elle n'était vêtue que de sa longue chevelure grise en désordre et d'une chemise fort délabrée, elle s'efforça d'entraîner la jeune fille du côté de la porte...

CHAPITRE II

LE BLESSÉ

Hilda semblait avoir conservé tout son sang-froid. Douée sans doute d'une très-grande force de caractère, elle ne partageait que dans une certaine mesure l'épouvante irréfléchie de sa mère.

Elle se dégagea doucement de l'étreinte qui l'enlaçait, et elle répondit, en désignant du geste le plafond mansardé :

— Fuir !... à quoi bon ?...

— A sauver notre vie...

— Vous voyez bien, ma mère, que le danger n'existe plus, ou du moins qu'il n'a rien d'immédiat, puisque les poutrelles n'ont pas bougé... Le toit est solide encore, je vous en réponds, et ne s'écroulera pas de sitôt. Ne nous occupons donc plus de nous et songeons au malheureux qui certainement a besoin de nos secours, si toutefois, ce dont je doute, il est vivant encore...

La mère regarda sa fille d'un air étonné.

— De quel malheureux parles-tu? — murmura-t-elle.

— Ne le devinez-vous pas?

— Non...

— Je parle de notre voisin... Ce jeune homme pâle, vêtu de noir, qui semble aussi pauvre que nous, et que nous rencontrons de loin en loin dans l'escalier où il ne manque jamais de s'effacer contre la muraille pour nous laisser passer, en nous saluant avec une politesse de gentilhomme, comme si nous étions de grandes dames.

— Je sais qui tu veux dire. — Mais comment devines-tu qu'il a besoin de nos secours?

— Sa mansarde touche à la nôtre...

— Eh bien!...

— C'est dans cette mansarde que vient d'avoir lieu l'explosion qui vous causait tout à l'heure un si grand effroi...

— En es-tu sûre?...

— Certes!... Et vous pouvez en être sûre aussi bien que moi... Regardez! — s'écria la jeune fille en étendant la main vers la cloison dont les fissures profondes laissaient encore échapper des tourbillons de fumée et des bouffées de vapeurs délétères. — Jetez donc un vêtement sur vos épaules, et venez avec moi.

Dans l'intérieur modeste, nous pouvons même dire misérable, dont nous avons franchi le seuil, la jeune fille avait des habitudes de domination auxquelles sa mère se soumettait sans conteste. En conséquence la vieille Gillonne — (il nous faut bien la désigner ainsi, quoique sa vieillesse ne fût qu'apparente) — s'enveloppa rapidement dans une mante d'étoffe grossière, prit la lampe, et suivit Hilda qui venait de s'élancer sur le carré.

Pénétrer dans la mansarde voisine était chose facile, car la porte avait été arrachée de ses gonds et jetée en dehors, à moitié brisée, par cette explosion dont nous ignorons encore la cause et la nature.

— Hilda, ma fille, n'entre pas là! je t'en supplie... — cria Gillonne, épouvantée de nouveau par la fumée noire et infecte, chargée d'émanations sulfureuses, qui s'échappait de l'huis béant.

Sans tenir compte de cette recommandation maternelle, la jeune fille s'enfonça résolûment dans les ténèbres de la mansarde, et la vieille, ne voulant point l'abandonner, la suivit en tremblant de tous ses membres.

La lampe de cuivre menaçait de s'éteindre au milieu d'une atmosphère irrespirable. Sa clarté pâle permit cependant aux deux femmes de distinguer, parmi des débris de toute sorte, un fourneau en briques, presque intact, un grand soufflet de forge éventré, des creusets de métal et de terre cuite, et cinq ou six volumes in-folios, presque pareils à celui dans l'étude duquel Hilda s'absorbait quelques minutes avant ce moment. — L'explosion avait mis en pièces deux ou trois de ces volumes, et leurs feuilles, déchirées et tordues comme par une main furibonde, jonchaient le sol.

Au milieu de ces ruines gisait, étendu sur le dos, le corps ou le cadavre du locataire de la mansarde.

Ce corps était celui d'un jeune homme de vingt-cinq ou vingt-six ans, grand et mince, très-beau de visage malgré ses yeux fermés et sa pâleur livide.

Un éclat de verre, un morceau de cornue sans doute, avait fait au front une blessure d'où le sang coulait goutte à goutte, rendant la pâleur plus effrayante.

Hilda se tourna vers sa mère, et d'une voix agitée lui demanda :

— Vit-il encore ?

La vieille se pencha vers le corps, appuya sur le cœur l'une de ses mains ridées, et répondit en se relevant :

— Il vit, et même je ne crois pas qu'il ait beaucoup de mal.

— Son sang coule, cependant...

— Ceci n'est rien... un simple coupure que des compresses d'eau salée guériront en quelques heures.

— Est-ce à cette coupure, selon vous, qu'il faut attribuer l'évanouissement ?

— Non pas.

— A quoi donc alors ? Répondez, ma mère...

— Ce jeune homme faisait, sur le fourneau qui fume encore, je ne sais quelle cuisine infernale... Le pot qui contenait ses drogues a sauté, menaçant de renverser la maison, et jetant par terre l'imprudent qui m'en paraît quitte à bien bon compte...

— Enfin, ma mère, — répliqua la jeune fille, — que son état soit grave ou qu'il ne le soit pas, nous ne pouvons laisser là ce malheureux...

— Et que veux-tu que nous en fassions ?...

— Nous allons le porter chez nous...

— Chez nous ! Miséricorde ! — s'écria Gillonne. — Hilda, deviens-tu folle ? — Est-ce que nous avons de la place, chez nous, pour un étranger, pour un inconnu, pour un jeune homme ?...

— Il ne s'agit que d'offrir l'hospitalité pendant le reste de la nuit à un blessé dont l'état ne manquerait pas de s'aggraver faute de soin. — Il ne faut pour cela que bien peu de place. — Nous le coucherons sur mon lit jusqu'à ce qu'il ait repris connaissance.

— Mais...

Hilda prévit que la discussion allait s'égarer. Elle ne lui en laissa pas le temps.

— Aidez-moi, ma mère... — dit-elle.

En même temps elle prit le jeune homme par les épaules, et, douée d'un force nerveuse que son gracieux extérieur ne faisait point deviner, elle le souleva sans peine.

La vieille lui vint en aide, en grommelant tout bas, et au bout de quelques secondes l'habitant de la mansarde était étendu, toujours inanimé, sur le grabat qui servait de couche à la jeune fille.

Tandis qu'à l'étage supérieur de la maison se passaient les faits que nous venons de raconter, les étages inférieurs se remplissaient de bourdonnements presque pareils à ceux d'une ruche quand les abeilles se mettent au travail.

Brusquement arrachés au sommeil par la détonation, les locataires tout effarés avaient à la hâte quitté leurs lits. On entendait des clefs grincer dans les serrures, des portes s'ouvrir et se fermer, et des voix un peu tremblantes, voix de tout âge et de tout sexe, échanger des interrogations qui forcément restaient sans réponse.

Chacun demandait à son voisin ce qui s'était passé et quelle était la cause de ce bruit formidable? Le questionné n'en savait rien et devenait questionneur à son tour.

Enfin, quelqu'un ayant émis l'idée que le fracas venait des combles de la maison, une douzaine de curieux, tenant tous à la main des lampes ou des flambeaux, se mirent à escalader les marches, se bousculant les uns les autres pour arriver plus vite.

Quand ils parvinrent au sommet de l'escalier, par conséquent sur le théâtre même du désastre, clairement désigné par la fumée, par l'odeur sulfureuse et par les monceaux de débris qui faisaient un chaos de la mansarde dévastée, ils n'y trouvèrent plus personne.

La porte de la mansarde voisine venait de se refermer derrière les deux femmes emportant le corps du jeune homme.

A peine débarrassée de son fardeau, Gillonne leva les bras et les mains vers le ciel, comme pour le prendre à témoin qu'elle protestait silencieusement, mais de toutes ses forces, contre la fantaisie de sa fille.

Hilda, sans accorder la moindre attention sérieuse à cette muette protestation, sans même la remarquer peut-être, s'occupa de mener à bonne fin son œuvre charitable.

Elle commença par laver, avec une incroyable légèreté de main et des précautions infinies, le sang qui continuait à inonder de ses filets roses le visage du jeune homme. Ensuite elle imbiba d'eau fortement salée une compresse de toile qu'elle fixa sur le front à l'aide d'un bandage.

A peine cette compresse eut-elle touché les lèvres de la blessure, que la cuisante douleur causée par le contact du sel et de la chair vive galvanisa l'inconnu et lui fit, à l'instant même, reprendre connaissance.

Il ouvrit les yeux, — de grands yeux noirs et profonds, — il se souleva d'un mouvement brusque, en portant la main à son front endolori, il jeta les yeux autour de lui et, ne reconnaissant pas sa mansarde, il demanda d'une voix un peu faible :

— Où suis-je?

— Chez vos voisins, monsieur, — répondit Hilda; — dans la chambre qui touche à la vôtre...

Presque toujours, à la suite des événements causés par un choc d'une grande violence, la mémoire fait défaut pendant quelques secondes, ou, tout au moins, reste obscure et comme voilée.

Il en fut ainsi pour le jeune homme, car, ayant perdu momentanément le souvenir des événements antérieurs, il reprit, en s'adressant directement à Hilda dont il devinait la jeunesse, sinon la beauté, au milieu des demi-ténèbres de la mansarde :

— Mais comment suis-je ici, mademoiselle, et que m'est-il donc arrivé?

— Ce qui vous est arrivé, monsieur? — répliqua la jeune fille, — nous ne le savons, ma mère et moi, que d'une façon très-imparfaite, ou plutôt nous croyons le deviner, mais peut-être nous trompons-nous... — Comment vous êtes ici? — C'est bien simple. — Je vais vous le dire, et vos souvenirs rectifieront ou complèteront mon récit...

CHAPITRE III

CONFIDENCES

En peu de mots Hilda raconta ce que nous venons nous-même de raconter plus longuement.

Quand elle eut achevé sa courte narration, le jeune homme s'écria :

— Vous aviez deviné parfaitement juste. — Vous allez sans doute me regarder comme un insensé; mais, il faut bien que je l'avoue, je m'occupe d'alchimie. — Je consacre mon existence à poursuivre la réalisation d'un rêve, puisque c'est ainsi que le vulgaire appelle la mystérieuse étude de la transmutation des métaux... — Je cherche la pierre philosophale... le secret de faire de l'or... — Cette nuit, j'ai tout lieu de le croire, je touchais au succès... — Quelques minutes encore et j'allais m'écrier : — *Eureka!...* J'ai trouvé!... — Mon imprudence ne me l'a pas permis...

« Dans le transport de joie qui s'empara de moi en voyant que ma dernière expérience semblait décisive, je négligeai la plus vulgaire précaution, une précaution élémentaire...

« Je ne tins point compte de l'excessive dilatation du gaz dans une cornue placée sur mon creuset... Cette négligence me fut fatale... L'explosion que j'aurais dû prévoir, car elle était inévitable, vint renverser mes espérances et me foudroyer moi-même... Tout est à recommencer maintenant, et cette réussite, sur laquelle je comptais à bon droit, ne s'obstinera-t-elle pas désormais à me fuir comme elle l'a fait depuis si longtemps?...

« Enfin, quoi qu'il en soit, je ne me lasserai pas, et je recommencerai courageusement ma lutte contre l'inconnu... Il ne me reste en ce moment qu'à vous remercier du fond de mon cœur de ce que vous avez fait pour moi, et à vous débarrasser de ma présence. »

SCEAUX. IMP. CHARAIRE ET FILS.

En disant ce qui précède, le jeune homme quitta le lit sur lequel il était assis et voulut se diriger vers la porte; mais ses forces trahirent sa volonté. A peine debout, il lui sembla qu'autour de lui, dans la mansarde, tout se mettait à tourner avec une rapidité vertigineuse, en même temps que ses jambes refusaient de porter le poids de son corps.

Il retomba.

— Sang-Dieu! — s'écria-t-il avec un geste de colère, — que veut dire ceci? — On croirait que je me vais évanouir de nouveau! — Suis-je donc femmelette à ce point?

— Monsieur, — dit vivement Hilda, — il n'est point surprenant qu'à la suite du choc effroyable qui vous a terrassé, vous vous sentiez très-faible encore. — Moi qui vous parle, je serais fort surprise qu'il en fût autrement. — Résignez-vous donc à passer auprès de nous le reste de la nuit... — D'ailleurs, où voulez-vous aller?...

— Mais, chez moi, ce me semble. — Pour rejoindre mon humble logis, je n'ai que quelques pas à faire. Soyez bonne et charitable jusqu'au bout; permettez-moi de m'appuyer sur votre bras, et, malgré ce reste de faiblesse dont je rougis, mais qu'il m'est impossible de vaincre, je franchirai sans peine un si petit espace.

Hilda eut un sourire aux lèvres.

— Mon Dieu, monsieur, — murmura-t-elle, — il faut que je me sois, tout à l'heure, bien imparfaitement expliquée... je dois donc insister sur une mauvaise nouvelle. — Vous ne pouvez retourner chez vous...

— Et pourquoi cela, mademoiselle?...

— Parce que, dans votre logis, il ne reste rien qui ne soit brisé, hors d'usage! On croirait que le feu du ciel vient de passer par là, ne laissant après lui que les débris informes d'objets méconnaissables... Vous ne trouveriez chez vous, je l'affirme, ni un lit pour vous reposer, ni même une chaise pour vous asseoir...

— Ainsi, — balbutia l'étranger, — mes instruments de chimie?...

— Réduits en poussière...

— Mes livres?...

— Anéantis... sauf deux ou trois volumes, échappés par miracle au désastre...

Le jeune homme fit un geste de profond découragement. Sa tête se pencha sur sa poitrine et il balbutia :

— Plus rien! Comment recommencer maintenant?

L'étranger qui, par suite d'une catastrophe irréparable, se trouvait si brusquement introduit, à titre d'hôte, chez ses voisines, était, nous l'avons dit, un grand jeune homme brun, pâle et svelte, de vingt-cinq à vingt-six ans.

Son visage offrait des traits d'une régularité parfaite et d'une distinction irréprochable, mais ses yeux noirs, profondément enfoncés sous l'arcade sourcilière et

Aidez-moi, ma mère...., dit-elle, en même temps elle prit le jeune homme par les épaules. (Page 13.)

entourés d'un cercle bleuâtre, son nez aquilin aux narines mobiles, ses lèvres bien dessinées, mais un peu trop minces, et surtout faiblement colorées, donnaient à sa beauté quelque chose de sinistre.

Son costume, mis en grand désarroi par sa chute, et d'un drap sombre tout uni, comme un vêtement de petit bourgeois, n'avait cependant rien de vulgaire. — La coupe de cette grossière étoffe semblait révéler le gentilhomme.

— La tête me tourne, le cœur me manque, — balbutia-t-il au bout d'un instant — et j'ai maintenant grand'peur de perdre connaissance de nouveau, cequi serait absurde et n'aurait pas d'excuse... — Si j'osais vous prier, mademoiselle, de me donner quelques gouttes d'eau fraîche...

A peine avait-il prononcé ces mots qu'Hilda saisissait un gobelet d'étain et le remplissait jusqu'aux bords. — Elle le présenta au blessé qui le vida d'un trait et dont la physionomie exprima un soulagement immédiat.

— Ah ! — s'écria-t-il — cela fait plus de bien que je ne saurais dire, — me voilà complétement remis.

— Prenez garde, monsieur, — interrompit la jeune fille — tout à l'heure, déjà, vous vous croyiez fort... — Pas d'imprudence... !

— Oh! soyez tranquille, mademoiselle... — répliqua l'étranger en souriant — je me sens trop votre obligé pour ne vous point religieusement obéir... — Mais qu'il me soit au moins permis de vous apprendre à qui vous donnez l'hospitalité...

— Je crains que parler ne vous fatigue...

— En aucune façon, et comme les circonstances qui nous ont rapprochés doivent me donner à vos yeux toute la mine d'un aventurier, si ce n'est même de quelque chose de pis, je tiens à vous éclairer au plus vite... — Je n'appartiens, ni de près, ni de loin, à la catégorie des gens sans aveu... — Je me nomme le chevalier Gérard de Noyal.

— Gérard de Noyal ! — répéta la jeune fille avec un peu d'étonnement, — c'est un beau nom ! Vous êtes noble ?

— Autant qu'on le puisse être... — J'appartiens à l'une des plus vieilles familles du Poitou... — Mes ancêtres étaient aux croisades.

— Mais alors, vous êtes riche ?...

— Ah ! pour cela, par exemple, c'est autre chose !! — Je suis gueux comme un rat d'église !! — Job sur son fumier, de biblique mémoire, était un richard auprès de moi... Cela vous surprend ?...

— Beaucoup, je l'avoue... — Comment se fait-il qu'un gentilhomme ne possède aucune fortune?

— Rien n'est plus simple, vous allez voir... — J'ai deux frères, le comte et le vicomte de Noyal... Le comte, en qualité d'aîné, s'est mis en possession, sans entraves, des terres et seigneuries de la famille... Un fief était réservé pour le vicomte qui d'ailleurs, grâce à son titre, a fait un mariage riche... Il ne restait pour moi qu'une mince légitime... Messieurs mes frères avaient décidé de me faire entrer dans les ordres...

— On voulait faire de vous un prêtre ! — s'écria la jeune fille.

— Parfaitement bien.

— Et vous avez refusé ?

— Avec enthousiasme, et plutôt dix fois qu'une... La vocation me faisait défaut!! La perspective lointaine d'une mitre d'évêque, et même d'un chapeau de cardinal, ne me souriait que médiocrement... Ce refus inattendu formalisa mes frères qui comptaient sur ma soumission et qui prétendirent m'imposer l'obéissance... Une brouille complète résulta de ma révolte... On me signifia qu'on prétendait n'avoir plus rien de commun dans l'avenir avec le cadet rebelle qui faisait fi des grandeurs ecclésiastiques... Je quittai sans grand regret, pour n'y jamais remettre les pieds, le château de Noyal, et je vins à Paris, emportant ma légitime, une cinquantaine de mille livres environ...

— Cinquante mille livres... — murmura la jeune fille — c'est une somme!!

— Pour un pauvre diable sans ambition, sans passions, sans désirs, peut-être est-ce une somme en effet, mais pour moi, je vous l'affirme, c'était un peu moins que rien,..

— Il vous faut donc, pour être heureux, beaucoup d'or?

— Immensément!! — Vous voyez que je vous parle avec une entière franchise. Non que je sois avare... Ah! grand Dieu!! La vie est courte! Thésauriser me semble le dernier mot de la folie et de la sottise humaines!... J'aime l'or, non lpas pour lui-même, mais pour les jouissances qu'il procure, et ces jouissances je es veux sans bornes!! — Entasser... fi donc!! — Dépenser sans compter jamais, faire ruisseler l'or de mes mains sans cesse ouvertes, voilà mon rêve, et ce rêve je veux le réaliser ou mourir... — Peut-être, mademoiselle, ne comprenez-vous pas très-bien cela?

— Oh! si! si! je le comprends! — répondit Hilda d'une voix sourde, avec une sorte de farouche ardeur.

Gérard de Noyal continua :

— Avec de telles idées, avec l'amour effréné du luxe sous toutes ses formes, on ne va pas loin quand on n'a dans son escarcelle qu'un maigre denier de cinquante mille livres... Je ne me fis à cet égard aucune illusion. Un autre, à ma place, aurait dissipé joyeusement, en quelques mois, sa poignée d'or... Je résolus d'en faire l'enjeu d'une partie que j'allais jouer et qui devait, si j'en sortais vainqueur, mettre en mes mains une de ces fortunes inouïes, fabuleuses, sans limites, qui font d'un homme le roi du monde...

Gérard de Noyal s'interrompit et changea de ton.

— Ah çà! mais je parle, je parle, — dit-il, — sans songer que toutes ces choses doivent être pour vous d'un ennui mortel...

— Vous vous trompez, monsieur, — répliqua vivement Hilda. — Ces choses m'intéressent, au contraire, mille fois plus que vous ne pourriez le croire. Continuez donc, je vous en prie...

Le chevalier reprit :

— Par suite d'un goût vif et bizarre de certain de mes arrière-grands-oncles, lequel passait de son vivant pour très-original et même un peu timbré, la bibliothèque du château de Noyal où s'est écoulée mon enfance et ma première jeunesse, était amplement fournie d'ouvrages traitant des sciences occultes, telles que magie, cabale, divination et transmutation des métaux...

— Ah! — murmura la jeune fille.

— Mais, j'y songe, peut-être ne savez-vous guère ce qu'on entend par sciences occultes? Il me semble même assez probable que vous l'ignorez complétement...

— En cela, monsieur, vous vous trompez, et je suis mieux instruite à cet égard que vous ne le supposez.

— Puisqu'il en est ainsi, tant mieux; l'explication que je m'apprêtais à vous donner n'a plus de raison d'être...

Hilda fit un signe affirmatif.

Gérard de Noyal poursuivit :

— Un certain jour, étant très-jeune encore... (c'est tout au plus si j'avais quinze ans...) les pluies d'automne me clouaient au logis depuis une semaine, je m'ennuyais, que c'était miracle, et ne savais à quel saint ou à quel diable me vouer pour combattre cet ennui maussade; la bibliothèque m'offrit un refuge, et le hasard me fit mettre le nez dans je ne sais plus trop lequel des bouquins poudreux du grand-oncle...

« Etrange lecture pour un enfant, n'est-ce pas? — Je devais, selon toute vraisemblance, après avoir parcouru le premier feuillet, fermer le volume en bâillant, n'y voyant que ténèbres et n'y comprenant goutte... Il n'en fut rien! Je me sentis pris tout de suite, entraîné par une puissance supérieure dans les ténèbres qui s'éclairaient pour moi à mesure que j'y descendais... Je dévorai le premier volume... J'en lus un second, puis un autre, et, de plus en plus captivé, les journées ne pouvant plus suffire à la lecture de ces grimoires, j'y consacrai les trois quarts de mes nuits... Bref, au bout de deux ans d'études, ces sciences mystérieuses qui mettent aux mains de leurs adeptes une puissance presque divine, n'avaient plus de secrets pour moi...

« J'abrége : Vous devez maintenant comprendre de quelle audacieuse partie je prétendais vous parler tout à l'heure... Quand, après la rupture avec mes frères, je me vis sur le pavé de Paris, seul et maître de ma personne, ayant ma légitime en poche, je résolus d'utiliser mes longues études au profit de ma fortune à venir, de passer de la théorie à la pratique, d'expérimenter, d'agir, et d'employer jusqu'à ma dernière pièce d'or à découvrir le mot du grand problème de la transmutation des métaux.

« Dès le lendemain j'étais au travail. Depuis ce lendemain, près de quatre ans se sont écoulés. Les expériences sont chères! Les tâtonnements sont hors de prix!

Pendant quatre ans j'ai vécu comme un misérable, me refusant presque le nécessaire pour consacrer à mon œuvre toutes mes humbles ressources. J'avançais lentement, mais d'un pas ferme et sûr, soutenu par l'espérance au milieu de mes privations. Le succès n'était point douteux. J'ai déjà fait plus d'une découverte d'une importance énorme. Malheureusement, à mesure que ma confiance grandissait, ma bourse se vidait. Je quittai le logement modeste mais commode que j'avais occupé jusqu'alors, pour venir habiter la mansarde voisine de celle-ci. Qu'importe le gîte de l'heure présente, à celui qui bientôt possédera des palais auprès desquels Versailles ne sera qu'une masure?

« Hier, j'ai dépensé mon dernier louis pour une épreuve décisive. — Je touchais au but. — Cette nuit, l'heure du succès allait sonner pour moi... Quelques minutes encore, et j'allais être plus riche à moi seul que tous les rois et que tous les juifs de la terre. Un instant d'imprudence a tout anéanti, tout perdu! Je fais naufrage au port, et naufrage sans espérance désormais, car, pour recommencer mes travaux, il faudrait de l'argent, beaucoup d'argent, et je n'en ai plus... »

Après avoir prononcé ces dernières paroles d'une voix sombre, le chevalier, saisi d'un immense accès de découragement, laissa tomber sa tête sur sa poitrine et s'abîma dans un morne silence.

Hilda parut d'abord vouloir respecter ce silence, mais soudain elle fit un geste énergique et elle s'écria :

— Pourquoi dites-vous que tout est perdu?

Gérard, étonné, releva la tête.

— Faut-il vous le répéter? — demanda-t-il. — Ne m'avez-vous donc pas compris?... Je suis sans ressources, absolument sans ressources. Mon œuvre est de celles dont on ne parle qu'en souriant, avec une incrédulité moqueuse. Quiconque se consacre, comme je l'ai fait, à la recherche de la pierre philosophale, est traité d'illuminé, de visionnaire et de fou, quelquefois même d'impudent coquin qui cherche à spéculer sur la sottise humaine. Ah! je ne me fais point d'illusion, il n'existe personne au monde, personne, entendez-vous, à qui je puisse demander l'argent qu'il me faut, et qui consente à me le prêter.

— Quelle somme serait donc nécessaire? — murmura timidement la jeune fille.

— Deux mille livres, au moins... — répondit le chevalier.

— Et, avec deux mille livres, vous seriez certain de réussir?

— Aussi certain que je le suis de m'appeler Gérard de Noyal!! — Et notez bien qu'en affirmant ainsi je ne me leurre point de chimères... — Je parle de faits accomplis... — Oui, je réussirai, puisque j'avais réussi déjà. — Au moment de l'explosion, la transmutation était déjà opérée... — les métaux fondus dans le creuset venaient de se changer en or...

— Eh! bien, — dit Hilda d'une voix devenue ferme, — rassurez-vous, monsieur le chevalier, ces deux mille livres, vous les aurez.

— Parlez-vous sérieusement, mademoiselle? — s'écria Gérard, soudain galvanisé par cette promesse inattendue.

— Oui, je vous le jure.

— Et qui me les donnera?

— Moi.

En entendant ce mot, la vieille femme poussa une rauque exclamation, accompagnée d'un geste d'épouvante et de colère.

— Es-tu folle, malheureuse enfant? — demanda-t-elle ensuite. — Oublies-tu donc que nous sommes pauvres à ce point que d'un jour à l'autre le pain peut nous manquer? — Ces deux mille livres, où les prendras-tu?...

— Que vous importe, ma mère, pourvu que je les trouve?... et je les trouverai. J'ai promis... je tiendrai ma promesse...

— Et moi, — dit vivement Gérard de Noyal — je vous rends cette promesse, mademoiselle... — l'argent que vous m'offrez, je ne l'accepte pas...

— Pourquoi ?

— Est-ce un rôle digne d'un gentilhomme d'amener la discorde entre une mère et sa fille? Ce rôle ne sera jamais le mien...

— Prenez garde, monsieur, —répondit Hilda en souriant. — Je vais croire que vous regrettez vos confidences, et que vous avez peur de me donner une petite part des immenses richesses que pourraient mettre dans vos mains les deux mille livres offertes par moi et refusées par vous...

Gérard fit un brusque mouvement et voulut parler.

La jeune fille ne lui en laissa pas le temps.

— Oh! je devine ce que vous allez me répondre, — poursuivit-elle. — Un sentiment si vil ne pourrait entrer dans l'âme d'un gentilhomme; je le sais aussi bien que vous. Dispensez-vous donc de toute justification, car je ne songe guère à vous accuser. J'ai voulu vous contraindre à ne plus repousser l'aide qui vous viendra par moi, et je crois que j'ai réussi. Soyez tranquille, d'ailleurs, vous ne serez point un sujet de discorde entre ma mère et moi, comme vous semblez le redouter.

Puis Hilda, sans transition, ajouta:

— Vous avez besoin de repos. Endormez-vous d'un calme sommeil. Au moment de votre réveil, je vous en donne l'assurance, ma mère sera d'accord avec moi.

CHAPITRE IV

LE PAYS DES MIRAGES

Depuis quelques minutes Gérard de Noyal éprouvait une violente douleur de tête, accompagnée d'une prostration complète, d'un anéantissement général, contre lesquels il s'efforçait en vain de lutter.

Il se soumit sans résistance à la prière à peu près semblable à un ordre que renfermaient les dernières paroles de la jeune fille. Il laissa tomber son corps en arrière sur la maigre couchette, et un assoupissement profond, presque léthargique, s'empara de lui aussitôt.

A peine venait-il de fermer les yeux que Gillonne, oubliant la soumission passive dont elle semblait habituellement faire profession dans ses rapports avec Hilda, saisit cette dernière par le bras et lui dit d'un ton véhément :

— Enfin, m'expliqueras-tu ?...

— Plus bas, ma mère, — interrompit la jeune fille. — Voulez-vous donc réveiller le chevalier ?

— M'expliqueras-tu ce que signifie cette promesse de jeter deux mille livres dans les creusets d'un fou, car ce jeune homme est atteint de folie, c'est aussi clair que le jour, aussi lumineux que le soleil ??...

— Pour vous, peut-être, — répondit Hilda, — mais non pas pour moi. — Ne vous souvenez-vous plus que je suis, moi aussi, une adepte des sciences auxquelles il a consacré sa vie ? — Je crois à sa parole, je crois à son succès ! — Ce n'est point le hasard qui vient de nous rapprocher cette nuit d'une façon si prodigieuse... C'est notre destinée... Sans doute nous avons une étoile commune, puisque nos rêves sont pareils et que nos ambitions sont les mêmes, et je veux partager cette fortune prestigieuse qu'il n'atteindrait jamais sans moi et que je ne peux tenir que de lui!!! — Comprenez-vous maintenant, ma mère?...

— Je comprends que tu te nourris d'illusions vaines...

— Vous dites : *illusions*... — Je dis *réalités*, l'avenir nous apprendra qui de vous ou de moi se trompe...

— Mais, encore une fois, nous sommes pauvres... —Si nous voulions vendre à quelque juif ce que renferme cette mansarde (et nous ne possédons pas autre chose), c'est à grand'peine que nous en tirerions deux cents livres...

— Je le sais...

— Eh bien! où comptes-tu prendre la grosse somme dont ce gentilhomme a besoin?

— Je compte la demander à quelqu'un qui, certes, ne me la refusera pas...

— Qui donc?

— Ma sœur de lait, Diane de Saint-Gildas.

La vieille femme haussa les épaules, et répliqua:

— Diane n'a rien à elle, et la comtesse, sa mère, est pauvre pour une femme de son rang... Presque aussi pauvre que nous...

— Il lui reste des diamants, je le sais...

— Espères-tu qu'elle consente à s'en défaire pour t'en donner l'argent?...

— Je fais plus que l'espérer, j'en suis sûre. Elle n'a d'autre volonté que celle de Diane, et Diane fera ce que je lui demanderai de faire.

— Ainsi, tu te proposes d'aller trouver la comtesse à sa petite maison des bords de la Marne?

— Oui... Et vous viendrez avec moi, ma mère.

— Quand?

— Bientôt... Demain peut-être... Depuis longtemps mon cœur me pousse à ce voyage. J'ai tant envie d'embrasser Diane! Vous savez que je l'aime comme si elle était ma sœur...

— C'est pour cela que tu veux la dépouiller!

— C'est pour cela que je veux la faire riche, car je compte bien qu'elle aura sa part des monceaux d'or qui vont m'appartenir.

— Soit! — murmura la vieille femme. — Je ne discuterai pas plus longtemps... Quoi qu'on dise ou quoi qu'on fasse, tu finis toujours par avoir raison... Je m'en lave les mains... agis donc à ta guise...

— Merci! — dit Hilda en souriant.

— Et maintenant, si tu veux m'en croire, — reprit Gillonne vaincue, mais non pas convaincue, — nous essaierons de dormir pendant quelques heures. Voici que je me fais vieille, mon enfant, et le sommeil m'est nécessaire... Tu as donné ton lit... viens partager le mien. Je tâcherai de t'y faire une petite place, quoiqu'il soit bien étroit.

— M'expliqueras-tu ce que signifie cette promesse de jeter deux mille livres dans les creusets d'un fou? — (Page 23.)

— Gardez-le tout entier pour vous, ma mère... Je dormirai sur un des escabeaux.

Gillonne ne se le fit pas répéter deux fois. Elle alla se jeter sur son grabat, et, au bout de quelques secondes, le bruit de sa respiration égale et sonore indiqua qu'elle dormait d'un profond sommeil.

Hilda ne suivit point l'exemple de sa mère. Pendant le reste de la nuit ses grands yeux sombres restèrent ouverts, ce qui ne l'empêcha pas de rêver, — seulement elle rêva tout éveillée.

Depuis plus d'une heure un rayon de soleil, égaré par-dessus les toits de la maison d'en face, entrait dans la mansarde et trahissait sans pitié les misères de ce triste intérieur, quand le chevalier Gérard de Noyal fit un léger mouvement; ses paupières se soulevèrent, et le premier objet qui frappa ses yeux fut le divin visage de la jeune fille debout auprès de lui et le regardant.

Gérard fut littéralement ébloui, et, si nos lecteurs veulent bien se rappeler le rapide croquis tracé par nous de la merveilleuse beauté d'Hilda, ils comprendront cet éblouissement.

Pendant la nuit, au moment où il venait de reprendre connaissance, et dans les ténèbres que la petite lampe de cuivre rendait à peine transparentes, le gentilhomme avait cru voir que l'une de ses hôtesses était jeune et d'une tournure svelte et gracieuse, mais de là à soupçonner la beauté complète et foudroyante qui se révélait à lui, il y avait loin.

Hilda — peut-être — n'était pas coquette (nous n'affirmerons rien à cet égard), mais elle était femme, et, à ce titre, elle ne pouvait s'illusionner sur l'impression qu'elle produisait, ni s'empêcher d'en être ravie, car de son côté elle trouvait Gérard de Noyal tout à fait à son gré, et, tandis qu'elle profitait du sommeil du jeune homme pour contempler sa figure pâle et patricienne, elle sentait, pour la première fois de sa vie, son cœur battre à coups pressés dans sa poitrine de marbre rose.

— Comment vous trouvez-vous, maintenant, monsieur le chevalier? — demanda-t-elle d'une voix émue.

— Tout à fait bien, mademoiselle, grâce à vous... — répondit Gérard avec une agitation profonde, — car c'est vous qui m'avez sauvé? C'est vous qui avez arrêté mon sang?... Vous qui m'avez recueilli avec la charité d'un ange? C'est vous qui avez fait tout cela, n'est-ce pas?

— Suis-je donc si changée depuis cette nuit, — balbutia la jeune fille en souriant et en rougissant à la fois. — Suis-je donc si changée que vous ne puissiez me reconnaître?...

— Mon cœur vous reconnaît... Votre voix est la même... Mais c'est à peine si j'avais distingué vos traits, et je ne vous devinais pas si belle...

Après un court silence, Gérard ajouta en touchant successivement son front et sa poitrine :

— A présent, votre image est gravée là... et là... et rien au monde, je vous le jure, ne pourrait l'effacer... non, rien, pas même la mort, car cette image divine, en mourant, je l'emporterais avec moi...

Ces paroles furent prononcées avec une si vive ardeur que, sans le vouloir, en les écoutant, la jeune fille baissa les yeux.

Gillonne continuait à dormir, et par conséquent n'entendait rien de ce qui se disait dans la mansarde.

Hilda reprit, en détournant la conversation de la voie dans laquelle le chevalier venait de l'engager :

— Je vous avais promis qu'à votre réveil ma mère et moi nous serions d'accord au sujet de ces deux mille livres sans lesquelles vous ne pourriez reprendre vos travaux... — Mon espérance n'a point été déçue... — Ma mère a compris facilement les raisons que je lui donnais... — Tout est convenu entre nous... — Des choses de si haute importance ne doivent point être retardées... — Nous allons, dès aujourd'hui, quitter Paris pour aller trouver la personne qui nous remettra cet argent, mais notre absence sera courte. Avant trois jours, vous pouvez y compter, la somme sera dans vos mains...

— Ah ! — s'écria Gérard avec une exaltation voisine de l'extase. — En ce monde de défiance, de doute, d'incrédulité, j'aurai donc rencontré une âme prête à croire en moi, une âme confiante en mon honneur, et cette âme est celle d'une enfant qu'on voudrait adorer à genoux comme une apparition céleste ! — Le diadème de la beauté rayonne à votre jeune front... A cette couronne j'ajouterai celle de la richesse et de la puissance! Je vous placerai à de telles hauteurs que c'est à peine si les regards des hommes oseront monter jusqu'à vous !... — Dites-moi votre nom...

— Hilda.

— Eh bien, Hilda, je ferai de vous la reine du monde !...

La jeune fille sourit, et son sourire exprimait toutes les joies, tous les orgueils, tous les enivrements d'un triomphe sûr et prochain.

Cependant, au bout d'une seconde, elle murmura d'un ton enjoué, mais avec une nuance d'embarras :

— Voulez-vous me permettre, monsieur le chevalier, d'être très-indiscrète ?...

— Avez-vous besoin de le demander ? — répliqua vivement Gérard, — et tout ne vous est-il pas permis ?

— Eh bien ! avant de nous partager des sceptres, il faut vivre ; la catastrophe de cette nuit a tout détruit chez vous, et, si j'ai bien compris vos paroles, il ne vous reste aucune ressource...

— Vous n'avez que trop bien compris...

— Alors, — et c'est l'amie, c'est la sœur qui vous interroge, — comment allez-vous faire pendant notre absence ? Où trouverez-vous un asile et le pain quotidien ?

La jeune fille s'interrompit, puis, d'une voix très-basse et en balbutiant, elle ajouta :

— Laissez-moi vous offrir...

Elle n'eut pas le temps d'en dire davantage.

Gérard l'interrompit avec violence, presque avec colère, tandis qu'une vive rougeur colorait son visage pâle.

— De grâce, Hilda, — s'écria-t-il, — pas un mot de plus!... Vous m'avez offert une somme, relativement considérable, pour reprendre et compléter l'œuvre qui doit mettre dans nos mains unies des richesses incalculables... Sans hésiter j'ai répondu : «*J'accepte.*» Maintenant il s'agit d'une aumône... votre cœur généreux vous a fait oublier que la pitié devient presqu'une insulte quand elle s'adresse à un gentilhomme... Je vous pardonne du fond de mon âme cet outrage bien involontaire, mais, sans hésiter, je refuse!..,

Puis, voyant que les traits de la jeune fille exprimaient un confusion profonde et une angoisse douloureuse, il ajouta en contraignant ses lèvres à sourire:

— Et d'ailleurs, chère et belle enfant, soyez sans inquiétude... Ne craignez point qu'en votre absence je sois sans asile et sans pain... Si complétement dénué que je sois, il me reste pourtant ceci...

Tout en parlant, il retirait d'un doigt de sa main gauche un anneau d'or dont un petit saphir formait le chaton.

— Cette bague, — continua-t-il, — est de peu de valeur, je le sais... Je trouverai néanmoins sans peine à l'engager pour quelques écus... — Je l'ai gardée jusqu'à présent parce qu'un souvenir de ma mère s'y rattachait pour moi... Le moment est venu où je dois faire flèche de tout bois... J'utiliserai donc cette suprême ressource, et, grâce à elle, je ne manquerai de rien.

— Que votre volonté soit faite! — répondit Hilda.

— Et maintenant, — reprit Gérard, — maintenant que nous voici d'accord, c'est à mon tour d'être indiscret... — Laissez-moi vous demander une preuve de confiance semblable à celle que je vous ai donnée. — Vous connaisez mon passé, mes rêves, mes ambitions, mes espérances... Je ne sais rien de vous, si ce n'est que vous êtes belle, que vous êtes bonne, et que vous vous nommez Hilda... C'est bien peu... ce n'est pas assez. Parlez-moi de vous, je vous en supplie.

— C'est facile et ce sera court, — répondit Hilda, — car il n'y a rien absolument dans ma vie qui ne soit simple et vulgaire. — Cela ne vaut guère, ce me semble, la peine d'être écouté... Cependant, puisque vous le souhaitez, je vais vous faire ce récit...

Ce que raconta la jeune fille au chevalier de Noyal, nos lecteurs doivent le connaître : nous allons donc l'analyser pour eux aussi brièvement que possible.

Gillonne appartenait à la race errante et déshéritée des gitanos. Elle avait été dans sa jeunesse d'un merveilleuse beauté, dont son visage ridé et flétri avant l'âge n'offrait plus de trace au moment où commence ce récit. — Cette beauté ne lui avait point porté bonheur. — Conduite à Paris par les hasards de son existence aventureuse, elle était devenue maîtresse d'un gentilhomme qui semblait épris d'elle. Bientôt délaissée par son séducteur, elle s'était trouvée seule et dans le plus profond dénuement, près du berceau d'Hilda qui venait de naître.

Elle allait succomber sans doute à l'abandon et à la misère quand une bonne âme vint lui proposer de partager son lait entre sa propre fille et celle d'une grande dame, la comtesse Hermine de Saint-Gildas, frappée par un effroyable malheur.

Neuf mois avant la naissance de cette enfant qui se nommait Diane, le comte de Saint-Gildas, gentilhomme breton, accusé et convaincu de haute trahison, avait été condamné à la peine capitale, et sa tête était tombée en place de Grève, sous la hache du bourreau.

La confiscation des biens du coupable accompagnait l'exécution sanglante, comme presque toujours en pareil cas.

Madame de Saint-Gildas, épousée par amour et ne possédant personnellement qu'une fortune plus que modique, s'était trouvée tout à la fois plongée dans une misère relative, veuve d'un mari qu'elle adorait, et mère d'une enfant née dans les larmes et le désespoir. Ce désespoir fut si violent qu'il ressembla presque à de la folie, et qu'on eut, pendant quelque temps, de graves inquiétudes sur la raison de la comtesse.

L'un des symptômes les plus alarmants et les plus inexplicables était celui-ci : la malheureuse femme, au lieu de chercher des consolations dans la présence de sa petite fille, et dans les caresses qu'elle pouvait lui prodiguer, semblait ne la voir qu'avec épouvante et l'éloignait d'elle en donnant tous les témoignages d'une répugnance et d'une horreur incompréhensibles...

Pour repousser ainsi l'enfant de ses entrailles, ne fallait-il pas en effet que la jeune mère fût atteinte de folie ?...

CHAPITRE V

HILDA. — UNE RENCONTRE

Cette épouvante étrange, cette répulsion contre nature que la petite Diane — ainsi se nommait l'enfant — inspirait à madame de Saint-Gildas, furent d'ailleurs de courte durée. Après s'être affaiblies peu à peu, elles avaient fini par faire place à la tendresse la plus passionnée.

Une partie de cette tendresse s'était même reportée sur Gillonne, la nourrice, et sur Hilda, la sœur de lait de Diane.

Plusieurs années s'écoulèrent dans le logis modeste que la comtesse occupait au fond de l'une des rues les plus sombres du Marais.

Les deux enfants grandirent l'une à côté de l'autre, unies par les liens d'une affection que rien ne semblait pouvoir rompre jamais.

Elles atteignaient l'âge de quatorze ans, quand une nouvelle catastrophe frappa madame de Saint-Gildas.

L'homme d'affaires auquel la comtesse avait confié, pour les faire valoir, les capitaux qui composaient la plus forte partie de son humble fortune, était un fripon. Il disparut un beau matin en emportant l'argent de ses dupes.

Par le fait de cette banqueroute, madame de Saint-Gildas passa brusquement de la médiocrité à la gêne.

Elle ne parut point, d'ailleurs, s'en affliger outre mesure et prit un parti radical.

Elle vendit la plus grande partie des meubles, débris de son ancienne splendeur, qui garnissaient son logement de Paris, et elle se retira avec Diane dans une maisonnette de mince valeur qu'elle possédait au bord de la Marne, au pied des coteaux de Chenevières, non loin de la Varenne-Saint-Maur.

Au grand désespoir des deux enfants qui se considéraient comme deux sœurs et qui s'étaient juré cent fois que rien ne pourrait les séparer, elle n'emmena ni Gillonne ni Hilda, mais Gillonne reçut, au moment du départ, une somme suffisante pour subvenir à ses besoins pendant une année, et la comtesse lui promit en outre qu'elle ne l'abandonnerait pas, dût-elle pour cela prendre sur son nécessaire. — Disons tout de suite qu'elle tint religieusement parole.

Hilda n'avait pu deviner les motifs de cette brusque et douloureuse séparation, mais ces motifs nous les connaissons, et nous devons les expliquer à nos lecteurs.

Le moment était proche où les sœurs de lait allaient cesser d'être des enfants pour devenir des jeunes filles. La comtesse redoutait les ardeurs fatalement éveillées du sang bohémien transmis par Gillonne à Hilda, dont l'étrange et splendide beauté lui semblait inquiétante. Elle craignait les pernicieuses étincelles qui résultent trop souvent du choc de deux curiosités féminines, à l'âge où la puberté s'éveille. Elle craignait enfin qu'Hilda, dominée sans le vouloir par les instincts innés de sa race, ne sût point cacher les aspirations précoces qui peut-être fermentaient en elle, et ne portât involontairement le trouble dans l'âme candide et tendre de Diane.

Le courage aurait manqué sans doute à la comtesse pour éloigner d'elle la mère et la fille dont elle croyait l'attachement sans bornes et le dévouement sans limites; mais l'occasion ou plutôt le prétexte d'une séparation s'étant présenté, elle le saisit.

Diane et Hilda se quittèrent en sanglotant. — Madame de Saint-Gildas, pour consoler un peu ces pauvres cœurs brisés, promit à Diane que Gillonne et Hilda viendraient chaque année passer quelques jours à la maisonnette des bords de la Marne. Cette promesse ne tarit point les larmes, mais elle les rendit moins amères.

C'est à cette époque que l'ex-nourrice et sa fille s'installèrent dans la mansarde de la rue Saint-Honoré, où nous avons fait leur connaissance au premier chapitre de cette histoire.

Après avoir écouté le rapide récit d'Hilda, Gérard de Noyal questionna la jeune fille, et, en écoutant ses réponses, il constata, non sans surprise, quels étranges rapports existaient entre son caractère et le sien. — On eût dit deux âmes jumelles, animées des mêmes désirs, des mêmes aspirations, des mêmes espérances...

Hilda, comme Gérard, avait soif de pouvoir et d'or. Elle rêvait, comme lui, la richesse infinie, la domination sur toutes choses, presque une royauté. Elle se sentait attirée, comme lui, vers les sciences occultes dont le hasard avait mis à sa disposition les premiers éléments sous la forme du lourd volume qui l'absorbait si complétement.

Cette dernière découverte mit le chevalier littéralement hors de lui-même.

— Hilda ! — s'écria-t-il avec transport, — nous avons été créés l'un pour l'autre, car nous nous complétons l'un par l'autre. Je ferme les yeux, ébloui, presque aveuglé, par l'avenir inouï qui nous est réservé ! Ces sciences mystérieuses qui font de l'homme le rival de Dieu lui-même, puisqu'elles mettent en ses mains une puissance presque égale à celle du maître des rois, nous les étudierons ensemble ; ensemble nous découvrirons le mot du grand problème, et, de même que nous aurons partagé des océans d'or, nous partagerons le sceptre du monde !

Fascinée par ce langage enthousiaste dont la sonorité dissimulait le vide, Hilda écoutait, pâle et muette, et remuée jusque dans les profondeurs de son être.

Déjà, pour elle, n'existait plus la sombre mansarde où se disaient ces choses. Un voile tissu de rayons de soleil et de pourpre orientale couvrait les murailles nues, sur lesquelles, depuis un demi-siècle peut-être, d'innombrables misères avaient laissé des traces immondes. Tout s'absorbait, tout disparaissait, tout s'effaçait dans un miroitement fantastique.

Des bâillements énergiques, annonçant le réveil de Gillonne, mirent fin à l'entretien des jeunes illuminés et remplacèrent brusquement la poésie par la prose, l'illusion par la réalité.

Il fut convenu que les deux femmes allaient, une ou deux heures plus tard, se mettre en route pour l'ermitage de la comtesse de Saint-Gildas. Elles y passeraient la journée du lendemain, peut-être même celle du surlendemain, si Diane ne pouvait se résoudre à se séparer de sa sœur de lait après une si courte entrevue. Dans tous les cas, et au plus tard le troisième jour, elles seraient de retour à Paris.

Gérard de Noyal n'aurait alors qu'à venir frapper à la porte de la mansarde.

Hilda tendit au jeune homme sa main fine et patricienne, soignée comme une main de duchesse, car Gillonne, fondant sur la beauté de sa fille un vague espoir pour l'avenir, s'occupait seule dans le ménage de ces mille soins qui brisent les ongles les plus roses et brunissent la peau la plus blanche.

Le chevalier appuya ses lèvres sur la main fraîche et veloutée qu'on lui présentait, et il sortit en s'avouant à lui-même qu'il était épris follement, épris jusqu'à ce point de donner son nom à cette bâtarde d'un père inconnu et d'une gitana autrefois servante !

Un peu avant midi, Hilda et Gillonne quittèrent la maison de la rue Saint-Honoré, et prirent à pied la route de Vincennes dont il fallait traverser le bois pour gagner les bords de la Marne et arriver à la maisonnette de la comtesse de Saint-Gildas.

Chemin faisant, Hilda, rêveuse, gardait le silence et ne semblait pas même accorder un regard aux paysages qui l'entouraient.

— A quoi penses-tu donc, mon enfant ? — lui dit Gillonne tout à coup.

— Eh bien, Hilda, je ferai de vous la reine du monde !... (Page 27)

La jeune fille tressaillit comme quelqu'un qu'on éveille en sursaut.

— A rien, ma mère... — répondit-elle.

Cette réponse n'était point sincère. Hilda pensait à Gérard de Noyal.

— Et vous, ma mère? — demanda-t-elle.

— Oh! moi je pense à cette étrange histoire que je t'ai racontée... Je pense au secret que j'ai surpris un jour où la comtesse avait la fièvre et presque le délire... Je pense à la naissance de Diane...

Et les deux femmes continuèrent silencieusement leur chemin.

Gérard de Noyal, après avoir constaté curieusement les dégâts effroyables produits dans sa mansarde par l'explosion, et s'être étonné d'avoir pu sortir vivant d'un bouleversement si monstrueux, se dirigea vers la demeure d'un certain Roboam, honorable israélite qui faisait profession d'avancer de petites sommes sur de valables nantissements.

Plus d'une fois déjà il avait mis en gage, chez ce prédécesseur du Mont-de-Piété contemporain, des bijoux qu'il espérait vainement retirer quelques jours plus tard. Roboam, en se faisant beaucoup tirer l'oreille, avança vingt écus sur la petite bague au saphir, qui pouvait valoir deux cents livres.

Le chevalier, muni de cette faible somme, s'empressa d'acheter un chapeau, car il était nu-tête et les passants, le prenant pour un fou ou pour un échappé de prison, le regardaient avec une surprise inquiète.

Gérard se souvint ensuite que, depuis près de vingt-quatre heures, il était à jeun, — les tiraillements de son estomac le lui rappelaient énergiquement, — et il s'attabla dans la salle basse d'un cabaret célèbre à cette époque, le cabaret du *Chariot-d'Or*, où il arrosa d'une bouteille de vieux vin de Bourgogne un repas simple, mais réconfortant.

Complétement remis de la formidable secousse de la nuit précédente, tout à fait disposé par le vin de Bourgogne à voir la vie en beau et l'avenir couleur de rose, le chevalier résolut d'aller faire un tour au jardin des Tuileries, afin d'évoquer l'image rayonnante d'Hilda sous les grands marronniers voisins du cabaret de Renard.

La plus inattendue, la plus surprenante des aventures, l'attendait au début de cette promenade.

Au moment où, marchant distraitement et sans trop regarder devant lui, il allait franchir l'une des grilles du jardin royal, il se heurta contre un personnage de mine hétéroclite, mais de bonne figure, ayant la tournure d'un campagnard et le costume d'un citadin endimanché.

— Maladroit ! — dit Gérard mécontent d'être ainsi tiré de sa rêverie, — ne pouvez-vous être plus attentif ? Vous mériteriez une correction sévère pour vous apprendre à coudoyer si sottement un gentilhomme !

Notons en passant que Gérard était dans son tort, car l'abordage en question provenait principalement de son fait.

Le personnage hétéroclite, au lieu de se rebiffer contre l'interpellation injuste dont il venait d'être l'objet, fit un brusque mouvement de surprise et s'écria joyeusement :

— Bonté divine! mais c'est monsieur le chevalier!

Le gentilhomme, qui déjà s'était remis en marche, s'arrêta stupéfait.

— Vous me connaissez? — demanda-t-il.

— Miséricorde!... — répliqua le personnage. — Si je connais monsieur le chevalier Gérard de Noyal? Si je le connais? Mais je l'ai vu naître! Et monsieur le chevalier me connaît bien aussi... Qu'il prenne seulement la peine de me dévisager, et, sans le moindre doute, il me fera l'honneur de me reconnaître.

En même temps, se décoiffant de son large feutre, il se campa devant son interlocuteur, la figure épanouie, les lèvres souriantes, les yeux illuminés de tendresse.

— Attendez donc, — murmura Gérard après une seconde d'examen, — ou je me trompe fort, ou vous êtes Robert Briquet...

Le personnage frappa dans ses mains allègrement.

— Monsieur le chevalier ne se trompe pas, — fit-il ensuite. — Je suis Robert Briquet en personne...

Et, d'un ton plus grave, il ajouta :

— L'intendant de feu M. le comte Gontran de Noyal, le frère aîné de monsieur le chevalier...

— Mon frère est mort! — s'écria Gérard.

— Il y a six mois, d'une chute de cheval, et sans postérité!

— Je ne puis dire que je l'aimais, il avait été dur pour moi. Mais, à tout péché miséricorde... Je lui pardonne puisqu'il est mort! Dieu veuille avoir son âme.

— Par un testament bien en règle, — reprit Robert Briquet, — le comte laissait tous ses biens à son frère puîné, M. le vicomte, veuf, et père de deux fils, lequel prit possession du château et du domaine et me garda à son service en me conservant le titre et les fonctions d'intendant, titre dont je suis fier, et fonctions que j'exerce avec honneur et probité, j'ose le dire.

— J'en suis charmé pour vous, Robert Briquet, — répliqua Gérard, — car je vous crois un très-honnête homme. — Mais qu'êtes-vous venu faire à Paris, s'il n'est point indiscret de vous le demander?

— Je suis venu chercher monsieur le chevalier...

— Me chercher, moi! — répéta le gentilhomme. — Parlez-vous sérieusement?

— J'espère que monsieur le chevalier ne me fait pas l'injure d'en douter. Je suis à Paris depuis quinze jours, parcourant la ville du matin au soir et du soir au matin, et me faisant aider dans mes recherches par une douzaine de gaillards dont je solde grassement les pas et les démarches. Monsieur le chevalier restait introuvable malgré tout, et je commençais à désespérer du succès, quand tout à l'heure le hasard ou plutôt la Providence est venue à mon secours... Que Dieu en soit béni!

— Mais quel intérêt si pressant aviez-vous à me trouver?... Pour le compte de qui vous donniez-vous tant de mal et dépensiez-vous tant d'argent?...

— J'obéissais aux ordres de mon maître, le vicomte Amaury, aujourd'hui comte de Noyal...

— Mon frère s'inquiète donc de moi, maintenant?

— S'il s'en inquiète? le pauvre seigneur! Ah! je le crois bien! A l'heure qu'il est, son plus grand, je dirais volontiers son unique souci, est de savoir si monsieur le chevalier, dont on n'a pas eu de nouvelles depuis tantôt quatre ans, est encore de ce monde.

— Que lui importe et que veut-il de moi?

— Il veut vous voir, vous demander pardon des chagrins qu'il a pu vous causer jadis, vous serrer enfin dans ses bras, et j'ai mission, sitôt que je vous aurai retrouvé, de vous conduire, sans le moindre retard, au château de Noyal.

— Je n'irai pas!...

— Miséricorde!

— Qu'ai-je à faire dans cette demeure qui n'est point à moi, auprès de ce frère qui m'a presque chassé? Qu'y a-t-il de commun entre nous, excepté le nom, qu'il n'a pas pu me prendre?...

— Ce nom, monsieur le chevalier — (je devrais dire monsieur le vicomte, car vous êtes vicomte, maintenant), — vous avez à le perpétuer... Ce château, ces vastes domaines, vous avez à les recueillir, en qualité d'unique héritier!...

— Robert Briquet, vous perdez la tête! Oubliez-vous que mon frère a deux fils?

— Eh! monsieur le vicomte, c'est là justement ce qui vous trompe! Vous ignorez tout ce qui s'est passé! Ces deux fils sont morts l'un après l'autre, dans un espace de moins de six mois, et leur père, atteint d'une de ces maladies de langueur qui ne font jamais grâce, qu'on ne peut même point combattre, mais dont on calcule à coup sûr la marche et les progrès, n'avait plus un mois à vivre, de l'avis des médecins qui le soignent, quand je l'ai quitté il y a quinze jours! — Vous voyez que le temps nous presse... Vous voyez qu'il faut partir au plus vite, car votre frère est à deux doigts de la tombe, et vous comprenez bien qu'il ne testera pas avant d'avoir la certitude que vous lui survivez pour posséder son héritage.

———

CHAPITRE VI

LE DÉPART.

L'homme le plus vigoureusement trempé, qui vient de mettre en gages, pour vingt écus, son dernier bijou, n'apprend point à l'improviste sans un trouble immense, sans une profonde émotion, qu'il va se trouver riche.

Gérard subit la loi commune.

Il oublia pendant un instant les trésors fabuleux, encore hypothéqués sur les brouillards de la pierre philosophale, pour ne songer qu'à cette fortune positive et palpable qui s'offrait à lui, fortune bien suffisante pour la réalisation de rêves moins ambitieux et moins insensés que les siens.

Lui, le pauvre cadet deshérité dont on avait voulu, malgré sa volonté, faire un prêtre, il allait devenir le comte de Noyal, le dernier représentant d'une race illustre et le maître absolu des vastes domaines dont il portait le nom.

Gérard sentit comme un vertige s'emparer de lui. — Il devint très-pâle et chancela visiblement.

Robert Briquet s'empressa de le soutenir, tout en s'écriant :

— Eh ! sarpejeu ! monsieur le chevalier... c'est-à-dire, monsieur le vicomte... n'allez-vous pas vous évanouir ! Ce ne serait point le cas ! le temps nous manque ! nous sommes trop pressés ! vous avez eu de la force d'âme contre la mauvaise fortune, en aurez-vous moins contre la bonne ?

— Ce n'est rien, mon brave Robert, — répondit Gérard en souriant, — un peu d'étonnement, pas autre chose... — me voici tout à fait remis, et presque familiarisé avec la nouvelle prodigieuse que vous êtes venu m'apporter...

— A la bonne heure, je comprends cela... Et, maintenant, que monsieur le vicomte veuille bien me permettre de l'accompagner jusqu'à son logis. — Faisons les paquets, et en route?

Gérard secoua la tête.

Il venait de se souvenir des événements accomplis depuis la veille, et de son amour pour Hilda.

— Eh ! quoi... — balbutia Robert Briquet devenu pâle à son tour — monsieur le vicomte refuserait-il encore de me suivre ?

— Non — répondit le gentilhomme, — je ne refuse plus... — je vous accompagnerai, mais nous ne pourrons partir aujourd'hui...

— Et quand donc, alors ?

— Dans trois jours.

L'intendant des Noyal leva les mains et les yeux vers le ciel, comme pour le prendre à témoin qu'il protestait de tout son pouvoir contre l'énormité qu'il venait d'entendre.

— Dans trois jours ! — répéta-t-il d'une voix douloureusement agitée, — miséricorde ! mais c'est impossible !!

— Il faut, cependant, que cela soit...

— Je supplie monsieur le vicomte de se souvenir que je viens déjà de perdre deux semaines à Paris, tandis que je le cherchais vainement...

— Et moi, je vous l'affirme, je ne quitterai point Paris avant le retour d'une personne qui n'y reviendra que dans trois jours...

— Un tel retard est désespérant ! — nous laisserons à monsieur le comte Amaury le temps de mourir sans tester ! ou, ce qui serait pis encore, ayant fait un testament en faveur des collatéreux...

— A la grâce de Dieu !

— Monsieur le vicomte joue sa fortune sur un coup de dé !...

— Quand bien même je serais sûr de perdre la partie, cette certitude n'ébranlerait point ma résolution... — Ainsi donc n'insistez pas... — Ce que j'ai résolu doit s'accomplir, et s'accomplira malgré tout...

Ceci fut dit avec un accent de fermeté auquel il était impossible de se méprendre. — Robert Briquet baissa sur sa poitrine sa tête résignée.

— Enfin ! — murmura-t-il. — Nous partirons dans trois jours, et fasse le ciel qu'il soit encore temps !

Puis, jetant un coup d'œil discret, quoique investigateur, sur le costume singulièrement délabré de Gérard, il continua :

— Monsieur le vicomte profitera de ce retard pour renouveler sa garde-robe.

— Voilà qui est facile à dire, — répliqua le gentilhomme en riant.

— Monsieur le vicomte me permet-il de lui adresser une question ?

— Certes !

— Est-ce que par hasard, monsieur le vicomte ne serait point en argent comptant?

— J'y suis d'autant moins que, la nuit dernière, un incendie auquel je n'ai échappé que par une sorte de miracle s'est déclaré dans mon logis et a détruit tout ce que je possédais... Je me hâte d'ajouter que je ne possédais pas grand'chose...

— Par bonheur je suis en mesure de parer au plus pressé... Le comte Amaury m'avait enjoint de me munir assez amplement pour faire face à quelques dépenses imprévues... Monsieur le vicomte, je l'espère, voudra bien accepter ceci... il y a là dedans trois mille livres...

Tout en parlant, Robert tirait d'un de ses vastes poches une bourse de soie gonflée d'or et la présentait à Gérard.

Ce dernier prit gaiement la bourse.

— Un à-compte sur l'héritage, n'est-ce pas? — dit-il. — J'accepte... Où logez-vous, mon brave Robert?

— J'ai pris gîte, rue des Bons-Enfants, dans une hôtellerie fort modeste, à l'enseigne de l'*Épée de Bois*...

— Eh bien, j'y veux loger avec vous, et nous allons nous y rendre de ce pas car je ressens un peu de fatigue...

Le futur héritier et le digne intendant gagnèrent ensemble l'hôtellerie de l'Épée de Bois.

Robert Briquet se mit aussitôt à rédiger une longue lettre, pour annoncer au comte Amaury que Gérard de Noyal était retrouvé, mais que par suite de circonstances indépendantes de sa volonté le départ pour l'Anjou ne pouvait avoir lieu que dans trois jours.

— Si mon épître trouve le comte encore de ce monde,—pensait Robert en portant sa missive à la poste, — il testera, et rien n'est perdu... Mais le trouvera-t-elle vivant ou mort? voilà la question... Enfin, à la grâce de Dieu! comme disait monsieur le vicomte!

Gérard ne s'ennuya point le lendemain. Il employa toute la journée, et la plus grande partie de l'argent de Robert Briquet, à retirer les quelques bijoux engagés chez Roboam, et à faire les emplettes de linge et de vêtements indispensables à un gentilhomme dont la garde-robe se trouvait depuis longtemps réduite à sa plus simple expression.

Ces acquisitions terminées, il les emballa dans deux grandes et belles malles neuves, ou plutôt il les vit emballer par l'intendant qui voulait tout faire à lui seul.

Le retour de Gillonne et d'Hilda, on doit s'en souvenir, avait été annoncé, non comme certain, mais comme possible, pour le second jour; aussi, le surlendemain, Gérard monta vingt fois les cinq étages de la maison qu'elles habitaient, pour aller frapper à la porte de leur mansarde.

SCEAUX. IMP. CHARAIRE ET FILS.

Le soir arriva et les deux femmes n'avaient point paru.

— Ce sera pour demain, — murmura le gentilhomme, en allant rejoindre Robert Briquet à l'hôtellerie de la rue des Bons-Enfants.

— Monsieur le vicomte, — lui dit l'intendant, — c'est demain le troisième jour... J'ai votre parole, et jamais un Noyal n'a manqué de tenir ce qu'il a promis... A quelle heure vous plaît-il que la chaise de poste soit devant la porte et que nous nous mettions en route?...

Après un instant de réflexion, Gérard répondit :

— A cinq heures du soir...

— C'est bien tard! mais enfin nous voyagerons jour et nuit, et nous rattraperons le temps perdu...

Avant midi le jeune homme arriva rue Saint-Honoré. — Rien encore!

— Elles ne peuvent tarder beaucoup... — pensa-t-il, et, pour les attendre, il s'installa tant bien que mal au milieu des débris de la mansarde qui avait été son propre logis, puis, les yeux fixés sur sa montre, il sentit une fiévreuse impatience s'emparer de lui et grandir à mesure que s'écoulaient les minutes, les quarts d'heure et les heures.

Par un phénomène inexplicable, les secondes lui paraissaient se traîner avec une mortelle lenteur, et en même temps les aiguilles de sa montre lui semblaient courir vers cinq heures d'une marche rapide et comme affolée.

Enfin il ne resta plus que quelques minutes.

— Elles n'arriveront pas aujourd'hui! — s'écria Gérard avec rage. — Hilda m'oublie! Elle s'est repentie, peut-être, de l'engagement pris avec moi! Que faire? Attendre encore? Impossible! Robert Briquet compte sur moi et m'accuse déjà, sans doute, d'être infidèle à ma parole! J'ai promis... il faut partir; mais au moins, avant de m'éloigner, j'écrirai. Il ne faut point qu'Hilda, en ne me trouvant plus, puisse me croire perdu pour elle!

Cette résolution à peine prise, le gentilhomme l'exécuta. — Il détacha de ses tablettes une feuille de papier, sur laquelle il traça au crayon les lignes suivantes :

« Chère Hilda, pendant votre absence une grande nouvelle m'est arrivée. La mort a frappé dans ma famille et doit frapper encore. L'aîné de mes frères n'est plus. Le second va le suivre dans la tombe. Ce double deuil mettra dans mes mains toute une fortune. Je pars pour aller recueillir en Anjou un héritage considérable; mais je reviendrai bientôt le partager avec vous, en attendant que vous acceptiez la moitié de la richesse cent fois plus grande dont la source est dans mes creusets.

« Je m'éloigne, le cœur désolé de ne point vous avoir revue. L'espoir seul du prochain retour me soutient et me console. Pensez à moi, je vous en supplie, comme je vais penser à vous, et tâchez d'aimer un peu celui qui vous aime mille fois plus que la vie. »

— Bonté divine ! mais c'est Monsieur le chevalier ! (Page 35.)

Et il signa : Gérard de Noyal.

Ce billet écrit et plié, il fallait trouver un moyen de le faire remettre à son adresse.

Le gentilhomme se souvint que dans un petit logement au-dessous de la mansarde vivait avec sa fille, enfant de sept ou huit ans, une veuve jeune encore et qui passait pour pauvre.

Gérard alla heurter à la porte de ce logis. La petite fille lui ouvrit. Elle était seule.

— Mon enfant, — dit le gentilhomme à la petite qui ne le reconnut point, tant l'élégance de son costume le rendait différent de ce qu'il avait été jusque-là, — tu connais bien, n'est-il pas vrai, les deux dames qui demeurent là-haut?

— La Gillonne et Hilda, — fit l'enfant, — oui, je les connais.

— Voici un papier pour Hilda... Tu vas le prendre, et, ce soir ou demain, tu monteras le lui porter.

La petite fille avança la main et prit le papier.

— Tu me promets de ne pas l'oublier?... — continua Gérard.

L'enfant fit un signe affirmatif.

— Je ne te demande nullement d'ailleurs de me rendre ce service sans y joindre une récompense... Tu vois cette belle pièce d'or toute neuve... Elle est à toi... tu peux la donner à ta mère, ou t'en servir pour acheter tout ce que tu voudras...

Une pièce d'or!! Jamais l'enfant n'avait contemplé d'aussi près cette monnaie resplendissante! Rendue muette et quasi stupide par l'étonnement, elle ne répondit rien et se mit à couver son trésor d'un regard ébloui.

— Souviens-toi! — reprit M. de Noyal, — la lettre est pour Hilda... Remets-la-lui ce soir ou demain.

Et il s'élança dans l'escalier, car, depuis quelques minutes déjà, cinq heures venaient de sonner et il ne voulait point avoir même l'apparence de manquer de parole à Robert Briquet.

Ce dernier trépignait d'impatience près de la chaise de poste stationnant, toute chargée et postillons en selle, devant la porte de l'*Epée-de-Bois*, au milieu d'un rassemblement de badauds.

Une exclamation joyeuse et triomphante s'échappa de ses lèvres au moment où Gérard apparut, essoufflé par sa course rapide.

— Que Dieu soit béni, Monsieur le vicomte! Enfin, c'est vous! — murmura le digne homme en ouvrant la portière.

M. de Noyal, sans toucher le marchepied, sauta dans le carrosse. Robert Briquet prit place respectueusement sur la banquette de devant, glissa sa tête entre les rideaux de cuir qui remplaçaient les vitres, et cria aux postillons :

— Au galop, vous autres!... Route d'Anjou!...

Fouets et grelots retentirent à la fois, et l'attelage partit ventre à terre dans la direction indiquée.

Tandis que ceci se passait rue des Bons-Enfants, la veuve qui demeurait rue

Saint-Honoré, au-dessous de la mansarde de Gillonne, rentrait dans son logis et trouvait sa petite fille absorbée de plus en plus dans la contemplation extatique de la pièce de vingt-quatre livres donnée par Gérard.

— Regarde, maman! regarde! — s'écria l'enfant en frappant dans ses mains.

— Qu'est-ce que c'est que ça? — demanda la mère, qui ne pouvait en croire ses yeux.

— Un beau louis d'or...

— A qui est-il?

— A moi, maman...

— Qui te l'a donné?

— Un jeune seigneur superbe qui est entré chez nous tout à l'heure.

— Et pourquoi te l'a-t-il donné?

— Pour la peine que j'aurai de monter à Hilda le papier que voici...

Et elle désignait du doigt le billet du gentilhomme, placé sur une table auprès d'elle.

La mère le prit avec défiance; elle le tourna et le retourna à plusieurs reprises, mais elle ne le déplia point. — Elle ne savait pas lire.

— Hum! — grommela-t-elle entre ses dents, — ceci ne me dit rien de bon; la Gillonne est une sorcière, sa fille une franche aventurière, et le jeune seigneur doit être un coureur de guilledou! Il peut chercher ailleurs qui porte ses billets! Nous ne faisons point ces métiers-là!

Et, sans délibérer plus longtemps, elle jeta le papier au feu.

— Mais le beau louis d'or, maman? — murmura l'enfant inquiète.

— Quant au louis, c'est différent, — répondit la veuve, — autant qu'il profite à nous qu'à d'autres... Il est de bonne prise et je le garde...

CHAPITRE VII

A LA VARENNE-SAINT-MAUR

Les bords de la Marne, au commencement du dix-huitième siècle, ne ressemblaient guère à ce qu'ils sont devenus à notre époque de *villégiature* à outrance.

Le mot que nous venons d'écrire était inconnu, et la chose ne l'était pas moins. Bourgeois et marchands de Paris n'avaient point les goûts champêtres, aujourd'hui si largement développés.—Ils ne songeaient guère à posséder de petites maisons et de petits jardins aux alentours de la grande ville. Les prés Saint-Gervais, le moulin de Javelle, et quelques autres lieux de divertissements qui jouissaient d'une vogue plus ou moins méritée, remplaçaient avantageusement pour eux la campagne.

Le canotage, lui non plus, n'existait pas, ni par conséquent les canotiers. La Seine et la Marne n'avaient jamais vu filer sur leurs eaux paisibles les yoles rapides, conduites par de folles équipes de matelots en vareuses rouges, remplissant le soir de leurs chants et de leur gaieté les cabarets riverains où triomphent la friture et le lapin sauté, arrosés d'un petit vin bleu piquant que la chaleur et la fatigue font paraître exquis aux buveurs.

Les villages, même dans la zone la plus rapprochée de Paris, étaient de vrais villages, habités par de vrais paysans, et les habitations seigneuriales, aujourd'hui disparues, trônaient fièrement au milieu de leurs parcs immenses, dans lesquels la spéculation découpe aujourd'hui des jardinets à six francs le mètre — (avec facilité de payement).

Presque en face du hameau de Chenevières, pittoresquement campé sur sa colline abrupte, un peu plus loin que la machine hydraulique qui fournit de l'eau aux habitants de La Varenne-Saint-Maur, s'élevait, sur la rive de la Marne dont son enclos n'était séparé que par le chemin de halage, une maison, ou plutôt une chaumière que rien ne distinguait extérieurement des plus pauvres habitations du village voisin, et cependant charmante en sa simplicité.

Cette maison, couverte en chaume, n'avait qu'un rez-de-chaussée percé de trois ouvertures, une porte cintrée et deux fenêtres à petits carreaux.

Un vieux tilleul presque centenaire ombrageait le toit moussu. Un berceau de charmilles, formant une voûte de feuillages impénétrable aux rayons du soleil, s'étendait le long des murs de clôture. Le petit jardin, qui pouvait mesurer deux arpents, était rempli de fleurs. Deux pieds de chèvre-feuille grimpaient sur la façade de la maisonnette et faisaient aux fenêtres un encadrement de pousses folles.

Rien n'empêchait de supposer que ce jardin appartenait à des paysans épris de verdure et de fleurs, mais, aussitôt qu'on avait franchi le seuil de la chaumière, on devait changer d'opinion.

Un couloir étroit, divisant le logis en deux parties, donnait accès dans deux pièces de dimensions inégales.

La plus grande, dans laquelle on pénétrait tout d'abord, formait un salon garni de meubles qui n'étaient plus neufs, mais dont la richesse et l'élégance auraient été remarquées, même à Paris, dans un hôtel de grand seigneur.

Le *sopha* de vaste dimension, et les fauteuils en bois sculpté et doré d'un merveilleux travail, portaient une couronne de comte au sommet de leurs dossiers.

Des armoiries — (un esquif d'or au champ de gueules) — étaient brodées au petit point sur les tapisseries de ces meubles.

Une tenture d'étoffe de soie, un peu fanée mais jadis splendide, couvrait les murailles. Deux consoles dorées, aux marbres de brèche antique rouge, se faisaient pendant de chaque côté du salon.

Au-dessus de l'une de ces consoles se voyait une glace de Venise admirable, dans son cadre de cristal et de plomb.

En face, un grand portrait, peint par un élève de Rigaud, attirait et fixait le regard.

Ce portrait était celui d'un gentilhomme de trente ans à peu près, d'une beauté mâle et souriante. Dans un angle de la toile brillait le même écusson que sur les tapisseries des fauteuils. Au sommet du cadre une couronne de comte. A cette couronne un crêpe noir, suspendu, flottait.

Çà et là quelques petits meubles précieux, incrustés de cuivre et d'ivoire, supportaient des potiches du Japon et des vases de Sèvres.

Dans le salon se trouvaient deux femmes, la comtesse Hermine de Saint-Gildas et sa fille Diane.

La comtesse Hermine — (Hermine, la bien nommée, l'appelait-on jadis à cause de l'éclatante blancheur de sa peau) — était une femme de trente-six ou trente-sept ans tout au plus, admirablement belle encore malgré la pâleur presque livide qui témoignait de ses longues souffrances. Les pleurs avaient rougi ses paupières et voilé l'éclat de ses grands yeux du bleu le plus doux. Son visage exprimait la tristesse et la résignation. Une chevelure épaisse et qui semblait poudrée, couronnait son front de reine. En une seule nuit cette chevelure était devenue blanche comme la neige — (la nuit qui suivit l'exécution du comte de Saint-Gildas), — et la comtesse alors avait vingt ans à peine!

Diane, adorable et blonde enfant de seize ans, ressemblait vaguement à sa mère, seulement toutes les roses du printemps s'étaient effeuillées sur ses joues, et les naïves gaietés de son âme innocente éclataient dans son regard et dans son sourire.

Madame de Saint-Gildas portait le grand deuil. Le voile de veuve s'attachait sur ses cheveux blancs, comme au lendemain du jour où la tête du comte était tombée en place de Grève.

Diane était vêtue d'une étoffe de toile peinte à mille raies bleues sur un fond blanc. Les paysannes coquettes du pays ne s'habillaient point d'une autre manière, mais la jeune fille donnait à ce simple costume la grâce et la distinction dont elle était douée si amplement.

Six heures du soir venaient de sonner. — La clochette suspendue près de la porte d'entrée du jardin résonna, mise en branle par une main impatiente.

— Qui peut venir? — murmura la comtesse.

— Peut-être la mère Simone qui nous apporte du pain frais... — répondit Diane.

— Simone ne sonnerait pas si fort.

Le clochette carillonna de nouveau.

— Où donc est Geneviève? — reprit madame de Saint-Gildas.

— Je l'ai envoyée au village chercher du lait pour notre souper.

Geneviève était une jeune paysanne qui composait tout le domestique de la comtesse.

— Elle a peut-être oublié sa clef, — continua Diane. — Elle est si distraite! Au surplus nous allons bien voir. Je vais ouvrir...

Et la jeune fille, quittant le salon, s'élança dans le jardin avec la vivacité d'une enfant et la légèreté d'une gazelle.

Quelques secondes s'écoulèrent, puis madame de Saint-Gildas, qui venait d'entr'ouvrir la fenêtre mais à qui des massifs de lilas dérobaient la vue de la porte d'entrée, entendit retentir une exclamation joyeuse, suivie d'un pétillement de baisers bruyants, et enfin la voix de Diane qui criait :

— Maman !... maman !... que je suis heureuse ! C'est ma sœur de lait ! c'est Hilda !

Une minute plus tard, les deux jeunes filles entraient dans le salon, suivies de l'ex-nourrice de Diane.

Hilda se jeta sans cérémonie dans les bras de la comtesse et l'embrassa avec effusion, ce qui ne sembla point, du reste, formaliser la grande dame.

Gillonne, plus discrète et sachant mieux se tenir à sa place, lui baisa respectueusement la main.

— Hilda, ma chérie, si tu savais comme je suis joyeuse de te voir ! — dit vivement mademoiselle de Saint-Gildas. — Vous allez passer plusieurs jours avec nous, n'est-ce pas ? Toute une semaine, je l'espère...

— Tu sais bien que je le voudrais, — répliqua la fille de Gillonne. — Mais, par malheur, c'est impossible...

— Pourquoi donc ?

— Je te le dirai.

Malgré la prodigieuse différence des positions sociales, les deux jeunes filles avaient conservé leurs habitudes d'enfance et se tutoyaient.

— Mais enfin, — reprit Diane attristée, — combien de jours me donnerez-vous ?

— Un seul peut-être... deux tout au plus...

Mademoiselle de Saint-Gildas secoua la tête avec une mutinerie charmante.

— Ah ! — murmura-t-elle, — tu ne m'aimes plus !

— Je t'aime plus que jamais, au contraire, et je t'en donnerai bientôt la preuve, — répondit Hilda, — mais quand tu sauras les motifs qui nous contraignent à partir si vite, tu comprendras que nous ne sommes point maîtresses de notre temps et tu me pardonneras ma trop courte visite.

— Obtenir ton pardon, ce sera difficile, mais enfin j'ai hâte de savoir... laissons ma mère et la tienne ensemble... viens au jardin, et dis-moi tout...

Un instant après Hilda et Diane étaient assises l'une à côté de l'autre et les mains dans les mains, sous la voûte de verdure des charmilles entrelacées.

Nous ne rapporterons point ici la conversation des deux jeunes filles.

Nos lecteurs savent déjà quelles furent les confidences faites par Hilda à sa sœur de lait. — Elle lui raconta dans le plus grand détail les événements accomplis depuis vingt-quatre heures. — Elle ne lui cacha aucun des rêves de fortune et d'avenir qu'elle échafaudait sur sa rencontre avec le chevalier Gérard de Noyal.

On comprend sans peine l'immense intérêt qu'inspirèrent à Diane ces confidences dans lesquelles se mêlaient, à doses égales, l'élément merveilleux et l'élément romanesque, si séduisants tous deux pour une imagination vierge et vivace.

En écoutant Hilda, il semblait à mademoiselle de Saint-Gildas qu'elle dévorait un de ces livres dont chaque page redouble la curiosité et l'émotion du lecteur haletant.

Quand la fille de Gillonne eut achevé, Diane l'embrassa presque avec passion, en lui disant tout bas d'une voix troublée :

— Tu l'aimes, n'est-ce pas, ce beau chevalier ?

— Je crois que oui... — répondit Hilda.

— Il doit t'aimer aussi, ou plutôt t'adorer... Comment ne t'aimerait-il pas? tu es si belle ! Tu l'épouseras... tu seras riche comme une reine, et plus heureuse que, dit-on, ne le sont les reines...

— Je l'espère... Mais sais-tu pourquoi j'ambitionne de toutes les forces de mon âme cette richesse et ce bonheur?... C'est pour te les faire partager... — Et maintenant dis-moi, ma chérie, crois-tu que la comtesse, ta mère, ne me refusera point ce service immense qu'il me reste à lui demander?

— Ma mère ne te refuserait rien, — répliqua Diane, — n'es-tu pas ma sœur bien-aimée? Mais tu n'auras même pas besoin de lui adresser ta requête. Ce que tu désires se fera sans elle.

— Comment?

— C'est moi qui te prêterai les deux mille livres qu'il te faut.

— Tu possèdes une pareille somme !

— Oui. Cela t'étonne un peu, n'est-ce pas? — fit Diane en souriant.

— J'en conviens...

— Je vais donc t'expliquer comment je suis si riche. Quand nous avons quitté Paris, ma mère, forcée de faire argent du peu qui lui restait, puisque nous nous trouvions ruinées, vendit les trois quarts de son mobilier, ses tableaux, son argenterie, la plus grande partie de ses bijoux, ne gardant que quelques diamants qui lui venaient de mon père et qui sont pour elle des souvenirs dont elle ne se défera qu'à la dernière extrémité, lorsqu'il ne nous restera plus d'autres ressources...

— Ce jour-là n'arrivera jamais! — s'écria vivement Hilda, — puisque nous allons posséder, grâce au chevalier de Noyal, un inépuisable pactole !...

— Que Dieu soit béni, Monsieur le vicomte! Enfin c'est vous!.. (Page 42.)

— D'accord. Mais ce pactole dont tu parles, tu conviendras sans peine que nous ne pouvions pas le prévoir! — Je continue, laisse-moi parler. — Le jour même de notre arrivée ici, ma mère me prit dans ses bras et me dit, avec une si profonde expression de tendresse que les larmes m'en vinrent aux yeux : « Nous allons avoir, chère enfant, dans cette solitude, une vie bien triste. C'est pour toi que je m'en afflige, car, depuis qu'ils ont tué le comte, le monde n'existe plus pour moi.

Nous sommes très-pauvres, tu ne l'ignores pas, et, comme je connais ton cœur, je sais que tu t'imposerais mille privations plutôt que de t'adresser à moi pour satisfaire quelques-uns de ces caprices, de ces fantaisies de jeune fille qui sont si naturels à ton âge. Je ne veux pas qu'il en soit ainsi. Prends cette bourse. La somme qu'elle contient est à toi, rien qu'à toi, tu peux la dépenser à ta guise, et jamais je ne t'en demanderai aucun compte. » J'hésitais. « Je te défends de refuser ! » ajouta ma mère. Elle mit la bourse dans mes mains et me laissa seule. Je comptai bien vite ma richesse et je fus éblouie. La bourse renfermait cent louis d'or, c'est-à-dire deux mille quatre cents livres.

— Et depuis? — demanda la sœur de lait de Diane.

— Depuis? Je n'ai rien désiré, par conséquent rien dépensé, et la somme est intacte. Je vais garder quatre cents livres — (dont je n'ai pas besoin) — et je suis la plus heureuse créature qui soit au monde de pouvoir t'en offrir deux mille. — Ne doute point de mes paroles, chère Hilda : te rendre service aujourd'hui, c'est pour moi la plus grande joie dont je me souvienne...

— J'accepte comme tu m'offres... de tout cœur! Cet argent, je te le rapporterai bientôt, mais cent fois centuplé!

— Chut! Hilda! ne dis point cela, chère sœur, ou tu vas me gâter mon plaisir! Ces deux mille livres, entends-tu bien, je ne te les prête pas... je te les donne.

Diane quitta le banc rustique et courut vers la maisonnette. Elle en revint au bout de quelques minutes, tenant au bout de ses doigts effilés une bourse de soie bleue dans laquelle scintillaient des pièces d'or.

— Tiens! — dit-elle, — c'est la même que m'a donnée ma mère. Puisse-t-elle te porter bonheur! Dieu est juste... il le permettra.

— Quelle âme d'ange!! — s'écria Hilda en serrant Diane contre sa poitrine. — Celui qui, sans hésiter, ne donnerait point sa vie pour toi, aurait dans la poitrine un caillou au lieu de cœur!!

Ces paroles enthousiastes, sincères, nous l'affirmons, au moment où elles furent prononcées, la fille de Gillonne devait les oublier un jour...

CHAPITRE VIII

DIEU DISPOSE

Hilda, dévorée par l'ardent et fiévreux désir de se retrouver à Paris, auprès du chevalier de Noyal, aurait voulu passer avec sa sœur de lait la journée du lundi seulement, mais il lui fut impossible de résister aux instantes prières de Diane.

Pouvait-elle, en effet, refuser le sacrifice de quelques heures à celle qui venait de lui rendre un service immense avec une grâce si touchante? — Evidemment non.

Le deuxième jour écoulé, Diane supplia de nouveau; mais, cette fois, Hilda fut inébranlable. Elle avait promis à Gérard d'être de retour, au plus tard, dans le courant de la troisième journée, et aucune considération n'aurait pu la décider à manquer à cette promesse.

Donc, le troisième jour, après un léger repas, Gillonne et sa fille reprirent pédestrement le chemin de la grande ville. Il leur fallait six heures environ pour faire ce trajet d'un peu plus de quatre lieues. Hilda calculait, en conséquence, qu'elles arriveraient rue Saint-Honoré vers les deux heures de l'après-midi.

Quoiqu'on fût dans la première quinzaine du mois d'octobre, la chaleur était étouffante comme en plein juillet. Une poussière épaisse couvrait les chemins. Le soleil montait à l'horizon en se cachant par instants derrière de grands nuages cuivrés. Pas un souffle d'air n'agitait les cimes des arbres. Un orage semblait imminent pour l'après-midi.

Hilda, souple et nerveuse, et soutenue d'ailleurs par les mirages féeriques qu'évoquait son imagination surexcitée, s'apercevait à peine de cette température écrasante qui faisait couler sur son visage de grosses gouttes de sueur.

Il n'en était point de même pour Gillonne. Elle marchait péniblement et, avant même d'atteindre Saint-Maur, elle se plaignait déjà de la fatigue, et surtout d'un malaise étrange qui paralysait à la fois ses forces physiques et son énergie morale. Sa tête lui semblait si lourde qu'elle avait peine à la porter. En même temps, tous les objets sur lesquels elle fixait ses yeux lui apparaissaient comme déformés et à travers un voile rougeâtre.

Hilda ne s'inquiéta point de ces symptômes.

— Un orage se prépare, — dit-elle, — et cet orage agit sur vous... Ce n'est rien... il faut arriver... appuyez-vous sur moi... je suis forte, je vous soutiendrai...

Grâce au bras de sa fille, Gillonne continua à marcher, mais d'un pas inégal et chancelant. Elle aurait voulu s'arrêter, mais, dominée par Hilda, elle n'osait point, et elle gémissait sourdement.

Enfin, à l'horizon, apparut le bois de Vincennes.

— Je n'en puis plus, — balbutia Gillonne.

— Du courage! — s'écria Hilda, — nous approchons. — Bientôt nous serons sous les grands arbres où nous trouverons de l'ombre et de la fraîcheur. Vous pourrez vous asseoir pendant quelques minutes sur un talus garni d'herbe verte et touffue, et vous vous trouverez aussitôt remise.

— Hélas! — reprit la vieille femme du ton le plus dolent, — je sens bien que je ne pourrai jamais aller jusqu'à Paris.

— Eh bien, puisque la fatigue vous paraît insurmontable, je me mettrai à la recherche d'une carriole... il y en a très-certainement à Vincennes, et cette carriole nous mènera jusqu'à notre porte.

Un peu ranimée par cette promesse, Gillonne fit un suprême effort et parvint à marcher, ou plutôt à se traîner jusqu'à la lisière du bois de Vincennes.

— Nous sommes sauvées, — pensa la jeune fille, — je vais asseoir ma mère au pied d'un de ces grands arbres, et j'irai quérir la carriole qui nous fera rattraper le temps perdu.

A ce moment précis Gillonne, par un mouvement brusque, lâcha le bras sur lequel elle s'appuyait.

D'une voix étranglée et méconnaissable elle murmura :

— Je suis bien mal... je meurs...

Et, tournant sur elle-même, comme si le sol manquait sous ses pieds, elle s'abattit de toute sa hauteur et resta sans mouvement.

Eperdue d'épouvante, Hilda se jeta à genoux auprès de ce corps inanimé, souleva la tête de sa mère, embrassa ses yeux ouverts, mais fixes et sans regard, en la suppliant de l'écouter, de l'entendre, de lui répondre.

Ces adjurations n'obtinrent pas plus de résultat que si la jeune fille se fût adressée à un cadavre.

— Et cependant, — s'écria-t-elle en se tordant les mains, — c'est impossible! elle n'est pas morte!... on ne meurt pas ainsi!... Il y a quelques secondes à peine, elle me parlait... Sa voix résonne encore à mon oreille... Je sens encore la pression de son bras sur le mien... L'orage est loin... Le tonnerre n'a point retenti... La foudre ne l'a pas frappée! Pourquoi donc est-elle là, couchée, immobile, muette, insensible, et si pareille à une morte?... On doit pouvoir la sauver encore... Un médecin!... il me faut un médecin!...

Quoique affolée d'angoisse et de terreur, Hilda comprenant bien que l'espoir du salut, si toutefois il existait, disparaîtrait certainement par le fait du moindre retard, prit une résolution immédiate.

Elle traîna dans la poussière le corps de Gillonne jusqu'auprès d'un gros arbre contre lequel elle l'adossa, et, s'orientant de son mieux, elle se mit à courir dans la direction de Vincennes dont elle voyait, sur sa droite, émerger le donjon au-dessus d'un océan de verdure.

Certes, en ce moment, elle ne se souvenait guère qu'elle venait de marcher pendant plus de cinq heures sous les rayons d'un soleil torride. Elle ne courait pas, elle bondissait...

Enfin, hors d'haleine, le visage pourpre, ses grands cheveux dénoués flottant sur ses épaules, elle atteignit les premières maisons de la ville.

Un gros bourgeois, debout sur le seuil de sa porte, la regardait d'un air ahuri, et n'en pouvait croire ses yeux tant une vélocité si grande lui paraissait surnaturelle. — Hilda s'arrêta devant lui.

— Monsieur, — lui dit-elle en appuyant les deux mains sur son cœur pour en comprimer les battements dont la violence étouffait sa voix, — un médecin, au nom du ciel, un médecin! Ma mère se meurt...

Ce bourgeois était un brave homme; il ne questionna point au lieu de répondre, comme tant de gens en ont la funeste habitude.

— La troisième maison à droite, — dit-il, — le docteur Savard...

— Merci!... oh! merci de toute mon âme!

Et la jeune fille repartit comme un trait.

Par un bonheur tout particulier, car on trouve rarement celui dont on a besoin sans retard, le médecin était chez lui.

Jeune encore, et d'intelligence suffisante, il lui suffit de quelques mots pour comprendre ce qui se passait.

— Conduisez-moi, — fit-il en prenant sa trousse, — je vous suis...

Hilda s'élança dehors.

Cinq ou six personnes, parmi lesquelles le bourgeois de tout à l'heure, attendaient dans la rue.

Une femme se mourait en plein bois de Vincennes! C'était un événement, cela! il fallait en savoir la suite, en connaître le dénouement. Le médecin suivit Hilda, les curieux suivirent le médecin.

Avec un instinct merveilleux, la jeune fille retrouva du premier coup le chemin qu'elle avait suivi. Au bout de dix minutes à peine, le groupe haletant que précédait la sœur de lait de Diane arrivait auprès du vieux chêne où le corps de Gillonne s'adossait dans une sinistre immobilité.

Le docteur Savard se pencha sur ce corps. Le visage offrait des tons violacés, la prunelle disparaissait, à demi noyée sous les paupières; le blanc de l'œil avait pris une teinte faiblement rosée.

— Eh bien, monsieur! — balbutia la jeune fille.

— Attaque d'apoplexie foudroyante! — répondit le médecin. — C'est très-grave.

— Existe-t-il encore de l'espoir?

— C'est ce que nous saurons dans un instant.

Le docteur ouvrit sa trousse; il y prit une paire de ciseaux, souleva le bras de Gillonne, fendit la manche de la robe jusqu'au-dessus du coude, fit une ligature et piqua la veine.

Hilda, redevenue soudain très-pâle, regardait, en étouffant les sanglots qui montaient à ses lèvres.

Le sang ne vint pas tout d'abord et le médecin secoua la tête en prenant un visage de mauvais augure.

Enfin une gouttelette d'un rouge sombre apparut à l'orifice de la piqûre, et un petit ruisseau de pourpre coula lentement le long du bras.

— Elle n'est pas morte, — dit le médecin, — nous la sauverons peut-être.

Hilda ne put retenir un cri de joie.

Quelques secondes se passèrent; la vie revenait à Gillonne. — Au lieu de s'échapper goutte à goutte, le sang jaillit, mettant sur les feuilles vertes une rosée écarlate. Gillonne fit un mouvement faible. Ses yeux noirs largement ouverts cessèrent de ressembler à ceux d'un cadavre. Elle agita celle de ses mains que ne tenait point le docteur, ses lèvres remuèrent, mais aucun son ne s'en échappa.

— Je crois pouvoir vous affirmer que le plus fort du péril est passé, — murmura le médecin en se penchant vers l'oreille d'Hilda, qui s'était agenouillée devant sa mère, — mais je redoute beaucoup une paralysie partielle...

La jeune fille fit un geste qui, tout aussi clairement que des paroles, sollicitait une explication.

— Je voulais dire, — reprit le docteur, — que sans doute votre mère ne parlera plus, et qu'une partie de son corps sera, pour toujours peut-être, condamnée à l'immobilité...

En entendant cette triste réponse, Hilda ne put retenir un torrent de larmes, et elle s'écria :

— Ce serait affreux ! Mais enfin, qu'elle vive ! qu'elle vive !

Quoi qu'il dût advenir, un peu plus tard, des prévisions que nous venons d'entendre formuler, Gillonne ne pouvait rester davantage couchée sur la terre nue. — Le docteur arrêta le sang par un bandage, puis il fit appel à deux hommes de bonne volonté qu'il trouva sans peine parmi les curieux.

On coupa dans le taillis du bois quelques branches avec lesquelles on improvisa une sorte de civière. Le corps de Gillonne fut étendu sur ce brancard singulièrement rude et primitif, et les deux porteurs prirent le chemin de Vincennes.

Presque en face de la maison du médecin existait une petite hôtellerie. — Une chambre du rez-de-chaussée se trouvait vacante. Hilda loua cette chambre, et, avec l'aide de la maîtresse du logis, elle coucha sa mère dans un lit un peu dur, mais qui, somme toute, valait mieux que le grabat de la rue Saint-Honoré.

Gillonne, dont les lèvres remuaient toujours sans articuler de sons perceptibles, et qui n'annonçait par aucun signe que l'intelligence lui fût revenue, même vaguement, eut à peine la tête sur l'oreiller qu'elle s'endormit d'un calme et profond sommeil.

— Tout est pour le mieux, — dit le médecin, — ce repos complet doit avoir pour notre malade de meilleurs résultats que n'en pourraient amener à leur suite tous les médicaments de la terre.

Et, après avoir donné cette preuve irrécusable de son bon sens et de sa sincérité, il se retira en annonçant qu'il reviendrait le soir.

Alors, et seulement alors, Hilda se souvint que Gérard l'attendait à Paris et qu'elle ne serait pas au rendez-vous donné.

Son cœur se serra douloureusement, car les obstacles, personne ne l'ignore, ont de tout temps décuplé la violence d'un naissant amour, de même qu'il suffit souvent d'un bloc détaché de la montagne et barrant le cours d'un ruisseau, pour le métamorphoser en torrent.

— Que va-t-il penser? — se demanda la jeune fille. — Croira-t-il que j'avais promis ce que je ne pouvais tenir ? — Doutera-t-il de moi ? — Dira-t-il, en souriant dédaigneusement, que je suis, comme tant d'autres femmes, une créature légère et menteuse?...

En se posant ces questions, Hilda se sentit profondément abattue et découragée. Mais bientôt sa nature énergique reprit le dessus.

— Il comprendra, — se répondit-elle, — qu'une circonstance plus forte que ma volonté m'a retenue... Il aura confiance... Il attendra sans me soupçonner... S'il m'accusait sans m'avoir entendue, s'il me condamnait en aveugle, il serait indigne d'être aimé de moi.

Puis, s'étant ainsi rassurée de son mieux, la jeune fille eut la force d'éloigner de son esprit et de ses souvenirs l'image du chevalier de Noyal et ne pensa plus qu'à sa mère.

Le docteur Savard, fidèle à sa parole, revint dans la soirée. Peut-être eût-il montré moins de zèle si Gillonne eût été seule, mais la splendide beauté d'Hilda produisait son effet sur lui comme sur tout le monde, et il s'intéressait à son insu à la mère de cette merveilleuse créature.

L'assoupissement de la bohémienne n'avait point cessé et paraissait devoir se continuer longtemps encore.

Le médecin fit une grimace significative. — Cette somnolence trop prolongée, — murmura-t-il, — ne me dit rien qui vaille. Il faut du sommeil, mais pas trop n'en faut. Enfin, nous verrons demain.

Le lendemain, l'arrêt de la science ne fut en aucune façon satisfaisant. Le docteur constata que la paralysie d'une partie des lobes du cerveau entraînait à sa suite la perte absolue de l'intelligence, ne laissant pas même subsister cet instinct machinal qui remplace la pensée chez les animaux. Il déclara en outre que Gillonne resterait privée de la parole, et que la partie droite de son corps ne recouvrerait point le mouvement.

— Mais au moins vivra-t-elle? — balbutia la jeune fille, foudroyée par cet arrêt inattendu.

— Hélas ! ma pauvre enfant, mieux vaudrait selon moi qu'elle fût morte... La vie — (si c'est vivre que d'exister ainsi...) — peut se prolonger pendant quelque temps encore, de même qu'elle peut s'éteindre brusquement comme une lampe sur laquelle passe un souffle trop fort...

Ses regards tombèrent sur Hilda au moment où elle passait à côté de lui. (Page 59.)

Rien ne s'opposait, du reste, — ajouta-t-il, — à ce que Gillonne fût placée dans une voiture et reconduite, le jour même, à son logis.

Deux heures après, une carriole sur laquelle on avait étendu des matelas, conduisait à Paris la mère et la fille.

Après avoir installé de son mieux Gillonne sur le grabat de la mansarde, et lui avoir donné tous les soins que réclamait son état, Hilda ne défendit plus à sa pensée de se tourner vers Gérard de Noyal.

— Il va venir, — se dit-elle, — il va savoir de quel prix terrible je paye mon dévouement à son œuvre. Si ma mère n'avait point abusé de ses forces en faisant une marche forcée, déjà souffrante et sous un ciel de feu, le coup terrible qui la jette brisée sur un lit d'agonie se serait pour longtemps détourné d'elle. L'idiotisme, pire que la folie... la paralysie, pire que la mort... voilà son avenir désormais ! — Je serai riche et heureuse... Elle ne pourra ni partager ni comprendre cette richesse et ce bonheur...

Puis, après une pause, elle ajouta :

— Mais comme Gérard tarde longtemps !

CHAPITRE IX

L'INCONNU

Nos lecteurs savent déjà que M. de Noyal ne devait pas venir, et que le billet par lequel il annonçait son départ forcé était brûlé depuis la veille.

Nous ne nous étendrons point sur les angoisses qui, pendant la soirée, pendant la nuit, et pendant la journée du lendemain, tenaillèrent le cœur de la pauvre Hilda, placée entre une douleur cruelle et la plus poignante déception.

Pour la première fois, depuis qu'elle était au monde, la jeune fille avait ouvert son âme à l'espérance ; elle avait cru toucher à la réalisation de tous ses rêves d'ambition et d'amour, et l'échafaudage s'écroulait... L'abandon de Gérard devenait manifeste. A coup sûr le gentilhomme, un instant exalté par un premier mouvement de reconnaissance, avait fait de belles promesses que maintenant, redevenu froid, il ne voulait point tenir... Il ne frapperait plus à sa porte. Elle ne reverrait jamais ce visage pâle et fier qu'elle ne pouvait effacer de ses souvenirs...

Un sombre désespoir s'empara de la pauvre Hilda, et ce désespoir l'aurait tuée peut-être sans la nécessité absolue où elle se trouvait de s'en distraire par des occupations matérielles. — Il lui fallait prendre à sa charge tous les soins quotidiens dont sa mère avait l'habitude de se charger seule.

Deux fois par jour, pendant une heure, elle abandonnait la mansarde pour acheter les provisions nécessaires à la vie, et les médicaments réclamés par l'état de la paralytique.

Dans une de ces sorties nécessaires, comme elle venait de franchir le seuil de la maison et qu'elle marchait rapidement, enveloppée dans sa petite mante de laine noire et les yeux baissés, elle se croisa avec un gentilhomme de grande mine, portant l'uniforme d'officier.

Ce gentilhomme, qu'elle ne remarqua même pas, pouvait avoir à peu près le même âge que Gérard de Noyal. Sa taille haute et bien prise annonçait une force peu commune. Sa figure, d'une beauté mâle, offrait une expression sérieuse, presque sévère.

Ses regards tombèrent sur Hilda au moment où elle passait à côté de lui, en le frôlant presque. — Il tressaillit, frappé tout à la fois par l'exquise pureté des traits de la jeune fille et par l'expression douloureuse de sa physionomie.

— Pauvre enfant ! — se dit-il tout bas. — Quel chagrin profond peut ainsi mettre son empreinte sur ce divin visage? — Ses vêtements sont ceux de la classe la plus humble, — ajouta-t-il en se retournant pour la voir plus longtemps, — mais une fille du peuple n'aurait pas cette tête de vierge orientale et cette démarche de jeune reine... Je pressens un mystère que je pénétrerai... Je veux savoir quelle est cette enfant...

Et, sans hésiter plus longtemps à changer son intinéraire, le gentilhomme suivit Hilda.

Grâce à la rapidité de sa marche la sœur de lait de Diane avait pris une assez forte avance, et c'est à peine si ses vêtements noirs apparaissaient de loin en loin au milieu des passants.

L'officier n'eut, cependant, aucune peine à la rejoindre. Il prit soin de laisser entre elle et lui un intervalle de quelques pas et il ne la perdit plus de vue.

Successivement elle entra dans une demi douzaine de boutiques pour y faire ses humbles achats, n'échangeant avec les marchands que les paroles indispensables et semblant obéir à une idée fixe, celle de rester dehors le moins longtemps possible.

Les emplettes achevées elle revint sur ses pas, toujours aussi modeste, aussi triste, se glissant dans la foule sans regarder et sans voir personne.

Le gentilhomme continuait à marcher derrière elle. Il la vit entrer dans la maison de la rue Saint-Honoré, et, se plaçant de l'autre côté, dans l'embrasure d'une porte bâtarde, il attendit pendant près d'une heure afin de bien s'assurer qu'elle ne ressortait point et que par conséquent, selon toute apparence, c'était là qu'elle demeurait.

Cette heure écoulée, il prit lentement le chemin du Palais-Royal en se disant tout bas :

— Ce que je viens de faire est absurde ! Pourquoi diable m'occuper ainsi de cette jeune fille inconnue? Elle est belle comme les anges, c'est vrai, mais que m'importe sa beauté? Tenter de la revoir, ce serait m'engager sottement dans quelque fâcheuse aventure ! M'enquérir d'elle, à quoi bon ? Si c'est une nymphe de vertu facile, elle perdra pour moi son prestige. Si elle est honnête, au contraire — (et ses allures semblent l'indiquer), — je ne veux pas en faire ma maîtresse, et je ne puis songer à la prendre pour femme. Et d'ailleurs, qui me dit que sa mélancolie ne vient pas d'un chagrin d'amour ! Évitons le péril ! Je me connais trop !... Des yeux comme les siens feraient bien vite flamber mon cœur ! Je n'y veux plus penser ! Je ne veux plus la voir !

La conséquence prévue de cette sage résolution fut qu'un peu avant la tombée de la nuit, le gentilhomme dont nous venons d'entendre le monologue irréprochablement moral, était de retour rue Saint-Honoré, non plus en uniforme cette fois, mais revêtu de vêtements simples afin de moins attirer l'attention, et commençait à se promener de long en large, en face de la maison qu'habitait son inconnue.

Nous devons à la vérité d'ajouter qu'en agissant ainsi il se sentait parfaitement mécontent de lui-même, comme un gourmand de médiocre estomac qui n'a pas le courage de résister aux truffes, sachant bien cependant que les truffes lui feront mal.

A peine était-il en faction depuis un quart d'heure, qu'Hilda sortit pour la seconde fois de la journée; — pour la seconde fois aussi le gentilhomme la suivit en maugréant contre sa faiblesse, et en se répétant avec une conviction profonde :

— Décidément, je suis plus qu'un fou... je suis un sot ! Heureusement je réfléchirai cette nuit, et je ne reviendrai pas demain !... Non, certes, je ne reviendrai pas !... — A quoi bon, d'ailleurs, suivre cette jeune fille, puisque pour rien au monde je ne lui adresserais la parole? — Allons, décidément, je m'éloigne...

Et il continuait à marcher, réglant son pas avec une scrupuleuse exactitude sur celui de la fille de Gillonne, de manière à laisser toujours, entre elle et lui, la même distance, exactement.

Tout à coup un incident imprévu se produisit, par un de ces hasards diaboliques auxquels s'expose l'imprudent qui, sachant où est le péril, ne s'enfuit pas à toutes jambes pour l'éviter.

Trois clercs de procureur en goguette, se tenant par le bras et titubant sur les pavés comme le moine et les deux soudards de Callot, se trouvèrent, à l'angle d'une rue, face à face avec Hilda.

La jeune fille fit un mouvement brusque pour les éviter, mais messieurs les bazochiens, que le petit vin d'Argenteuil rendait d'humeur grivoise, ne l'entendaient nullement ainsi.

— Alerte! mes amis! — cria l'un d'eux d'une voix avinée. — Ceci est gibier que nous chassons! Ne le laissons point échapper, puisque notre étoile favorable l'envoie dans nos filets!

— Joli tendron, — balbutia le second entre deux hoquets, — tu n'iras pas plus loin sans payer la dîme que nous t'imposons...

— Et cette dîme, — ajouta le troisième, — est d'un baiser pour chacun de nous.

—Laissez-moi, messieurs!—dit Hilda, avec plus d'impatience que d'inquiétude.

— Oh! que nenni, pas sans payer! — répliqua l'orateur de la bande, — acquitte-toi donc au plus vite, la belle fille, car nous ne faisons aucun crédit, et, en cas de rébellion, nous doublons la taxe.

Les bazochiens firent mine d'enlacer la taille souple d'Hilda, et de la contraindre à subir leurs ébriolantes privautés.

Hilda poussa un cri de colère auquel les trois galants répondirent par un cynique éclat de rire.

Leur gaieté malséante fut de courte durée.

La main du gentilhomme les prit successivement au collet, et, avec la rapidité de l'éclair, les envoya rouler tous les trois, meurtris et hurlants, dans le ruisseau.

— Passez, mademoiselle, la route est libre... — dit ensuite le défenseur improvisé, en saluant Hilda avec une exquise courtoisie.

La jeune fille leva ses grands yeux sur l'inconnu et le regarda pendant une seconde.

— Merci, monsieur... — murmura-t-elle simplement, puis elle continua son chemin.

Pas un mot de plus ne fut échangé. Mais ce regard attaché sur lui devint pour le gentilhomme la torche ardente jetée sur un amas de matières inflammables. Son cœur flambait facilement, nous le lui avons entendu dire à lui-même. A partir de cet instant il flamba, où plutôt il fut dévoré par un véritable incendie.

Le lendemain, aux mêmes heures que la veille, il recommença l'innocente manœuvre qui consistait à se faire respectueusement et à distance le garde du corps de son idole.

Hilda, malgré ses chagrins, ses préoccupations, son découragement, ne put s'empêcher de le reconnaître du premier coup d'œil, bien qu'elle n'en laissât rien paraître, et sa vanité de fille d'Ève se trouva flattée, quoique son cœur ne fût point ému.

Quelques jours s'écoulèrent ainsi. — Le caprice du gentilhomme devenait bel et bien une de ces passions sérieuses qui triomphent sans peine des plus solides raisonnements du monde, et qui rendent l'homme le plus sage capable de toutes les folies.

Aucune autre parole que les deux courtes phrases rapportées par nous un peu plus haut, n'avait été échangée entre les deux jeunes gens. — L'officier aux gardes du Régent n'avait point fait la moindre démarche pour se procurer l'entrée de la maison d'Hilda, et cependant il appartenait, aussi complétement qu'un homme puisse appartenir à une femme, à celle dont il ignorait même le nom...

Un tel état de choses ne pouvait durer indéfiniment. Le gentilhomme voulut savoir au moins s'il n'avait point placé son cœur entre des mains indignes; il se décida, quoique un peu tard, à se renseigner, et ses informations furent prises avec une adresse et une discrétion peu communes.

Le résultat assez vague en somme de ces informations fut celui-ci : Hilda vivait seule avec sa mère. Les deux femmes passaient pour très-pauvres. On ignorait l'origine des humbles ressources qui leur permettaient d'exister tant bien que mal, sans travail apparent. Rien n'autorisait d'ailleurs à douter de la complète chasteté de la jeune fille, car personne, jeune ou vieux, n'avait franchi le seuil de sa mansarde.

Ces renseignements, si incomplets qu'ils puissent et doivent paraître à nos lecteurs, n'étaient point cependant de nature à causer à l'inconnu de vives inquiétudes, à lui inspirer de désolants soupçons.

CHAPITRE X

LE MARQUIS DE SAILLÉ

Bien plus, par suite de raisonnements très-logiques, le gentilhomme arriva à cette conclusion que, pour vivre dans la pauvreté, il fallait absolument qu'Hilda fût un ange, puisqu'avec sa splendide et rayonnante beauté elle n'avait qu'à cesser d'être sage pour voir affluer à ses pieds des richesses incalculables...

Une semaine, jour pour jour, après le funeste voyage à La Varenne, Hilda, se levant dès l'aube, s'approcha comme de coutume du lit sur lequel reposait sa mère.

Elle fut effrayée tout d'abord de l'étrange immobilité des traits de Gillonne. Ce n'était plus le visage d'un être animé, c'était quelque chose de semblable à l'un de ces masques de cire qui copient minutieusement la nature, mais qui ne peuvent simuler la vie.

Hilda saisit la main inerte pendant sur le bord de la couche. Elle trouva cette main glacée. Elle voulut la soulever pour la porter à ses lèvres. Le bras avait la rigidité du marbre; il ne plia pas plus que le bras d'une statue.

La prédiction du médecin de Vincennes s'était réalisée. — Pendant la nuit Gillonne avait cessé de vivre.

La jeune fille comprit la vérité terrible et poussa un sourd gémissement.

— Ah! — balbutia-t-elle ensuite à travers ses sanglots et en se frappant la poitrine. — Ma mère est morte! Ma mère est morte!...

Et, se jetant sur le corps de Gillonne, elle l'embrassa éperdûment, comme si le feu de ses baisers pouvait ranimer cette chair que l'âme immortelle n'habitait plus...

Le lendemain un convoi modeste se dirigeait avec lenteur vers l'un des cimetières de Paris. Deux membres de la confrérie des frères de la Résurrection portaient un cercueil, derrière lequel Hilda, toute seule, le visage enfoui sous un crêpe noir, marchait en étouffant ses sanglots, en dévorant ses larmes.

Nous nous trompons en disant que la jeune fille était seule. Un gentilhomme, entièrement vêtu de deuil et tête nue, suivait à distance l'humble convoi.

Il l'accompagna jusqu'au cimetière, et, tandis qu'Hilda pleurait agenouillée près de la tombe refermée à peine, il demeura debout et immobile, appuyant son coude à l'une des moulures d'un monument funèbre qui se trouvait à une faible distance.

Enfin quand la jeune fille, épuisée de fatigue, prit en chancelant le chemin de Paris, il quitta le cimetière à son tour et, mesurant son pas sur le sien, il marcha derrière elle.

La Bohémienne Gillonne avait eu les croyances superstitieuses et la religion de sa race, religion vague, dont elle aurait été sans doute fort en peine de définir nettement les dogmes.

Il n'en était point de même pour Hilda. Élevée pendant toute sa première enfance sous les yeux de madame de Saint-Gildas, et partageant l'éducation de Diane, elle avait reçu le baptême et, quoique sa foi fût tiède et ses principes chancelants, elle n'en appartenait pas moins au culte catholique.

Chose étrange, qui suffirait, croyons-nous, à prouver l'existence de Dieu si cette vérité lumineuse avait besoin d'être prouvée, dans toutes les grandes angoisses de la vie, dans toutes les crises suprêmes, la foi défaillante se ravive au fond des cœurs les plus glacés, et la pensée de la créature remonte vers le Créateur.

En rentrant dans la sombre mansarde de la rue Saint-Honoré, la jeune fille se laissa tomber à genoux auprès du lit sur lequel Gillonne était morte, et, élevant vers le ciel ses mains et ses regards, elle s'écria :

— Mon Dieu, Seigneur mon Dieu, si vous ne prenez point pitié de moi, que vais-je devenir?... Il ne me restait que ma mère, et vous me l'avez ravie ! Tout me manque, tout m'abandonne, me voici seule, seule au monde...

En ce moment la porte de la mansarde s'ouvrit sans bruit, et une voix grave, quoique très-émue, répondit :

— Non, Hilda, vous n'êtes pas seule au monde... Non, Dieu ne retire point de vous sa main puissante, car je suis là...

En se penchant un peu à la fenêtre de la mansarde, on découvrait la rue. (Page 69.)

La jeune fille tressaillit, se releva vivement et regarda le visiteur inattendu qui lui parlait ainsi.

Elle le reconnut du premier coup d'œil. C'était ce gentilhomme qui semblait s'être fait son ombre depuis quelques jours et qui l'avait si vigoureusement protégée contre les bazochiens trop entreprenants.

Elle eut comme la sensation vague que sa présence allait la protéger de nouveau, mais cette fois contre le mauvais sort qui la menaçait.

— Monsieur, — balbutia-t-elle, — il me semble que je puis avoir confiance, car une fois déjà vous avez été bon pour moi... Il me semble qu'en vous voyant c'est un ami que je vois... Mais je ne sais pas qui vous êtes... J'ignore votre nom... Me permettrez-vous...

Elle hésitait. — Le gentilhomme l'interrompit.

— Je m'appelle le marquis Hélion de Saillé, — dit-il, — colonel au régiment de Bourgogne. Je suis riche, sans famille, absolument maître de ma personne et de ma volonté. Je vous aime avec passion, mademoiselle, et si je ne recule point devant un tel aveu dans un moment si triste pour vous, c'est que je me hâte d'ajouter : — Voulez-vous accepter mon nom, partager ma fortune ? Voulez-vous être ma femme ?...

— Votre femme ?... moi ! — répéta la jeune fille stupéfaite et pouvant à peine croire à ce qu'elle entendait.

— Oui, mademoiselle. — Il dépend de vous de me donner la plus immense joie qu'un homme puisse éprouver, en me disant que vous consentez à m'appartenir...

— Mais, monsieur, c'est à peine si vous me connaissez, — fit Hilda timidement, car la haute physionomie et les grandes manières du marquis de Saillé lui inspiraient une sorte de trouble craintif et respectueux.

— Je vous connais mieux que vous ne le croyez, — reprit Hélion. — Je sais que votre mère appartenait à la race déshéritée et presque proscrite des Égyptiens et des Bohêmes. Je sais que vous êtes pauvre, mais qu'il n'existe pas une tache dans votre jeune vie. Je sais surtout que vous êtes belle à ravir la pensée, à fondre un cœur de bronze ! Je sais que je vous adore, qu'en vous je mettrai tout mon bonheur, toute mon ivresse, tout mon orgueil, et je vous demande de nouveau : — Voulez-vous être marquise de Saillé ?

— Je rêve, — pensait Hilda. — Le réveil va venir.

Le marquis Hélion, prenant pour de l'indécision le silence de la jeune fille, continua vivement :

— Vous hésitez... Pourquoi ? — Vous ne m'aimez pas, croyez-vous que je l'ignore ?... Comment m'aimeriez-vous ? Je n'ai rien fait encore pour vous conquérir ! Mais si vous êtes libre, si votre cœur ne s'est point donné à un autre, acceptez-moi, soyez ma femme... indifférente d'abord, qu'importe ? Cette froideur, je saurai la vaincre à force de bonheur et d'amour !... Je vous aimerai tant, que je vous forcerai à m'aimer ! Eh quoi ! toujours ce même silence ! Hilda, je vous en supplie, répondez-moi, je vous le demande à genoux... Répondez-moi...

— Mon Dieu, — murmura l'orpheline, — si j'étais sûre que vous ne me tendez pas un piége...

— Un piége!! — s'écria le gentilhomme en pâlissant. — Me soupçonnez-vous d'une telle infamie? — Me croyez-vous assez lâche, assez misérable, pour venir à vous, dans cette chambre mortuaire où l'âme de votre mère plane encore, et pour vous pousser à la honte par les mensonges d'un faux amour?... — Hilda, jugez-moi mieux!! — L'homme qui veut faire de telles choses se méprise lui-même et ne dit point son nom!! — Vous ai-je un instant caché le mien? — Hilda, j'en fais le serment devant Dieu qui m'écoute... J'en fais le serment sur mon honneur, mes paroles sont sincères, et vous pouvez, vous devez les croire!— Et, maintenant, acceptez-vous?...

— J'accepte, — répondit la jeune fille en plaçant sa petite main dans celle que lui tendait le marquis, — et je ne serai point ingrate! — Celle que, riche et noble, vous aurez prise obscure et pauvre pour l'élever jusqu'à vous, celle-là sera pour vous une épouse loyale et fidèle!... Monsieur le marquis, disposez de moi... Je n'ai plus désormais d'autre volonté que la vôtre...

Hélion de Saillé pressa contre sa bouche ardente la main de la jeune fille, puis il la laissa retomber.

— Hilda, — dit-il avec une émotion profonde, — je me montrerai digne, moi aussi, de la confiance que vous m'accordez. Mes lèvres viennent de toucher votre chair pour la première et la dernière fois avant le jour où nous serons unis devant Dieu. Seulement je veux que ce jour soit prochain. Le voulez-vous aussi?

— Ne vous ai-je pas dit, — murmura la jeune fille en baissant les yeux, — que quand il vous plairait de commander, mon devoir serait d'obéir...

Un éclair de joie brilla dans les yeux du marquis.

— Vous consentirez alors, — reprit-il, — à ce que nous soyons unis demain?

L'orpheline fit un signe affirmatif. — Hélion continua :

— Avez-vous quelque raison de souhaiter que notre mariage soit célébré à Paris plutôt qu'ailleurs?

— Aucune.

— Le deuil si douloureux et si récent que vous portez, semble nous imposer la loi de n'entourer la cérémonie d'aucun faste. Le pensez-vous comme moi, chère Hilda?

— Absolument.

— Nous n'aurons donc d'autres témoins que ceux nécessaires pour rendre indiscutable la validité de l'acte... Voyez-vous à cela des obstacles?...

— Non, certes, et je serai même très-heureuse qu'il en soit ainsi.

— Je possède à quelques lieues de Paris une sorte de pigeonnier féodal, un petit château du temps de Louis XIII, tout entouré d'eaux vives et d'arbres séculaires... Ce castel en miniature, qui me vient de ma mère, domine un hameau d'une centaine de feux, très-pauvre, mais très-pittoresque, dont je suis le seigneur et maître... J'espère que tout cela vous plaira, au moins pour quelques semaines... Le desservant de la paroisse est un vieux prêtre, le meilleur et le plus digne homme qui soit au monde... Il m'a vu tout enfant et il m'aime d'une tendresse si profonde que mon père, s'il vivait encore, ne pourrait m'aimer davantage... C'est lui qui nous mariera, et nous passerons notre lune de miel à Villeroy... C'est ainsi que se nomme le hameau... Tout cela vous convient-il, chère Hilda?...

— Tout cela me convient, et, si mon âme n'était pas triste jusqu'à la mort, il me semble que je me sentirais bien heureuse...

— Cette tristesse de votre âme, je la respecte... Jamais douleur ne fut plus légitime; mais le temps, ce consolateur suprême, calme tous les désespoirs et cicatrise toutes les blessures... Un jour viendra où le deuil d'aujourd'hui ne sera plus qu'un souvenir mélancolique et tendre. Vos grands yeux oublieront les larmes et vous pourrez sourire encore... Ne le croyez-vous point, Hilda?...

— Je veux le croire, puisque vous le dites, mais en ce moment où le corps de ma mère est à peine refroidi dans sa tombe... en ce moment où saigne la blessure de mon cœur, il me semble que mes larmes ne tariront pas, et que je ne sourirai plus jamais...

Un silence assez long suivit ces paroles, puis le marquis de Saillé reprit :

— Hilda, celle qui est ma fiancée ne saurait passer une nuit de plus dans cette misérable demeure.

— Où puis-je aller? — murmura la jeune fille, — je n'ai pas d'autre asile.

— Voici ce que je vous propose : les nuits ne sont pas encore froides, et nous sommes dans la pleine lune qui combat victorieusement les ténèbres. Dans deux heures mon carrosse viendra vous prendre pour vous conduire à Villeroy. Vous l'occuperez seule; je vous escorterai à cheval, avec un domestique de confiance. Vous pourrez reposer à votre aise. Nous voyagerons toute la nuit. Nous arriverons dès l'aube à mon petit castel; j'irai trouver sur-le-champ l'abbé Muriel. On parera l'autel, on allumera les cierges, vous vous agenouillerez à côté de moi dans la modeste église, et vous vous relèverez marquise de Saillé.

Hilda ne pouvait qu'approuver de tout son pouvoir un arrangement si raisonnable, qui prouvait d'ailleurs jusqu'à l'évidence quel respect profond se mêlait à la passion du gentilhomme.

En se penchant un peu à la fenêtre de la mansarde, on découvrait la rue. Il fut convenu qu'à six heures du soir la jeune fille regarderait et que, voyant un carrosse attelé de deux chevaux noirs et escorté de deux cavaliers s'arrêter à quelques pas de la porte, elle descendrait aussitôt.

M. de Saillé se retira. Il avait à donner ses ordres à ses valets, à préparer tout en vue du départ, et à acheter une foule d'objets de première nécessité pour la future marquise, sans compter les riches étoffes qui, sous la main d'ouvrières habiles, devaient se métamorphoser en toilettes de deuil.

Hilda, restée seule, oublia presque son chagrin tant elle s'absorba dans la pensée du prodigieux changement si près de s'accomplir dans sa destinée...

Sans ressources aujourd'hui, et bâtarde d'une bohémienne, le lendemain elle serait riche et titrée! — L'amour d'un gentilhomme allait accomplir ce prodige! Ce gentilhomme était jeune et beau, et cependant Hilda n'éprouvait pour lui que froideur...

Elle se demanda si la reconnaissance la mènerait à la tendresse? Avant de se répondre elle ferma les yeux, afin de faire de sa mémoire une sorte de chambre obscure où les traits d'Hélion viendraient se dessiner.

Chose étrange! elle évoquait l'image du marquis de Saillé, et ce fut celle de Gérard de Noyal qui lui apparut. Elle essaya vainement de la chasser; malgré tous ses efforts elle revint avec obstination...

— Hélas! — murmura la jeune fille, — il ne m'aimait pas, celui-là... et c'est lui que j'aurais aimé!...

. . . .

Quand sonnèrent six heures aux horloges des églises voisines, Hilda se pencha sur la rue.

Le carrosse stationnait déjà à l'endroit indiqué, et deux hommes à cheval attendaient.

La jeune fille, voilée d'un long crêpe, comme elle l'était quelques heures auparavant pour suivre le convoi de sa mère, descendit rapidement.

Sur un signe du marquis un laquais, debout près du marche-pied, ouvrit la portière. Hilda monta dans la voiture qui partit au grand trot. Hélion et son valet suivirent, et ce fut seulement quand l'attelage eut laissé derrière lui les dernières maisons du faubourg du Roule, que le gentilhomme, éperonnant son cheval, vint prendre place à la portière.

Hilda le vit, et, soulevant à demi son voile, elle sembla le remercier par un doux et triste sourire; puis le voile retomba, et la jeune fille se renversa de nouveau sur les coussins soyeux.

Le marquis Hélion de Saillé était le dernier représentant d'une riche et noble famille bretonne. Il possédait environ quatre-vingt mille livres de rentes, ce qui était une fortune bien plus considérable au commencement du dix-huitième siècle qu'aujourd'hui.

Nature ardente, chevaleresque, passionnée jusqu'à l'exaltation, Hélion n'aurait reculé ni devant la ruine, ni même devant la mort, s'il avait fallu racheter sa fortune ou sa vie au prix d'une action déloyale, mais l'aventure dans laquelle nous le voyons engagé nous fournit la preuve qu'il était parfaitement capable d'accomplir, quand son cœur le poussait, la plus complète, la plus irréparable de toutes les folies.

CHAPITRE XI

LE MARIAGE

Le domestique qui trottait à quelques pas de lui, monté sur un vigoureux cheval bai-brun de grande taille, était le valet de chambre du marquis, né sur ses terres, dans son domaine de Saillé près Guérande, et fils d'un de ses métayers.

Ce garçon, âgé de vingt-cinq ans environ, se nommait Mâlo. — Il était actif, intelligent, résolu...

Affirmer qu'il aimait le marquis par-dessus toutes choses, ce ne serait pas assez dire. Il professait à l'endroit de son maître un dévouement, une admiration qui touchaient de bien près à l'idolâtrie. — Rien au monde ne lui paraissait préférable, ou seulement comparable à M. de Saillé. — Il eût joué du *pen-bas* en Bretagne et de l'épée à Paris contre quiconque eût fait seulement mine de ne point partager son culte. Sur un ordre du marquis il se serait jeté dans le feu sans être incombustible, ou dans l'eau sans savoir nager. Bref, il se serait fait tuer pour son maître avec un joyeux enthousiasme.

Le gentilhomme, sûr de ce dévouement sans pareil, ne traitait point Mâlo comme un valet ordinaire. Il lui témoignait une familiarité qui ressemblait beaucoup à de l'amitié, et lui permettait, en toute occasion, un franc-parler dont le jeune Breton n'abusait jamais.

Après avoir parcouru trois ou quatre lieues silencieusement, Hélion se retourna sur sa selle et fit signe à Mâlo de s'approcher de lui.

Le valet s'empressa d'obéir.

— Monsieur le marquis a des ordres à me donner? — demanda-t-il.

— J'ai une question à t'adresser...

Le valet attendit respectueusement.

— Sais-tu, — reprit Hélion, — ce que nous faisons en ce moment?

— Ça ne me paraît pas bien difficile à deviner, — répliqua le jeune Breton avec un large éclat de rire, aussitôt réprimé. — Nous enlevons une dame, et monsieur le marquis me permettra sans doute d'ajouter que ce n'est pas la première fois que cela nous arrive. Nous sommes un peu coutumiers du fait...

— D'accord... — Mais sais-tu quelle est cette dame?

Mâlo secoua la tête.

— Comment le saurais-je? — murmura-t-il. — Monsieur le marquis ne me l'a pas dit, et je ne suis point sorcier...

— Eh bien! cette dame est la marquise de Saillé!...

Mâlo fit sur sa selle un soubresaut si brusque, qu'involontairement sa main serra les rênes et que son cheval pointa violemment.

— Monsieur le marquis est marié!... — s'écria-t-il du ton d'un homme à qui l'on vient d'apprendre que la fin du monde est proche.

— Marié? pas encore, — répondit Hélion en souriant, — mais je le serai dans quelques heures... Nous allons à Villeroy. Demain, avant midi, l'abbé Muriel aura donné, à ma fiancée et à moi, la bénédiction nuptiale... Mais comme tu parais sombre, Mâlo... on dirait que cela t'afflige...

— Cela m'étonne seulement.

— Pourquoi?

— Parce que j'avais toujours cru monsieur le marquis plus enclin à courir les joyeuses aventures qu'à supporter les liens du mariage, qui ne laissent point de

SCEAUX. IMP. CHARAIRE ET FILS.

paraître assez lourds... — (s'il faut en croire certains maris de ma connaissance). — Mais je ne suis qu'un pauvre esprit sans malice, et ce que j'imaginais n'était qu'une pure sottise... Je prie monsieur le marquis de me pardonner.

— Je te pardonne d'autant plus volontiers que je ne soupçonnais guère moi-même, il y a quelques jours, le grand événement qui s'accomplira demain.

— Comme ça, les choses se sont décidées tout à coup?... brusquement?

— Oui, très-brusquement.

— Et nous allons sans doute avoir à Villeroy de belles fêtes et beaucoup de monde pour célébrer les noces de monsieur le marquis...

— Nous n'aurons point de fêtes, et personne ne troublera notre solitude...

La physionomie de Mâlo exprima la stupeur la plus profonde. — Une noce sans violons et sans grande affluence de convives lui paraissait une chose inouïe, anormale, incompréhensible.

— Cependant — balbutia-t-il, — la famille de madame la marquise...

— Ma fiancée est orpheline et n'a pas de famille... — interrompit Hélion. — Elle n'est pas de grande race et n'ajoute rien à ma fortune. Je l'épouse parce qu'elle est un ange... Un ange par la beauté... un ange par le cœur... et surtout parce que je l'aime... Oui, j'aime, entends-tu, Mâlo!... J'aime de toutes les forces de mon âme et pour la première fois de ma vie!...

— Monsieur le marquis a dit cela bien souvent déjà...

— Je croyais aimer, mais je me trompais, je le comprends bien aujourd'hui... J'ai eu cent maîtresses peut-être... Je les désirais toutes, mais je ne les respectais pas. Elles ne tenaient aucune place dans ma vie; le véritable amour, l'amour chaste et profond, n'existe qu'accompagné de respect, et, quand il s'est emparé d'un cœur comme le mien, ce cœur est à lui pour toujours.

— S'il en est ainsi, — répliqua Malo, — tout est pour le mieux et je me réjouis du fond de mon âme du bonheur de monsieur le marquis, car monsieur le marquis sera bien heureux...

— Je l'espère... j'en suis sûr. Tu la verras bientôt, et, la voyant si belle, tu comprendras comme elle est bonne et pure et comme j'ai raison de l'aimer...

— Je comprendrai surtout, — s'écria le valet, — qu'elle est la femme de mon seigneur et maître, et je lui serai dévoué à me jeter dans l'eau ou dans le feu, à son choix!

— Merci pour elle et merci pour moi!... Tu es un fidèle serviteur...

La nuit était venue.

La voiture s'arrêta quelques heures à Poissy, pour laisser reposer les chevaux.

Chère bien-aimée, — lui dit il — vous êtes chez vous. (Page 74.)

— Hilda ne voulut pas descendre et préféra les coussins du carrosse au lit banal d'une chambre d'hôtellerie. — Elle n'était point encore marquise, et déjà cependant les instincts aristocratiques les plus raffinés s'éveillaient en elle.

On se remit en marche vers quatre heures du matin. — On traversa Mantes, la petite cité gracieuse et coquette, puis, carrosse et cavaliers s'engagèrent dans un chemin de traverse un peu défoncé, mais ombragé par de grands arbres dont l'automne jaunissait et rougissait le feuillage.

Le soleil levant étincelait à l'horizon, au moment où l'équipage traversa un pont d'une seule arche jeté sur des fossés pleins d'eau, franchit une grille d'un bon style et s'arrêta dans la cour d'honneur du petit château de Villeroy.

Mâlo, parti de Poissy ventre à terre pour obéir aux ordres de son maître, était arrivé depuis deux heures. Ces deux heures avaient suffi, grâce à la collaboration active du gardien du château, de sa femme, du jardinier et de la fille de ferme, pour mettre en bon ordre toutes les pièces du principal appartement, pour allumer du feu dans les cheminées et pour donner un air de fête au château.

Déjà même on voyait dans la cuisine une demi-douzaine de poulets et de canards égorgés pour les apprêts du déjeuner.

M. de Saillé mit pied à terre et voulut ouvrir lui-même la portière à Hilda, la faire descendre de carrosse et l'introduire dans le château.

— Chère bien-aimée, — lui dit-il en franchissant avec elle le seuil du vestibule orné de panoplies et de trophées de chasse, — vous êtes chez vous.

La jeune fille lui répondit par une légère pression de sa petite main.

— Ne vous sentez-vous point trop fatiguée de votre voyage nocturne? — reprit Hélion.

— Peut-être le suis-je un peu... mais quelques instants de repos me remettront.

— Ne vous êtes-vous pas ennuyée pendant les longues heures de solitude?

— Je n'étais pas seule, monsieur le marquis... Ces heures se sont passées entre ma mère et vous...

Hilda mentait en répondant ainsi. Comme la veille, l'image du chevalier Gérard de Noyal était venue, sans cesse, obséder sa pensée, et malgré tous ses efforts elle n'avait pu se délivrer de cette obsession.

— Cette chambre était celle de ma mère, elle sera la vôtre, — dit le marquis en ouvrant devant sa fiancée la porte d'une vaste pièce tendue de tapisserie des Flandres à personnages mythologiques, et garnie de meubles en chêne sculpté à la mode du seizième siècle. — Des armoiries étincelaient sur les vitraux peints, sertis de plomb. — Un grand lit à colonnes torses étalait ses courtines de velours galonné d'or.

Tentures et meubles formaient un ensemble un peu sombre, mais plein de richesse et de majesté.

Un grand feu flamboyait dans l'âtre de la haute cheminée; il animait la chambre de ses clartés joyeuses et donnait un semblant de vie aux visages pâlis des dieux et des héros. A travers les vitrages on entrevoyait les tilleuls et les marronniers du parc, dont les cimes s'étageaient jusqu'à l'horizon.

SCEAUX. IMP. CHARAIRE ET FILS.

Hélion fit apporter dans un grand cabinet contigu à la chambre à coucher les malles et les valises contenant ses emplettes de la veille, destinées à Hilda.

Ceci fait, il se retira dans un autre appartement, procéda à une toilette sommaire, que rendait indispensable une longue nuit passée à cheval; puis il sortit du château et se dirigea vers le presbytère.

Le vieux desservant de la paroisse était instruit déjà de l'arrivée du marquis dans ses domaines. Il l'accueillit avec une effusion de tendresse véritablement touchante, car son cœur débordait au point que de grosses larmes coulaient sur ses joues.

Ce fut bien autre chose quand il apprit qu'Hélion allait se marier. Il ne put retenir un cri de joie, et, prenant le gentilhomme dans ses bras, il l'embrassa sur les deux joues.

Cette allégresse du bon curé, pour être un peu trop naïvement exprimée peut-être, n'en était pas moins toute naturelle. L'abbé Muriel n'ignorait point que M. de Saillé vivait à Paris dans un monde de dissipation et de galanterie, et il frissonnait rien qu'à la pensée du nombre infini de péchés mortels contre le sixième commandement que des fréquentations dangereuses et coupables devaient faire commettre quotidiennement à son cher marquis. Chaque jour, ou à peu près, il disait sa messe à l'effet d'obtenir de Dieu la conversion complète du pécheur bien-aimé.

Or le mariage, selon le digne prêtre, n'était autre chose que le port de salut contre les orages de la vie, et, puisque Hélion se mariait, puisqu'il prenait légitimement une femme à lui tout seul, c'est qu'il renonçait à Satan, à ses pompes et à ses œuvres... c'est-à-dire aux femmes des autres.

Ceci était clair et logique. A un argument de cette force il n'y avait rien à répliquer.

Sa joie redoubla quand il comprit qu'il allait être appelé lui-même au prodigieux honneur de célébrer cette union bénie, et cela sans le moindre retard.

Il sollicita cependant un délai de deux heures, afin d'avoir le temps de parer de son mieux sa chère église. Il avait la coquetterie de son maître-autel, et souhaitait le montrer enrichi de tous les dons accumulés dans la sacristie depuis plus d'un siècle par la famille maternelle du marquis.

Il voulait en outre faire sonner les cloches, afin de rappeler au hameau ceux des habitants que les travaux champêtres éparpillaient dans la campagne...

Mais, à ceci, Hélion s'opposa formellement.

Sa fiancée étant en très-grand deuil et absorbée par une douleur poignante et récente, il désirait n'avoir dans l'église, pour la cérémonie, que quatre témoins qu'il désigna.

C'étaient des tenanciers à lui, et le curé se chargea de les envoyer prévenir.

Deux heures plus tard, le chœur de la vieille église était illuminé comme une chapelle ardente. Toutes les fleurs automnales qu'il avait été possible de se procurer embaumaient l'autel. Deux petits enfants aux grands cheveux, revêtus, sous leurs surplis blancs, de soutanes rouges un peu trop longues, faisaient flotter des nuages de vapeurs odorantes au-dessus de leurs encensoirs. — Hélion et Hilda, agenouillés côte à côte sur des siéges blasonnés, recevaient la bénédiction nuptiale des mains tremblantes de l'abbé Muriel, imposant comme un cardinal sous ses ornements sacerdotaux de lampas et d'or.

Le vénérable prêtre adressa aux jeunes époux une allocution très-courte, mais si pleine d'émotion vraie que le marquis sentit ses paupières devenir humides.

Hilda cachait son visage entre ses deux mains jointes. — On ne pouvait voir si elle pleurait.

La cérémonie achevée, Hélion, sa femme et leurs témoins passèrent dans la sacristie, où l'acte de mariage fut transcrit sur le registre de la paroisse.

Tout était consommé ! Le marquis et la fille de Gillonne se trouvaient indissolublement unis. Ils reprirent ensemble le chemin du château, entre deux files de paysans attirés par la curiosité, car la grande nouvelle s'était répandue dans le pays avec une promptitude électrique, et ces bons villageois agitaient à qui mieux mieux leurs bonnets de coton en criant à tue-tête :

— Vive notre bon seigneur ! Vive madame la marquise !

Hélion se pencha vers l'oreille d'Hilda.

— Vous entendez ces cris ? — lui dit-il ; — tous ces braves gens ne demandent qu'à vous adorer... il faudra les aimer un peu...

Malo, par faveur spéciale, avait assisté dans un coin de l'église à la messe de mariage.

A deux ou trois reprises il put entrevoir, sous les plis flottants du crêpe, le visage de la jeune fille, et, chose singulière, son admiration fut mêlée d'une sorte de vague et indéfinissable terreur.

— Elle est bien belle... — se dit-il à lui-même, — elle est trop belle ! — Je ne sais pas pourquoi, mais ses yeux m'épouvantent...

Dans la journée Hélion, ivre de cette allégresse immense qui déborde dans le cœur d'un amoureux lorsque rien ne lui peut plus enlever la femme aimée, prit à part son fidèle serviteur et lui demanda :

— Eh bien, maintenant tu l'as vue? Comment la trouves-tu?

— Si madame la marquise est aussi bonne qu'elle est belle, et je ne me permettrais pas d'en douter, — répondit Mâlo, — monsieur le marquis sera un homme bien heureux... il aura son paradis dans ce monde...

— Oui, les joies du ciel! — s'écria M. de Saillé, — car, je le répète, c'est un ange!

Il avait été convenu que la lune de miel se passerait à Villeroy.

Ce fut pour la marquise une période de félicité complète, qui réalisa, qui dépassa même tous ses rêves.

Cette année-là l'automne fut d'une douceur et d'une beauté exceptionnelles et se prolongea jusqu'au milieu du mois de novembre.

Hélion savoura tous les petits bonheurs d'une intimité tendre et complète : les longues promenades en tête à tête sur la mousse jaunie des grands bois; les excursions à cheval avec sa jeune compagne, qui devint en quelques jours, sous sa direction savante, une écuyère ardente et infatigable; les soirées dans la chambre close, près d'un feu pétillant.

Hilda, de son côté, se trouvait heureuse. Elle savourait avec délices le luxe dont son mari se plaisait à l'entourer, car, pour elle, il avait fait venir de Paris une partie de ses équipages et de ses gens.

Son âme commençait à se fondre sous les feux de l'amour qu'elle inspirait. L'immense affection de cet homme si jeune et si beau, auquel ne manquait aucun des dons de la naissance et de la fortune, flattait ses instincts orgueilleux et lui inspirait une sorte de reconnaissance émue, sentiment complexe, sur la nature duquel on pouvait facilement se tromper. Les baisers d'Hélion commençaient à ne plus la laisser froide. L'image du chevalier de Noyal cessait de la persécuter.

Un jour elle se dit tout bas :

— Il me semble, en vérité, que je l'aime. Quand il me quitte je me sens triste. Quand il revient, mon cœur bat plus vite. J'avais rêvé pourtant un sentiment moins calme, mais peut-être que je me trompais. — Ne peut-on vivre sans orages? — Si ce que j'éprouve est de l'amour, eh bien, après tout, tant mieux!

CHAPITRE XII

RENCONTRE

Six semaines s'écoulèrent ainsi ; puis, brusquement, le temps changea. Le soleil éteignit ses rayons sous un manteau de brume épaisse. Des pluies froides et torrentielles commencèrent à tomber, détrempant la campagne et métamorphosant les chemins creux en véritables fondrières. Les promenades devinrent impossibles, et le marquis jugea qu'il ne devait point imposer à sa femme un plus long séjour au château de Villeroy.

En conséquence, les deux époux partirent pour Paris.

M. de Saillé installa sa femme dans l'hôtel qu'il possédait à l'extrémité de la rue Saint-Louis, au Marais, construction monumentale, élevée entre une cour imposante et de vastes jardins plantés d'ormes superbes qui avaient vu trois générations.

Une ruelle étroite, bordée de murailles assez élevées, séparait ces jardins de ceux des habitations voisines.

Au commencement du dix-huitième siècle, grâce au peu de valeur des terrains, les gentilshommes riches et les financiers ne se marchandaient point l'espace, et l'on voyait de véritables parcs s'étaler en plein Paris. — Des quartiers tout entiers occupent aujourd'hui les emplacements où furent ces parcs.

L'hiver s'écoula sans amener le moindre incident qui mérite de trouver place en notre récit.

Le deuil encore si récent d'Hilda ne permettait point au marquis de la conduire dans le monde, et d'ailleurs, amoureux de sa femme comme il l'était, il n'admettait guère la pensée de la produire dans les salons du Palais-Royal et de l'exposer aux assiduités galantes du régent et de ses roués.

Privée de toute distraction et ne recevant à peu près personne, car Hélion, avant son mariage ne voyait guère que des hommes, assez mauvais sujets comme lui et qu'il n'attirait pas dans sa maison, madame de Saillé s'ennuya.

La tendresse du marquis, bien loin de diminuer par la possession, comme il arrive presque toujours, grandissait au contraire; mais maintenant cette tendresse, au lieu d'émouvoir le cœur d'Hilda, lui semblait fatigante. Elle en redoutait l'expansion et elle reconnaissait sans peine, à des signes, hélas ! trop certains, qu'elle n'éprouvait décidément pour son mari qu'une reconnaissance sans amour.

Parfois elle en arrivait à se demander si, cette reconnaissance, elle la lui devait réellement.

Qu'avait-il fait pour elle, après tout ? — Il l'avait épousée... Le grand mérite, en vérité ! Elle était belle à damner un saint... Le marquis, en lui donnant son nom, avait suivi l'unique chemin qui lui permît de la posséder, car jamais elle n'aurait été sa maîtresse... — Son dévouement, en cette affaire, n'était donc que pur et simple égoïsme ! Elle partageait sa fortune et son titre, mais elle ne se servait ni de l'un ni de l'autre, et le plaisir de s'entendre appeler par ses gens : « *Madame la marquise*, » était-il bien une compensation suffisante aux tristesses de cette existence monotone où les heures maussades se succédaient en se ressemblant ?

Nos lecteurs s'étonnent peut-être que, dans le vide absolu de toute affection, Hilda ne songeât point à rapprocher d'elle Diane de Saint-Gildas, qu'elle se figurait aimer tendrement.

Plus d'une fois elle avait eu la pensée de lui écrire, ou de demander à Hélion de la conduire à la Varenne, et toujours elle s'était arrêtée avant de donner suite à ce double projet. Elle craignait qu'un mot, une allusion involontaire de la comtesse et de sa fille, ne vinssent apprendre à M. de Saillé que Gillonne avait été, dans leur maison, une subalterne, presque une servante. Elle ne voulait point s'exposer à rougir devant le marquis, et ce misérable amour-propre lui défendait de revoir son amie.

Elle souhaitait cependant payer sa dette à cette dernière, et voici comment elle s'y prit :

Elle acheta chez un joaillier en vogue un bracelet de perles d'un goût exquis et d'une assez grande valeur. — Elle joignit à l'écrin qui contenait ce bijou une petite bourse renfermant deux mille livres en pièces d'or toutes neuves. — Elle mit sous enveloppe un papier sur lequel elle avait tracé cette seule ligne :

« *A ma chère Diane, avec toutes les tendresses de sa reconnaissante Hilda.* »

Elle fit de ces trois objets un petit paquet, et elle le confia à un gagne-denier qui ne la connaissait point, et qui se chargea, moyennant un écu de six livres, de le porter à la Varenne et de le remettre en mains propres à mademoiselle de Saint-Gildas.

Disons tout de suite que le message fut rempli religieusement, et que l'étrange laconisme du billet d'Hilda causa plus de chagrin à Diane que la vue du beau bracelet ne lui inspira d'admiration.

Elle se perdit en conjectures pour deviner la cause de ce silence affecté, et, naturellement, elle ne trouva rien.

La comtesse crut comprendre que la sœur de lait de Diane avait été fatalement perdue par sa trop éclatante beauté, et que, rougissant d'elle-même, elle voulait désormais cacher sa vie à celles qui la mépriseraient en sachant la vérité.

Madame de Saint-Gildas se trompait, mais, pour être fausses, ses suppositions n'en étaient pas moins plausibles.

Le printemps arriva. M. de Saillé ne pouvait se soustraire à la nécessité d'aller inspecter son régiment, en garnison à Dijon. Son absence devait durer quelques semaines.

Il n'eut pas même la pensée d'emmener Hilda, à laquelle il ne voulait point imposer la fatigue d'un voyage, non plus que la gêne et les ennuis d'une installation insuffisante dans une ville de province.

Il prit donc congé d'elle avec un vif chagrin, quoique leur séparation dût être courte, et il lui fit promettre de lui écrire quelques lignes chaque matin, ajoutant qu'il mourrait certainement de chagrin et d'inquiétude le jour où il ne recevrait point de lettre.

Hilda promit tout ce qu'il voulut. — Elle alla l'accompagner dans son carrosse jusqu'au premier relai, où il prenait des chevaux de poste et où sa chaise l'attendait tout attelée. Elle se montra tendre, affectueuse, presque passionnée dans les derniers épanchements, et le marquis, en s'arrachant à ses étreintes et à ses baisers, eut l'immense consolation de se dire qu'il était plus aimé que jamais.

La jeune femme cependant, en reprenant de son côté la route de Paris, tandis que son mari se dirigeait rapidement vers la Bourgogne, éprouva une sensation de soulagement immense. Il lui sembla qu'un lourd fardeau cessait de peser sur ces épaules, et elle se dit en souriant que de tous les biens de ce monde, après l'amour, le plus précieux était la liberté.

Cette liberté, comment allait-elle s'en servir? Nous affirmons qu'elle n'en savait

Helion dormait d'un sommeil plus lourd et plus profond que de coutume. (Page 87.)

rien et qu'elle ne songeait pas à mal. — La certitude que pendant plusieurs semaines elle n'entendrait point résonner nuit et jour à son oreille les effusions d'un amour qui la laissait plus froide que le marbre suffisait à la rendre heureuse. Elle allait dénouer les cordons du masque de tendresse qui couvrait son visage. Elle allait se montrer telle qu'elle était et respirer enfin sans gêne.

Et, tandis qu'elle pensait cela, son mari, roulant au bruit des grelots agités, se répétait :

— Comme elle m'aime!...

Nous prenons cependant sur nous d'affirmer à nos lecteurs que le marquis Hélion de Saillé, colonel de Royal-Bourgogne, n'était pas un mari plus sot que tous les autres.

Hilda, seule à Paris et maîtresse absolue de sa personne et de son temps, ne sut que faire dans son grand hôtel.

Naturellement elle sortit beaucoup. Elle se donna le prétexte d'une quantité d'emplettes indispensables, qui ne se pouvaient point remettre, et dès le matin elle courut les magasins, récoltant sur son passage, quand elle descendait de son carrosse ou quand elle y remontait, toutes sortes d'œillades éloquentes qui la laissaient parfaitement calme, mais qui chatouillaient sa vanité de jolie femme.

Elle ne se sentait point le droit de se soustraire aux admirations de la multitude.

La beauté n'est-elle pas comme le soleil, qui doit briller pour tout le monde?

Dans l'après-midi, elle se faisait conduire au Cours-la-Reine, la promenade à la mode, le rendez-vous des élégantes de l'époque, quelque chose enfin dans le genre de ce qu'est aujourd'hut la rive gauche du lac au bois de Boulogne.

Les grandes dames, les filles d'Opéra, les impures de la haute galanterie y faisaient assaut de luxe dans leurs ajustements et dans leurs équipages. Aucune ne pouvait lutter de beauté radieuse et de grâce avec la marquise de Saillé.

Hilda le savait à merveille, et d'ailleurs elle lisait son triomphe dans les regards des hommes.

Trois jours environ après le départ d'Hélion, au moment où l'équipage de la jeune femme, après avoir suivi la file pendant une heure au Cours-la-Reine, reprenait au trot de ses grands carrossiers normands le chemin des quais, Hilda poussa un faible cri en appuyant sa main sur son cœur, et devint pâle tout à coup.

Elle venait de voir passer à deux pas de sa voiture Gérard de Noyal, monté sur un cheval de race et vêtu de velours noir avec cette simplicité élégante qui décèle le millionnaire.

Son regard et celui du gentilhomme s'étaient croisés pendant une seconde, et Gérard avait tressailli.

— Ah! je suis lâche! — murmura la jeune femme, — il m'a dédaignée... il m'a trahie... et rien qu'à sa vue mon cœur défaille!... Je devrais le mépriser, je devrais le haïr... et je l'aime!

Gérard, de son côté, se demandait :

— Ai-je bien vu?... Hilda dans ce carrosse!... Est-ce possible?... Peut-être que mes yeux me trompent et qu'une vague ressemblance m'abuse... Si c'est elle en effet, d'où lui vient ce luxe éclatant?... A-t-elle trouvé le secret que je cherchais jadis, où s'est-elle vendue à quelque grand seigneur?

Tout en s'adressant ces questions, M. de Noyal avait fait brusquement retourner sa monture et suivait le carrosse qui s'éloignait grand train.

Quelques minutes après cette rencontre, madame de Saillé se penchait à la portière afin de regarder en arrière. Elle s'aperçut qu'elle était suivie et son cœur se mit à bondir.

Au début de ce récit, nous avons abandonné le chevalier au moment où il partait pour l'Anjou en compagnie de maître Robert Briquet, le digne intendant qui tenait d'une façon si particulière à ce que la fortune des Noyal n'allât point à des collatéraux.

Les résultats du voyage de Gérard peuvent se raconter en un petit nombre de lignes.

Il était arrivé au château de ses ancêtres juste à temps pour voir son frère dicter à deux tabellions un testament en bonne forme par lequel il instituait Gérard son légataire universel.

Presque aussitôt après avoir signé cet acte authentique, le comte avait perdu connaissance, et sa lente agonie s'était prolongée pendant une semaine sans qu'une seule lueur d'intelligence revint animer son corps défaillant.

Gérard fit exposer dans une chapelle ardente la dépouille mortelle du défunt, et, le troisième jour, il lui fit de splendides funérailles auxquelles furent conviés tous les hobereaux du pays, à dix lieues à la ronde.

Après avoir accompli ce pieux devoir et s'être mis en possession de l'une des plus belles fortunes de la province, Gérard, devenu comte de Noyal, reprit en toute hâte le chemin de Paris, dont il était absent depuis un peu plus de trois semaines.

La pensée qu'il allait revoir Hilda troublait profondément son âme et mettait du feu dans ses veines.

Tout le long de la route il semait l'or. Les postillons brûlaient le pavé, et cependant il leur criait sans cesse :

— Plus vite! plus vite! Crevez vos chevaux, je les payerai...

Les percherons aux larges croupes dévoraient l'espace; une vapeur épaisse s'échappait de leurs naseaux enflammés, et Gérard trouvait qu'ils ne marchaient pas...

Enfin, on arriva.

Le gentilhomme ne voulant point se mettre, ce jour-là, en quête d'un gîte convenable, descendit à l'hôtellerie de l'*Epée de bois*, et, sans même prendre le temps de réparer le désordre de sa toilette, courut à la maison de la rue Saint-Honoré.

Une effroyable déception l'attendait.

La mansarde était inhabitée.

Gérard s'informa. Il apprit que Gillonne était morte, qu'Hilda, depuis huit jours, avait disparu, et que personne ne pouvait le renseigner sur ce qu'elle était devenue.

Convaincu que le billet écrit par lui au moment de son départ avait été remis à la jeune fille, il se crut dédaigné, de même qu'Hilda s'était crue trahie.

— L'ingrate! — murmura-t-il. — Moi qui ne vivais que pour elle! Moi qui voulais la rendre heureuse et riche! Elle ne m'aimait pas... Je l'oublierai...

Pendant tout l'hiver il se plongea dans la dissipation la plus effrénée, dans les orgies et dans les galantes aventures, pour effacer de sa mémoire l'image de la jeune fille. Ce fut en vain; il n'oublia pas.

Voilà où en étaient les choses au moment où Gérard, à cheval, se croisa sur le Cours-la-Reine avec le carrosse de la marquise de Saillé et suivit ce carrosse.

Il le vit s'arrêter, rue Saint-Louis, devant un hôtel d'un grand style. Le cocher cria : « La porte! » et l'équipage disparut dans une cour monumentale.

— Il est absolument impossible que ce soit elle! — se dit Gérard.

Deux heures plus tard, il revenait sous un déguisement, il conduisait au cabaret un des laquais et le faisait boire et causer.

Ce valet se fit d'autant moins prier pour répondre à toutes les questions, qu'il n'avait absolument rien à cacher.

Gérard apprit que l'hôtel appartenait au marquis Hélion de Saillé, colonel du régiment de Royal-Bourgogne et momentanément absent de Paris. La jeune femme, qu'un luxueux équipage avait ramenée du Cours-la-Reine, était très-légitimement marquise de Saillé, et elle se nommait Hilda.

Le doute devenait impossible. — C'était elle!...

Le lendemain matin, Gérard achetait une des camériste de la marquise.

Le lendemain soir, Hilda trouvait une lettre de M. de Noyal dans sa chambre à coucher.

Le surlendemain, elle répondait...

CHAPITRE XIII

LE VIN DE XÉRÈS

Quatre semaines environ après la rencontre d'Hilda et de Gérard au Cours-la-Reine, Hélion de Saillé revint à Paris.

La marquise, prévenue de son arrivée, lui causa la surprise la plus délicieuse en allant à sa rencontre jusqu'au premier relai.

Au moment où l'on dételait les chevaux de sa chaise, il vit s'arrêter devant la porte de la maison de poste un carrosse à ses armes, et, dans ce carrosse, Hilda souriante qui lui tendait les bras.

— Ah! chère bien-aimée, — s'écria-t-il en la serrant contre son cœur, — vous êtes venue! Quelle bonne pensée! Vous avez donc deviné mon impatience?

— Je n'ai consulté que la mienne, — répondit la jeune femme en lui rendant étreinte pour étreinte. — En votre absence le temps m'a semblé si long! J'avais tant hâte de vous revoir!

— Vous m'aimez donc encore, Hilda?

— Toujours, et plus que jamais... et c'est surtout depuis que nous sommes séparés que j'ai compris combien je vous aimais...

A partir de ce jour, une nouvelle lune de miel recommença pour les deux époux, et le marquis s'étonna presque de son propre bonheur en trouvant sa femme mille fois plus tendre et plus passionnée qu'elle ne l'était dans les commencements de leur union.

Certains symptômes de vague ennui, qu'il avait cru remarquer à maintes reprises l'hiver précédent, s'étaient complétement évanouis.

Hélion se souvint alors des paroles de Mâlo, prononcées à Villeroy le jour même du mariage.

— Si madame la marquise est aussi bonne qu'elle est belle, — avait dit le fidèle serviteur, — monsieur le marquis sera un homme très-heureux... il aura son paradis en ce monde!

— Mâlo était prophète! — pensa le gentilhomme. — En vérité, je suis trop heureux! Je devrais, comme je ne sais plus quel illustre tyran du temps passé, jeter mon anneau dans la mer...

Plus de huit mois s'étant écoulés depuis la mort de Gillonne.—Hilda ne portait plus le grand deuil. De riches toilettes, où le violet s'étalait sous toutes ses nuances, avaient remplacé les étoffes noires.

Rien n'empêchait donc le marquis de procurer à sa femme les distractions qu'elle aimait, et particulièrement le plaisir du théâtre qu'elle semblait préférer à tous les autres.

Presque chaque soir il la conduisait, soit à l'Opéra, soit à l'Hôtel de Bourgogne, soit à la Comédie italienne. Chaque soir aussi un gentilhomme, inconnu de M. de Saillé, se trouvait dans une loge voisine de la sienne, comme s'il avait été prévenu d'avance du spectacle auquel se rendrait la marquise, et les regards de ce gentilhomme engageaient avec ceux d'Hilda de mystérieux dialogues.

On a reconnu Gérard de Noyal. — Le marquis, confiant et aveugle comme un mari qui se croit aimé, ne le remarquait même pas.

En rentrant du théâtre, Hélion et Hilda trouvaient dans leur chambre à coucher une collation servie sur une petite table, — ce qu'à cette époque on appelait un *en cas*.

Cette collation, dressée par Mâlo, se composait de viandes froides, de pâtisseries, de pâtes sucrées et de confitures sèches. Deux flacons et deux coupes en verre de Venise accompagnaient le service.

L'un des flacons renfermait de l'eau pure, l'autre était rempli de vieux vin de Xérès, récolté en 1670 et provenant du père du marquis. Le précieux breuvage étincelait sous les feux des bougies comme de l'ambre liquide.

Hélion, doué d'un estomac de premier ordre et d'un appétit de chasseur, mangeait gaillardement une tranche de venaison ou deux ailes de faisan. Hilda grignotait une pâtisserie, suçait un fruit confit et buvait un grand verre d'eau fraîche.

Les choses se passaient ainsi, régulièrement, chaque soir. — Hélion s'endormait ensuite du sommeil calme de l'homme heureux qui n'a ni chagrins, ni soucis, ni inquiétudes d'aucune sorte, et, si des rêves venaient le visiter (ce qui n'arrivait pas souvent), ils sortaient tous du royaume des songes par la porte d'ivoire, quoiqu'un méchant proverbe désigne la porte de corne comme affectée spécialement au service des maris.

Un poëte l'a dit en ce quatrain :

« Par deux portes on peut m'en croire
Les songes viennent à Paris...
Aux amants par celle d'ivoire,
Par celle de corne aux maris... » (1)

Une nuit se produisit un fait singulier et, de prime abord, tout à fait inexplicable.

Hélion dormait d'un sommeil plus lourd et plus profond que de coutume, et néanmoins, juste au moment où la magnifique pendule de Boulle sonnait deux heures du matin, il fut à demi tiré de cette quasi-léthargie par une très-vive sensation de froid. Nous disons *à demi*, et nous le disons à dessein, car le réveil de M. de Saillé était fort loin d'être complet, ainsi que nous en aurons la preuve tout à l'heure.

Il supposa vaguement que draps et couvertures, à la suite de quelque tressaillement brusque et involontaire, avaient glissé en bas du lit, et par conséquent ne l'abritaient plus.

Son premier mouvement, mouvement tout machinal, fut de s'en assurer, et pour cela faire il étendit l'une de ses mains à droite et à gauche, c'est-à-dire dans la direction de la ruelle et du côté où devait se trouver Hilda.

Il lui sembla, toujours vaguement, que d'un côté comme de l'autre il ne rencontrait que le vide, et que la place habituellement occupée par la jeune femme était déserte et glacée.

Ceci lui parut tellement étrange, que la volonté d'acquérir une certitude s'empara de lui, et qu'il fit un effort pour se soulever dans son lit, — effort inutile. Ce sommeil presque léthargique dont nous avons parlé reprit ses droits un instant suspendus et fut plus puissant que la volonté. Le bras du marquis retomba; toute sensation s'éteignit; l'engourdissement absolu régnait de nouveau.

Le matin venu M. de Saillé, en ouvrant les yeux, se trouva la tête lourde. Hilda, couchée près de lui dans la plus gracieuse attitude, souriait en dormant.

L'incident nocturne que nous avons raconté ne laissait dans l'esprit du mar-

(1) Victor Hugo. — *Cromwell.*

SCEAUX. TYP. CHARAIRE ET FILS.

quis qu'une trace imperceptible noyée dans un épais brouillard. — Il s'accouda sur l'oreiller et se mit à contempler sa femme avec ivresse.

Sous le feu persistant de ce regard Hilda entr'ouvrit ses paupières, et, par un mouvement de chatte et de couleuvre, elle passa ses beaux bras blancs autour du cou de son mari.

— Hélion, mon amour, — lui dit-elle avec inquiétude au bout d'un instant, — qu'avez-vous donc? vous êtes pâle... — Auriez-vous mal dormi?...

— Non, ma chérie, — répliqua M. de Saillé, — mais je ressens un indéfinissable malaise, comme à la suite d'une orgie... — Jadis, au temps de mes folies, quand j'avais, en compagnie joyeuse, un peu trop oublié que le vin de Champagne est un poison charmant, j'éprouvais au réveil quelque chose de presque semblable...

— D'où peut venir cela?

— Je n'en sais rien, car, aujourd'hui, mon unique ivresse, c'est dans tes yeux que je la puise...

— Cette ivresse-là ne fait pas de mal!

— Et puis, — reprit Hélion, — cette nuit, j'ai rêvé...

Hilda le regarda bien en face avec une expression singulière.

— Quoi donc? — demanda-t-elle vivement.

— Il me semblait que tu n'étais plus là, près de moi, et que je me sentais glacé... — Je te cherchais et ne te trouvais pas...

— Voilà tout?

— Tout, en vérité... — C'est bien assez pour être un peu pâle...

— Quelle folie!

Hélion allait répondre. — La jeune femme lui ferma la bouche avec un baiser, et tout bas elle se dit :

— La dose n'était pas assez forte...

Pendant la nuit du lendemain, et pendant les trois nuits suivantes, M. de Saillé ne se réveilla point, mais chaque matin il lui fut possible de constater une lourdeur de tête toujours croissante, accompagnée d'un sentiment de vertige qui se dissipait aussitôt qu'il avait quitté son lit.

Il n'en parla point à Hilda, dans la crainte de l'inquiéter inutilement, mais il se promit de consulter un médecin si ces symptômes insolites se reproduisaient.

La cinquième nuit, toujours au moment où la pendule de la chambre à coucher sonnait deux heures, le marquis se réveilla sous cette même impression de froid glacial qu'il avait ressenti déjà.

Hélion appuya son front contre l'une des vitres de la fenêtre. (Page 95.)

Comme la première fois sa main, s'étendant du côté où elle devait trouver Hilda, ne rencontra que le vide...

— Est-ce encore un rêve? — se demanda-t-il, — ou suis-je vraiment seul dans mon lit? Ah! je veux savoir...

Mais, toujours comme la première fois, ses forces le trahirent; un voile impénétrable s'étendit sur sa pensée et un engourdissement absolu, trop subit et trop profond pour n'avoir pas quelque cause étrange, le rejeta, vaincu, sur l'oreiller qu'il voulait quitter.

Quand parut le jour et quand Hélion ouvrit les yeux et retrouva près de lui sa femme endormie, ses souvenirs avaient perdu de leur netteté, mais cependant ils restaient assez distincts pour permettre à un doute alarmant de se glisser jusqu'au fond de son âme.

Il attendit le réveil de la marquise, et d'un ton indifférent il lui dit :

— Hilda, cette nuit encore, j'ai rêvé...

Les sourcils de la jeune femme se froncèrent involontairement, mais elle commanda le sourire à ses lèvres.

— Mon cher seigneur, — murmura-t-elle, — était-ce encore un songe attristant ?

— Le même que la dernière fois.

— Je n'étais plus auprès de vous?

— Non... — Et dites-moi, ma chérie, êtes-vous sûre que ce soit un songe?

— Vous plaisantez sans doute, Hélion... je ne vous comprends pas... — répondit la jeune femme en affectant une assurance qu'elle était loin d'éprouver.

— Je ne plaisante en aucune façon... Ne pourriez-vous m'avoir quitté pendant quelques instants? Où serait le mal?

— Il n'y en aurait pas le moindre, assurément ; aussi me garderais-je bien de nier, si j'avais fait ce que vous dites... Mais comme je n'ai point quitté votre lit, où je dormais d'un calme sommeil, et que je ne me crois pas somnambule, il est clair que vous vous trompez. Ne le pensez-vous pas comme moi?

— Je le pense, et cela est clair en effet. J'ai rêvé. Donc n'en parlons plus.

— Oui, n'en parlons plus... Cela vaudra mieux....

Et, tout en parlant, Hilda embrassa son mari.

Sous le doux choc de ce baiser le marquis ressentit une douleur poignante, la plus aiguë qu'il eût éprouvée jamais.

Il trouvait sur le visage et les cheveux d'Hilda les traces faibles et comme effacées d'un parfum pénétrant qu'il ne connaissait pas, qu'à coup sûr il respirait en ce moment pour la première fois, et dont il n'existait, la veille au soir, aucune trace...

D'où venait ce parfum?

M. de Saillé était trop vraiment gentilhomme pour descendre jusqu'à interroger sa femme, mais la défiance le mordit au cœur, et les vagues soupçons qui depuis un instant assiégeaient son esprit prirent soudain un corps.

— Je veillerai... — se dit-il avec une muette angoisse, — et il faudra bien que je sache...

Personne n'ignore que, presque sans exception, à moins de certains cas de fatigue extrême ou de maladie, une énergique volonté peut triompher du sommeil le plus lourd. Il n'est guère de chasseur ou de voyageur qui n'en ait fait l'expérience, et toujours avec le même résultat.

On se dit, en se couchant :

— Je veux me réveiller à cinq heures du matin...

Et l'on s'endort. Mais le corps seul est assoupi. L'âme veille. Servante docile, à l'heure indiquée elle crie au corps d'ouvrir les yeux, et le corps obéit.

Hélion savait cela, et bien souvent, en voyage ou en chasse, il avait ainsi suppléé à la négligence de son valet de chambre.

Le soir même il se donna l'ordre, impérieusement, de s'éveiller au milieu de la nuit. Il s'éveilla en effet, ou plutôt le sommeil lui accorda une sorte de trêve momentanée, mais un voile de plomb pesait sur son intelligence. Il ne pouvait ni réfléchir sans un pénible effort ni coordonner ses idées comme à l'état de veille.

Il lui fut cependant possible d'acquérir la certitude matérielle qu'il était couché seul et qu'Hilda, laissant sa place vide, avait quitté le lit conjugal.

Il l'appela. Sa voix émue retentit lugubrement dans le silence de l'appartement désert. Son appel resta sans réponse.

Hélion se sentit devenir fou. — Où était la marquise ?

Il voulut se lever pour aller à la recherche de sa femme, pour explorer tous les recoins de l'hôtel, mais ses membres, garrottés par cet engourdissement dont il ne connaissait que trop bien la toute-puissance, refusèrent de le servir. Le sommeil cataleptique s'abattit sur lui de nouveau. — Dévoré de rage, il se rendormit.

Le lendemain, M. de Saillé se souvint de tout avec une netteté merveilleuse, mais il ne parla de rien à sa femme. Pour éclaircir les soupçons grandissants qui le rongeaient, il lui fallait jouer la comédie. L'apparence d'une confiance illimité pouvait seule amener la marquise à se trahir.

Certes, Hélion n'acceptait pas sans lutte l'effroyable pensée qu'Hilda pouvait être infidèle. Il avait un si grand amour pour celle qui portait son nom, qu'il s'efforçait de plaider sa cause. Hélas ! des présomptions innombrables fortifiaient l'accusation... Aucune ne se présentait pour la défense... Quel motif non déshonorant pouvait en effet pousser la jeune femme à déserter chaque nuit la chambre nuptiale ?

Une autre chose encore demeurait pour Hélion à l'état de problème effrayant. C'était cette impuissance absolue à rester éveillé, impuissance qu'il était certain de n'avoir jamais éprouvée jadis...

Longtemps il s'absorba dans cette pensée, cherchant vainement le mot de l'énigme terrible. — Tout à coup une lueur illumina les ténèbres de son esprit. — Cette lueur était sinistre. — Le marquis devint pâle et se prit à trembler comme un fiévreux de la campagne romaine.

Une substance vénéneuse, un narcotique mêlé au vin de Xérès qu'il buvait chaque soir, expliquerait clairement ce qui semblait inexplicable. Oui... c'était cela, ce devait être cela... Mais ce narcotique, une seule personne au monde, Hilda, pouvait avoir intérêt à le lui verser... Donc, c'était elle qui le versait! Il lui fallait le sommeil du marquis, car ce sommeil c'était sa liberté, à elle !

La liberté de sortir la nuit! la liberté de quitter l'hôtel! Pourquoi faire? Pour aller où?...

A cette question désespérante, une seule réponse semblait possible, celle ci : Hilda désertait son foyer afin de courir affolée, au milieu des ténèbres, au rendez-vous où l'appelaient les joies infâmes de l'amour adultère...

Après le premier moment de désespoir, Hélion sentit son cœur bondir de colère.

— Si elle m'outrage, malheur à elle! — murmura-t-il entre ses dents serrées. — Cette nuit, je saurai tout !

Et, avec ce calme relatif qui suit presque toujours les décisions irrévocables, M. de Saillé attendit le soir.

Les minutes de la journée s'écoulèrent une à une, avec une lenteur effroyable, mais enfin arriva cette heure, si douce la veille encore, cette heure bénie qui réunissait les deux époux dans l'intimité de la chambre nuptiale.

Hélion et sa femme avaient passé la soirée à la Comédie italienne, où *Arlequin-Deucalion*, sorte de pasquinade mêlée d'ariettes, faisait courir tout Paris.

Pendant le spectacle M. de Saillé s'était montré d'humeur joyeuse, autant que de coutume, quoique sa gaieté fût peut-être un peu nerveuse.

De retour à l'hôtel il prit sa part de la collation ainsi qu'il le faisait chaque soir; seulement, mettant à profit un très-court instant où la jeune femme s'était éloignée de lui, il répandit sur le tapis le contenu de sa coupe, qu'il l'avait vue remplir elle-même de vin de Xérès.

Hilda, pour qui les soupçons du marquis étaient lettre close, ne s'aperçut de rien.

Les deux époux, entre lesquels se creusait désormais un abîme, prirent place ensemble sous les courtines armoriées du grand lit à colonnes torses.

A peine le marquis avait-il posé sa tête sur l'oreiller, qu'il fut saisi d'une terreur soudaine.

— Peut-être, — se dit-il, — n'est-ce point à ma boisson que le narcotique est mêlé, et alors je vais m'endormir... et je ne saurai point ce que je veux savoir, et ce supplice pire que la mort recommencera demain...

Combien les heures qui suivirent ce moment lui parurent plus interminables encore que celles écoulées depuis le matin! Sans cesse il lui semblait sentir l'engourdissement s'emparer de lui. A vingt reprises il se dit que la nuit tout entière devait être écoulée, que les premières clartés de l'aube allaient blanchir les fenêtres de la chambre à coucher, et que la marquise, dont le sommeil était en apparence calme comme celui d'un enfant, ne quitterait pas ses côtés.

Il se disait cela, — il le croyait, et c'est tout au plus si cette fièvreuse insomnie était commencée depuis une heure... La sonnerie de la pendule ne tarda pas à le lui prouver.

Le cœur de M. de Saillé heurtait les parois de sa poitrine avec une si furieuse violence qu'il se demandait comment Hilda n'en entendait point lés pulsations saccadées, et comment ces battements sinistres n'interrompaient pas son sommeil, si véritablement elle était endormie. — Soudain Hélion ne respira plus. — Hilda venait de faire un mouvement léger. — Avec une lenteur prudente elle se souleva sur son coude, et, pendant une ou deux secondes, elle resta immobile dans cette attitude. — Ensuite elle se pencha vers son mari, qui sentit le souffle parfumé de la jeune femme effleurer sa joue brûlante. — Elle étudiait son sommeil.

Complétement rassurée par cet examen attentif, elle souleva la couverture, et doucement, sans secousses, sans bruit, elle se glissa hors du lit.

La vaste chambre était plongée dans les ténèbres les plus profondes. Hélion, les yeux ouverts et l'oreille attentive, regardait sans voir, écoutait sans entendre.

Aucune forme, même la plus vague, ne se dessinait sur l'obscurité partout complète, et l'épaisseur du tapis de haute lice étouffait le bruit si léger déjà des petits pieds nus de la marquise.

Quelques secondes se passèrent ainsi. M. de Saillé, malgré la prodigieuse tension de tous ses sens, ne savait si sa femme était encore dans sa chambre ou si elle venait d'en sortir.

— Que fait-elle? — se demandait-il.

Enfin arriva jusqu'à lui le bruissement presque imperceptible que produit une porte en tournant sur ses gonds huilés. Cette porte était celle d'un grand cabinet de toilette qu'un escalier dérobé mettait en communication avec le jardin de l'hôtel.

Un autre cabinet, parallèle à celui-là, mais sans issue et rempli de vastes armoires pleines de linge, se trouvait au fond de la chambre. Il prenait jour sur le jardin par une fenêtre.

La porte fut refermée, toujours avec les mêmes précautions, et M. de Saillé crut entendre qu'on poussait, du dehors, un petit verrou.

A son tour il s'élança hors du lit et courut à la porte, contre le frêle panneau de laquelle il colla son oreille. Il n'entendit rien; mais alors il eut l'idée d'appliquer son œil au trou de la serrure, et une faible lueur filtrant par cette ouverture lui prouva qu'Hilda venait d'allumer une bougie.

Sans aucun doute, la jeune femme s'habillait.

CHAPITRE XIV

MALO

Au bout de cinq minutes, tout au plus, la lumière s'éteignit, et le marquis entendit très-distinctement s'ouvrir puis se refermer une seconde porte, celle de l'escalier dérobé.

Hilda gagnait le jardin. Donc elle se préparait à sortir. Où allait-elle? Pour le savoir il fallait la suivre, et la suivre, cette nuit-là, était impossible. Hélion le comprit et ne l'essaya même pas. Il tenta seulement d'ouvrir la porte; le petit verrou poussé de l'autre côté la retint immobile.

Un coup d'épaule aurait suffi pour la jeter en dedans, mais c'eût été tout compromettre, car la moindre trace de violence aurait suffi pour démontrer péremptoirement à Hilda que le marquis était sur la trace de ses sorties nocturnes.

Hélion entra dans le second cabinet dont nous avons parlé, et, de même qu'il avait collé son oreille au panneau de la porte, il appuya son front contre l'une des vitres de la fenêtre, s'efforçant de sonder le voile de ténèbres étendu sur le jardin, car de grands nuages sombres couvraient le ciel.

Il lui sembla bien qu'une silhouette noire se détachait vaguement dans l'obscurité, mais cette silhouette disparut presque aussitôt dans la direction de la petite porte donnant accès dans cette ruelle étroite circulant entre des jardins.

L'absence d'Hilda dura trois heures.

Trois heures! — trois siècles d'agonie pour Hélion!

— Quand viendra le jour, — se disait-il en enfonçant ses doigts crispés dans sa poitrine nue, — quand viendra le jour mes cheveux auront blanchi!...

Enfin, un bruit léger se fit entendre dans le cabinet. Ce bruit, qui avait annoncé le départ d'Hilda, annonçait son retour.

Hélion se rejeta sur le lit, en ayant soin de reprendre la position qu'il occupait lorsque la marquise l'avait laissé seul.

Quelques instants s'écoulèrent, employés par Hilda à se dépouiller de ses vêtements, puis la jeune femme, adroite et souple comme un serpent, souleva la couverture et se glissa près de son mari, sans que ce dernier l'eût entendue rentrer dans sa chambre. — Bientôt le murmure égal et doux de sa respiration annonça qu'elle dormait véritablement.

Avons-nous besoin d'ajouter que la fin de la nuit fut, pour M. de Saillé, pareille au commencement, et qu'il n'essaya même pas de trouver le sommeil?

Quand Hilda se réveilla, il faisait grand jour.

A côté d'elle, Hélion fermait les yeux et paraissait dormir encore.

La marquise se pencha sur lui et mit sur son front et sur ses lèvres un double baiser. Hélion respira ce même parfum étrange, premier indice d'une trahison.

— Oh! — se dit-il, — les baisers d'un autre!... Si je tuais cette femme tout de suite...

Mais il se contint. Ses deux mains, prêtes à étrangler Hilda, s'éloignèrent du cou charmant qu'elles effleuraient déjà.

La souriante jeune femme ne se doutait guère que la mort venait de passer si près d'elle...

Hélion souleva ses paupières et murmura :

— Quoi! déjà le jour...

Hilda rencontra son regard et tressaillit violemment.

— Ah! — s'écria-t-elle.

— Qu'y a-t-il ? — demanda le marquis.

— Tu m'effrayes... Ta pâleur est affreuse ! tes lèvres elles-mêmes sont blanches... Est-ce que tu souffres ?

— Non, en vérité...

— Alors, pourquoi es-tu si pâle ?

— Je n'en sais rien...

— As-tu fait encore, cette nuit, un de ces vilains rêves qui te laissent au réveil une sombre impression ?...

— Je n'ai fait aucun rêve, et rien n'a troublé mon sommeil.

— Tu as la fièvre, cependant, — reprit Hilda en appuyant ses doigts effilés sur la veine de son mari. — Il faut te soigner... il le faut... Ah ! je sais bien que tu es jeune et que tu es fort, mais le mal vient à l'improviste... Il triomphe de la jeunesse et de la force, et je veux que tu vives, mon Hélion, bien longtemps, pour m'aimer toujours !

La plume peut reproduire les paroles de la jeune femme, mais il est impossible de donner une idée de l'adorable accent avec lequel elle les prononçait, non plus que de l'expression d'ardente tendresse qui rayonnait sur son front pur, qui débordait dans ses grands yeux.

Le marquis l'écoutait et la regardait avec une sorte de stupeur, et il ne pouvait concilier ces paroles et ces regards avec ce qui s'était passé quelques heures auparavant ; l'hypocrisie, la duplicité de la créature humaine, lui semblaient ne pas pouvoir aller jusque-là. Un ouragan de pensées contradictoires traversait son cerveau, et dans cet ouragan il sentait chavirer sa raison.

— Si véritablement elle me trompe, — se disait-il ; — si c'est pour courir dans les bras d'un amant qu'elle s'échappe de mes bras chaque nuit, la mort sera pour elle un châtiment trop doux !...

. . . .

Dans l'après-midi de ce même jour la marquise sortit en carrosse, et Hélion, sous le prétexte d'instructions écrites à donner à l'intendant de ses terres de Bretagne, refusa de l'accompagner.

Dès qu'il fut seul, il frappa sur un timbre pour appeler Mâlo.

Le valet de chambre se rendit à l'instant même à cet appel.

— Mâlo, — lui dit M. de Saillé, — va prévenir le *Suisse* de l'hôtel que je ne recevrai personne aujourd'hui, personne absolument, sans exception... Reviens ensuite me trouver, et ferme à double tour la porte de mon appartement. J'ai à te parler, et il faut que qui que ce soit ne puisse nous interrompre ou nous écouter.

— Que signifie cette croix? (Page 103.)

Mâlo, selon son invariable habitude, obéit passivement, et au bout de quelques minutes il était de retour auprès de son maître.

— Mâlo, — commença le marquis, — depuis près de deux siècles ta famille est au service de la mienne. Je te traite en ami beaucoup plus qu'en valet, et je crois fermement que tu m'aimes.

— Monsieur le marquis fait bien de le croire, — répliqua Mâlo d'une voix émue, — car je l'aime plus que tout au monde.

— Tu m'es dévoué...

— Monsieur le marquis n'en doute pas. D'ailleurs, si pour le lui prouver il faut me faire tuer, monsieur le marquis n'a qu'un mot à dire... il verra...

— Il existe une autre manière, infiniment plus simple, de me témoigner ton dévouement dont je suis convaincu.

— Une autre manière? Laquelle?

— Une obéissance aveugle... une discrétion à toute épreuve.

— Oh! — murmura Mâlo, — c'est peu de chose, cela!... c'est trop facile à faire!... On obéit à quiconque a le droit de vous commander... On est discret quand il le faut... C'est un devoir et on le remplit... Mais on ne se fait tuer joyeusement que pour les gens qu'on aime...

Malgré l'amertume de ses pensées, Hélion ne put s'empêcher de sourire.

— Console-toi, mon brave compagnon, — dit-il, — il est bien possible qu'un de ces jours je mette ta vie en péril...

— Ah! — s'écria Mâlo, — tant mieux!

— Mais, pour le moment, écoute-moi... — J'ai besoin de ton attention tout entière... Je vais te confier un secret...

— Un secret! — répéta le valet de chambre — un secret, à moi!

— Oui... et d'une telle nature, d'une si haute importance, que si je soupçonnais quelqu'un de l'avoir surpris ou deviné, quel que fût celui-là, je le tuerais!...

— On pourrait en épargner la peine à monsieur le marquis, — interrompit Mâlo. — Sans être un hercule, j'en vaux un autre... D'ailleurs, je suis adroit. Au besoin, je jouerais comme un joli garçon de l'épée ou du pistolet...

— Mâlo, — poursuivit Hélion d'une voix lente et triste, — je suis malheureux.

Le jeune Breton bondit, puis devint très-pâle et balbutia:

— Malheureux! monsieur le marquis est malheureux!

Hélion fit un signe affirmatif.

— Vous, monsieur le marquis! vous, mon bon maître! — continua Mâlo avec une stupeur désolée.

— Moi-même.

— Mais, pourquoi? Oui, pourquoi?

— J'adore ma femme... et je crois que ma femme me trompe.

Mâlo secoua la tête en faisant un geste énergique d'incrédulité.

— Oh! quand à cela, — s'écria-t-il, — aussi vrai qu'il y a un Dieu, je n'en crois pas un mot, et, n'en déplaise à monsieur le marquis, je mettrais ma tête à couper que c'est impossible... et ça, pour la meilleure de toutes les raisons...

— Que veux-tu dire?

— Je veux dire que monsieur le marquis étant le plus beau, le plus noble, le meilleur de tous les hommes, personne ne peut le connaître sans l'aimer, et, quand on aime, on ne trompe pas!

Un sourire mélancolique vint aux lèvres d'Hélion.

— Mon pauvre Mâlo, — répliqua-t-il, — tout le monde, malheureusement, ne pense pas comme toi.

— Dans tous les cas, — reprit le valet, — je réponds bien que madame la marquise est de mon avis.

— Je donnerais ma vie pour qu'il en fût ainsi; mais, hélas! je n'ai que trop de motifs d'en douter, et c'est pour éclaircir ces doutes qui me tuent que j'ai besoin de toi.

— Que faut-il faire? Je suis prêt...

— Il faut d'abord que tu saches ce qui se passe, et je vais te l'apprendre...

Et M. de Saillé raconta à son valet de chambre, dans le plus grand détail, tous les faits que nous avons racontés nous-même.

Mâlo écoutait son maître avec une épouvante muette, mais manifeste, qui se peignait clairement sur son visage.

— Tu comprends, — dit le marquis en terminant son récit, — qu'il m'est impossible de suivre moi-même madame de Saillé d'assez près pour découvrir l'endroit où elle va... — Je risquerais de lui donner l'éveil... — Elle changerait alors ses batteries, et, mise en garde par l'expérience, elle prendrait si bien ses mesures que je risquerais de ne rien découvrir... — Et tu comprends aussi que je veux tout savoir, car, si elle me trompe lâchement, il me faut une vengeance éclatante... — Je ne suis point de ces maris qu'on bafoue et qui acceptent leur déshonneur, et je jure Dieu que je ne l'accepterai pas!

— C'est clair, cela... — appuya Mâlo.

— Chaque nuit, — poursuivit Hélion, — madame de Saillé quitte l'hôtel par l'escalier dérobé, et sort du jardin par la petite porte. Il faut que pendant une nuit, pendant deux, pendant dix si cela est nécessaire, tu sois embusqué dans la ruelle auprès de cette porte. Il faut que tu suives ma femme, à son insu, et que tu me rendes un compte exact de ce que tu découvriras.

— Monsieur le marquis peut regarder cela comme fait.

— Tu commenceras ce soir.

— Avant minuit je serai à mon poste.

— Songe qu'il importe, par-dessus tout, que rien ne puisse déceler ta présence.

— Monsieur le marquis peut être tranquille. Je serai complétement invisible, et cependant je ne quitterai pas madame plus que son ombre...

— Fasse le ciel, — murmura Hélion, — que nous la trouvions innocente...

A ceci Mâlo ne répondit rien.

Son naïf bon sens lui disait éloquemment que ce n'est guère la coutume qu'une femme endorme son mari avec des narcotiques pour aller pratiquer au dehors des actes de vertu nocturnes et mystérieux.

— A cette nuit donc... — reprit le marquis.

— A cette nuit... — répéta Mâlo.

Très-peu de temps après la fin de cette conversation confidentielle entre le maître et le valet, Hilda rentra.

Elle fut joyeuse, tendre, charmante.

— Elle est innocente, — pensait le marquis, — ou bien, comme la sirène antique, elle me séduit pour mieux me perdre.

Le soir venu M. de Saillé, ainsi que la veille, feignit de boire; mais, ainsi que la veille, pas une goutte du vin de Xérès versé par Hilda ne toucha ses lèvres.

Les choses se passèrent ensuite de la même façon que pendant les nuits précédentes.

La jeune femme, un peu avant une heure du matin, quitta le lit conjugal et sortit de la chambre en fermant au verrou, derrière elle, la porte du cabinet de toilette.

Hélion bondit à son poste d'observation, c'est-à-dire à la fenêtre du second cabinet. Les étoiles brillaient au ciel. Il vit distinctement l'ombre noire se dessiner en vigueur sur les massifs sombres du jardin.

— Si Mâlo est où il doit être, — murmura-t-il, — (et comment n'y serait-il pas?) — demain matin je saurai tout.

Trois heures se passèrent, puis Hilda vint reprendre sa place et s'endormit d'un sommeil d'enfant auprès de son mari, dont toute plume serait impuissante à dépeindre les tortures morales.

Enfin parut le jour.

Hélion, laissant sa femme endormie, se leva sans bruit et s'habilla rapidement.

La première personne qui s'offrit à sa vue, dans l'antichambre, fut Mâlo.

— Viens, — lui dit-il, et il l'entraîna au fond de son appartement dont il verrouilla la porte sur eux. Alors d'une voix altérée, il demanda. — Eh bien?

— Eh bien, monsieur le marquis, — répondit le valet, — j'ai fait de mon mieux.

— Tu étais là, près de la petite porte?

— Oui.

— Tu as vu madame la marquise?

— Oui.

— Alors, tu sais?...

— Je sais où madame de Saillé va chaque nuit...

— Ah! — s'écria Hélion! — enfin!...

— Mais, — continua Mâlo, — si je sais où elle va, je ne sais pas encore ce qu'elle y va faire...

Il s'interrompit, puis d'une voix plus basse et avec un embarras manifeste, il continua:

— Quoique je craigne bien de le deviner...

— Voyons, — commanda Hélion, — explique-toi... tu me fais mourir!

— Si monsieur le marquis voulait prendre la peine de sortir avec moi pendant un instant, — répliqua Mâlo, — mes explications seraient plus claires et singulièrement simplifiées...

— Mon chapeau et mon épée... — dit le gentilhomme, — et sortons...

Mâlo s'empressa d'apporter les deux objets que demandait son maître, et ils se dirigèrent ensemble vers le jardin, le valet suivant le marquis à une distance respectuuse.

Arrivé près de la petite porte, Mâlo hâta le pas, passa le premier, tira de sa poche une clef qu'il introduisit dans la serrure et ouvrit.

Une fois dans la ruelle, il dit:

— Monsieur le marquis veut-il prendre la peine de regarder au-dessus de sa tête?

Hélion, machinalement, leva les yeux.

Un marronnier, planté dans le jardin non loin de la petite porte, étendait par-dessus le mur quelques-unes de ses branches, et son feuillage touffu ombrageait la ruelle.

A l'une des branches pendait une corde dont l'extrémité arrivait à cinq pieds du sol.

— Qu'est-ce que cela? demanda Hélion, qui ne comprenait pas encore.

— Cela, monsieur le marquis, c'est mon observatoire.

CHAPITRE XV

RENOUVELÉ DU PETIT-POUCET

— Que veux-tu dire?

— Hier, après avoir eu l'honneur de recevoir les ordres de monsieur le marquis, je suis venu reconnaître les lieux... La ruelle s'étend à droite et à gauche... Des deux côtés s'allongent des murs tout unis, sans un seul enfoncement pour se cacher... J'ignorais dans quelle direction madame de Saillé s'éloignerait en sortant du jardin, et je ne pouvais le deviner... Je me dis que, de quelque façon que je me déguisasse, il serait possible qu'elle vînt à passer à côté de moi et qu'elle me reconnût, et que, dans tous les cas, elle pourrait s'apercevoir de la présence d'un étranger dans la ruelle, en prendre défiance et rentrer aussitôt à l'hôtel...

» Ceci ne laissait pas que d'être embarrassant, et je ne savais trop comment me tirer de cette situation fâcheuse, quand une idée me vint...

» Je pensai qu'il ne me serait pas impossible de m'installer sur le chaperon du mur, précisément au-dessus de la porte, et, lorsque madame la marquise serait sortie et aurait fait une centaine de pas, de me mettre à sa poursuite sans danger d'être découvert. J'imaginai, en outre, d'attacher une corde à cette branche, et de m'en servir pour me laisser glisser et atteindre le sol sans produire le moindre bruit... Que pense monsieur le marquis de mon idée?...

— Elle était ingénieuse, — répondit Hélion, — mais continue et hâte-toi...

— Tout a marché comme je l'avais prévu, — reprit Mâlo. — Du haut du mur, j'ai vu madame la marquise arriver dans le jardin. Elle a ouvert la porte, elle s'est glissée dans la ruelle, en regardant autour d'elle avec inquiétude et défiance, puis, ne découvrant rien de suspect, elle a pris à gauche d'un pas vif, et, quand j'ai cru qu'elle avait sur moi une avance suffisante, je suis descendu et me suis mis à la suivre, en rasant la muraille afin de pouvoir m'effacer plus facilement si madame la marquise venait à se retourner.

En disant ce qui précède, Mâlo entraînait son maître dans la direction que madame de Saillé avait prise pendant la nuit précédente.

Parvenu à l'extrémité de la ruelle, le valet tourna à droite et poursuivit son récit un instant interrompu.

— Quand j'atteignis cet angle — dit-il, — madame la marquise avait disparu.

— Disparu ! — s'écria Hélion.

— Que monsieur le marquis veuille bien prendre patience et me permettre de m'expliquer. Je ne voyais plus madame, parce qu'elle venait de monter dans une chaise à porteurs qui, sans aucun doute, se trouvait là tout exprès pour l'attendre et qui s'éloignait rapidement... Je suivis la chaise...

Mâlo cessa momentanément de parler, mais il marchait toujours.

Le chemin que parcouraient le maître et le valet était une seconde ruelle plus étroite que la première et coupée à droite et à gauche, de distance en distance, par d'autres ruelles qui rendaient la circulation facile autour des jardins d'un certain nombre d'hôtels et de maisons. — Mâlo allait lentement et paraissait étudier les murailles avec une attention singulière.

— Que cherches-tu donc ? — lui demanda M. de Saillé.

Mâlo fit quelques pas encore, puis il répondit, en montrant une petite croix noire grossièrement tracée sur le mur blanc, dans un endroit où une nouvelle issue coupait la ruelle à angle droit :

— Voilà ce que je cherchais.

— Que signifie cette croix ?

— C'est un signe de reconnaissance que j'ai fait avec un morceau de charbon, cette nuit, pour bien reconnaître le chemin par où j'aurais passé... Quand j'étais enfant et que là-bas, en Bretagne, j'allais dénicher des oiseaux dans les fourrés, je ne manquais jamais d'entailler avec mon eustache l'écorce de certains arbres, et je n'avais en revenant qu'à suivre ces marques. Les autres enfants qui n'imitaient point mon exemple s'égaraient souvent... moi, jamais.

En effet, sans les croix noires tracées de place en place, il aurait été impossible à Mâlo de se retrouver au milieu d'un véritable labyrinthe d'étroites ruelles et de grands murs. — Les deux hommes marchèrent pendant vingt minutes environ. Au bout de ce temps Mâlo s'arrêta. Le maître et le valet étaient arrivés en face d'une petite porte grise pratiquée dans une muraille très-élevée.

Au beau milieu de cette porte se voyait une croix noire plus grande que toutes les autres.

— C'est là que la chaise à porteurs est entrée. — dit le jeune Breton. — Monsieur le marquis peut voir. — J'ai marqué le panneau, je me suis caché dans l'angle là-bas et j'ai attendu. Il pouvait être à peu près deux heures et demie quand la chaise à porteurs est ressortie. Elle a parcouru le même chemin qu'elle avait suivi pour venir. Tout près de l'hôtel de Monsieur le marquis, madame est descendue de la chaise et elle est rentrée. Cinq minutes après j'en ai fait autant de mon côté et, quand à présent, voilà tout ce que je sais.

Connaître d'une façon positive l'endroit où allait Hilda chaque nuit, c'était assurément quelque chose, mais ce n'était point assez.

M. de Saillé et son valet cotoyèrent la muraille dans laquelle était percée la petite porte, et, après avoir fait le tour d'un jardin qui devait être immense, ils se trouvèrent dans la rue des Filles-du-Calvaire.

Là, entre deux piliers de pierre de taille d'un aspect assez grandiose, se voyait une large grille formant l'entrée d'honneur de l'habitation.

Mais, jusqu'à une hauteur de plus de dix pieds, des planches de chêne avaient été ajustées contre les barreaux de cette grille, dans le but évident d'empêcher les curieux d'avoir vue sur l'intérieur du jardin et sur la maison.

Une chaînette de fer singulièrement rouillée servait à mettre en branle une cloche de dimension imposante, afin de prévenir les habitants du logis de l'arrivée de quelque visiteur.

La maison ou l'hôtel dont il s'agit, et dont on ne voyait pas même les toits, était d'ailleurs complétement isolée, la rue des Filles-du-Calvaire se trouvant à cette époque fort peu bâtie. — La ressource de se renseigner auprès des voisins faisait donc absolument défaut.

— Mâlo, — dit M. de Saillé — je suis content de toi... Ce que tu as fait cette nuit est bien fait, mais il faut continuer...

— Je suis tout prêt. — répondit le valet.

— Tu comprends ce qui nous reste à savoir? — poursuivit Hélion.

— D'abord le nom de la personne à qui appartiennent le jardin et l'hôtel qui, sans le moindre doute, se trouve au milieu de ce jardin...

— Ce nom seul m'apprendra peut-être bien des choses... — poursuivit Hélion.

— Monsieur le marquis, je le saurai...

— Quand?

— Le plus tôt possible. Avant ce soir si je puis.

— Monsieur le marquis veut-il monter, et, quand il sera en haut, s'asseoir sur le couronnement et m'attendre? (Page 116.)

— Oui, Mâlo, fais en sorte que ce soit avant ce soir!... S'il me fallait passer encore une nuit semblable à la dernière, je ne répondrais pas de vivre demain...

— Monsieur le marquis a-t-il besoin de moi présentement?...

— Pourquoi me demandes-tu cela?

— Parce que, dans le cas contraire et pour avancer nos recherches, je resterais ici, puisque j'y suis...

— Je n'ai pas besoin de toi. Reste donc, — dit Hélion, et il rentra seul à l'hôtel.

Pendant dix minutes ou un quart d'heure, Mâlo se promena de long en large dans la rue, devant la grille, d'un air singulièrement rêveur et méditatif.

Le brave garçon se creusait la tête pour y trouver un prétexte quelconque, bon, passable ou mauvais, mais enfin un prétexte, à l'aide duquel il lui fût possible de pénétrer dans cet intérieur si bien clos.

Or, nous devons à la vérité de convenir que son imagination, habituellement fertile en expédients, lui faisait défaut de la manière la plus absolue.—Il ne trouvait rien.

Lassé de cette recherche infructueuse, Mâlo se frappa le front tout à coup et ébaucha un geste qui signifiait de la façon du monde la plus claire:

— Ah! bah!... remettons les choses au hasard...

Puis, saisissant l'extrémité de la chaînette dont nous avons parlé, il l'agita vigoureusement.

Le son de la cloche retentit, clair et perçant, dans le silence de la rue.

Au bout d'un instant un pas lourd se fit entendre; une petite porte, pratiquée dans un des ventaux de la grande, tourna en grinçant sur ses gonds rouillés, et le valet du marquis de Saillé se trouva face à face avec une façon de concierge, petit homme trapu, de quarante-huit à cinquante ans, à la figure ronde et rougeaude, et portant une sorte de livrée un peu râpée.

Mâlo franchit sans façon le seuil et regarda curieusement devant lui.

A deux cents pas environ de la grille, et à peu près au centre du jardin, se trouvait l'hôtel ou plutôt le pavillon.

Une avenue de charmilles conduisait au perron tout vermoulu.

Le jardin était vaste, nous l'avons déjà dit, mais il semblait complétement abandonné et son désordre offrait un aspect étrange et désolant. — Les charmilles et les ifs, jadis taillés méthodiquement par des ciseaux habiles qui leur donnaient des formes variées, poussaient maintenant dans toutes les directions des rejets luxuriants et incorrects.

Le panais sauvage, l'ortie, la ciguë, végétaient avec une entière indépendance au milieu des pelouses et envahissaient les allées, autrefois sablées, qu'on ne devinait plus qu'à grand'peine.

Une croûte épaisse et verdâtre recouvrait les pièces d'eau à moitié taries, qui servaient d'asile inviolé à d'innombrables familles de grenouilles et de crapauds.

Aucune des statues, debout sur leurs piédestaux de granit, n'était restée intacte.

— A celle-ci manquait le nez, à celle-là un bras, à quelques autres la tête. — Des petits oiseaux avaient fait leur nid dans le casque du dieu Mars.

Les plantes parasites les plus variées croissaient avec une vigueur surprenante entre les marches disjointes du perron, car, en fait de délabrement, le pavillon semblait n'avoir rien à envier au jardin. Les girouettes à demi renversées menaçaient de tomber au moindre coup de vent. Les gouttières crevées laissaient l'eau torrentielle des grandes pluies ruisseler le long de la façade, qu'elles marbraient de teintes violacées et verdâtres. Enfin les volets disloqués pendaient à leurs gonds chancelants.

Un coup d'œil suffit à Mâlo pour se rendre compte de tous ces détails.

— Etrange nid d'amour! — pensa-t-il en regardant le pavillon.

CHAPITRE XVI

BRETONS BRETONNANTS

Cependant le concierge fixait sur lui ses petits yeux ronds avec une expression de profond étonnement.

— Pardon, monsieur, — lui dit Mâlo en le saluant avec une politesse presque respectueuse, — je vous dérange peut-être...

— Qu'est-ce que vous me voulez? — demanda l'homme interpellé, au lieu de répondre.

Cette question fut faite d'un ton quelque peu brutal.

— Je suis chargé par mon maître d'une commission pour le vôtre, — répliqua Mâlo à tout hasard.

— Pour mon maître? — répéta le concierge.

— Oui.

— Je n'en ai pas.

— Ah! bah! C'est donc vous qui êtes le propriétaire?

— Non.

— Eh bien, alors, vous voyez bien...

— Je vois que nous n'avons rien à faire ensemble, — interrompit le petit homme. — Ainsi, tournez-moi les talons et bonsoir.

— Cependant...

— Bonsoir... bonsoir...

Et le cerbère, évidemment bien déterminé à n'en pas entendre davantage, poussa Mâlo du côté de la porte.

Ceci ne faisait en aucune façon l'affaire du jeune valet de chambre. Cependant, bon gré, malgré, il allait être exclu sans résistance possible quand tout à coup, ainsi qu'un homme qui se noie, il se raccrocha à une branche.

— Je m'en vais... je m'en vais... — dit-il. — Mais c'est drôle tout de même, — ajouta-t-il en se retournant, — comme vous avez l'accent breton...

— Ce n'est pas drôle, puisque je le suis.

— Vous êtes Breton, vous?

— Breton bretonnant... que la bonne Sainte-Anne d'Auray me soit en aide!

— Comme moi! — En voilà une chance de se rencontrer à Paris, au moment où on y pense le moins! Une poignée de main, pays...

Le petit homme, tout en rechignant, fut bien obligé d'accepter la poignée de main de Mâlo.

Ce dernier reprit :

— Et, sans vous commander, pays, quel est votre *endroit?*

— La Bernerie, près de Pornic.

— Comme ça se rencontre! moi qui suis de Saillé, près de Guérande! Il n'y a que la Loire entre nos deux endroits, le saut d'une puce! — Dites donc, pays, je sais, tout près d'ici, au coin de la rue du Pas-de-la-Mule, un cabaret où le vin est gentil. Si nous allions y boire une bouteille...

Le petit homme parut hésiter, mais Mâlo insista.

— Ah! bah! — s'écria-t-il, — entre pays qui se retrouvent tout d'un coup, est-ce qu'on refuse jamais de trinquer à la santé l'un de l'autre?

— Trinquons donc, puisque vous y tenez si fort!... — dit le concierge vaincu et dont le visage rubicond dépouilla sa brusquerie d'emprunt pour reprendre l'expression bonasse et joviale qui lui était habituelle.

Tous deux sortirent, et le petit Breton referma soigneusement la porte derrière lui.

— Toi, mon bonhomme, je te tiens, — pensa Mâlo, — et si tu ne me dis pas tout ce que je veux savoir, je consens de grand cœur à ce que le diable m'enlève!

Mâlo ignorait probablement l'adage latin : *In vino veritas!*

Mais, en bon français, il formulait à peu près l'équivalent de cet antique dicton, car la conclusion de son monologue était celle-ci : — Quand il sera gris, il parlera.

Peu d'instants après, ils étaient attablés dans le *bouchon* modeste dont Mâlo venait de parler.

Le jeune valet de chambre fit servir une première bouteille de vin blanc. A celle-ci succéda bientôt une seconde bouteille de vin rouge.

La santé de la Bretagne et des Bretons fut portée, comme bien on pense, à vingt reprises et avec enthousiasme.

Quand le troisième flacon, — qui ne devait pas être le dernier, — eut fait son apparition, le compatriote de Mâlo appuya ses coudes sur la table et dit, avec un gros rire qu'il voulait rendre fin :

— Ah çà ! pays, qu'est-ce que vous me contiez donc tout à l'heure?

— Au fait, — demanda Mâlo en simulant un commencement d'ivresse, — qu'est-ce que je pouvais donc bien vous conter?

— Vous ne vous en souvenez pas?

— Ma foi, non...

— Il paraîtrait que les Bretons du côté de Guérande ont des vraies têtes de linottes !... Eh bien, vous prétendiez que vous étiez chargé d'une commission de votre maître pour le mien...

— Mais certainement, je disais cela.

— Et pourquoi le disiez-vous?

— Parce que c'est vrai.

— Farceur, va!

— Comment, farceur?

— Eh! oui... quel est son nom à votre maître, s'il vous plaît?

Quoique pris à l'improviste, Mâlo ne se démonta point et il eut la présence d'esprit de répondre :

— Le comte de Bernay...

— Possible... Mais une chose sûre et certaine, c'est qu'il ne vous a pas chargé de ce que vous dites...

— Il m'en a chargé... sans m'en charger... Ça dépend de la manière de s'entendre.

— Alors expliquez-vous, et entendons-nous... d'abord, comment s'appelle-t-il, mon prétendu maître?

— Je n'en sais rien...

— Ah! ah! vous voyez bien!

— Attendez donc... vous comprendrez ensuite.

Mâlo venait de forger une histoire qui répondait tant bien que mal aux exigences de la situation. Il se hâta de la débiter:

— Le comte de Bernay, — dit-il, — de qui j'ai l'honneur d'être le premier valet de chambre, est jeune encore...

— Tant mieux pour lui, — fit le concierge avec un hoquet, — vive la jeunesse!... la belle jeunesse!

— Il est riche.

— Je voudrais l'être.

— Il aime les femmes.

— C'est dans la nature... Je ne sais pas si c'est dans la vôtre, pays, mais c'est dans la mienne, et je n'en rougis pas... au contraire.

— Il est galant, — poursuivit Mâlo, — et vous devez penser qu'il a des bonnes fortunes à revendre...

— Ça fait son éloge et voilà un gentilhomme que j'estime!

— Il désire acheter, dans ce quartier, une petite maison... Vous comprenez, pays, *une petite maison*... quelque chose de bien isolé, de bien mystérieux, pour y dénouer ses galantes aventures...

— Pardieu! si je comprends! Ça n'est pas difficile à comprendre... Décidément c'est un gaillard que votre maître... à sa santé!

— Merci pour lui!... Le connaissant comme vous le connaissez maintenant, vous ne devez point vous étonner qu'il désire se passer la fantaisie d'une petite maison...

— A sa place, je m'en passerais deux!... C'est que je suis un gaillard aussi, moi! Ah! mais! quand j'eus atteint mes dix-huit ans, là-bas, au pays, mon père qui s'y connaissait dit aux bonnes gens de la paroisse: — « Prenez garde à vos poules... mon coq est lâché! »

Mâlo reprit:

— Pas plus tard qu'hier le hasard nous a conduits, mon maître et moi, dans la rue des Filles-du-Calvaire... Monsieur le comte s'est arrêté devant le grand mur et devant la grille de votre maison... il s'est mis à regarder et il a vu qu'il ne voyait rien... — « Mâlo, m'a-t-il dit alors... car de mon petit nom, je m'appelle Mâlo...

— Moi, Yvon, — interrompit le concierge... — à votre santé, compère Mâlo...

— A la vôtre, compère Yvon! Donc il m'a dit : « Voilà qui ferait bien mon affaire... va-t-en voir demain, de ma part, le propriétaire de l'habitation qui doit se trouver derrière ces grilles et ces palissades, et demande-lui s'il veut s'en défaire. Tu ajouteras que je suis assez riche pour n'hésiter devant aucune dépense, et que je payerais volontiers cette propriété, qui me convient, le double et le triple de sa valeur... »

— Peste! — s'écria le concierge, — on aimerait à conclure quelques affaires avec ce digne seigneur! Malheureusement je n'ai rien à vendre.

— Voilà ce qui fait, pays, — poursuivit Mâlo, — que je suis venu sonner à votre porte ce matin, que je vous ai parlé d'une commission de mon maître pour le vôtre... dont je ne savais le nom. Vous voyez que je dis la parfaite vérité.

— C'est exact, mon camarade! c'est exact! je le confesse et je le proclame. Il ne s'agissait que de s'expliquer, l'explication est complète et satisfaisante. A sa santé!

— Et maintenant, — reprit Mâlo, — j'espère que, plus accommodant que vous ne l'étiez tout à l'heure, vous ne me refuserez pas de me répondre...

— Je ne refuse absolument rien. Refuser n'importe quoi à un pays aussi bon garçon, ah! ce serait mal! ce serait indigne! Mais avec la meilleure volonté du monde je ne puis que vous répéter ce que je vous ai déjà dit.

— Vous n'avez pas de maître?

— Non.

— Ça n'est point possible...

— C'est comme ça.

— Pourtant, la maison?

— Est inhabitée.

— Complétement?

— Oui.

— Depuis quand?

— Depuis une trentaine d'années, je crois... dans tous les cas depuis que j'y suis, et il y a déjà vingt ans...

— Et vous y vivez seul?

— Je n'y vis même pas, j'habite un petit pavillon que vous avez pu voir et qui se trouve près de la grille.

— Cependant la maison est la propriété de quelqu'un?

— Sans doute, mais je ne sais pas de qui.

— Voilà qui est fort!

— Pas tant que vous croyez. Ce vieil hôtel appartenait à un seigneur de province qui ne venait jamais à Paris et qui m'avait fait donner la charge de concierge, il y a vingt ans, sur la recommandation d'un gentilhomme de ses amis. Il paraît que ce seigneur est mort, il y a huit ou dix mois, car, à cette époque, une façon d'intendant vint tout visiter ici et me dit que la maison appartenait maintenant à un héritier et qu'on me laissait ma place. — Je ne questionnai point. — On me paye, et je ne sais rien de plus. — J'ai trop parlé... J'ai le gosier sec comme les grèves de Pornic... Buvons... Buvons à la santé de mon maître... de mon maître que je ne connais pas...

CHAPITRE XVII

ESCALADE ET EFFRACTION

De nouvelles bouteilles furent demandées; on porta de nouvelles santés, et en nombre si respectable qu'au bout de fort peu de temps le petit homme à trogne rouge était gris à ne pas pouvoir se tenir d'aplomb sur son escabeau.

Il appelait Mâlo *son neveu*, voulait l'embrasser à toute force, lui prodiguait les noms les plus tendres et lui promettait son héritage.

Mais au milieu de ces divagations sans nombre, il fut impossible au jeune homme d'en tirer une seule parole qui eût l'ombre du bon sens, ni un renseignement de quelque importance.

Mâlo, voyant cela, laissa l'ivrogne cuver son vin; il paya la dépense et il se dirigea vers l'hôtel, afin de rendre compte à son maître du peu qu'il venait d'apprendre.

— Il y a dans tout ceci quelque chose d'étrange, de mystérieux, d'incompréhen-

Par un entrebaillement des rideaux M. de Saillé épiait son rival avec une attention dévorante.

sible! — dit Hélion après avoir entendu son valet. — Es-tu parfaitement certain, Mâlo, de ne t'être point trompé cette nuit en traçant cette croix noire sur une porte? Il est presque impossible que le but des sorties nocturnes de la marquise soit cette maison délabrée et déserte...

— Je ne puis affirmer qu'une seule chose à monsieur le marquis, — répondit le valet, — mais, de celle-là, je suis aussi certain que de ma propre existence, c'est de n'avoir commis aucune erreur la nuit dernière. La porte sur laquelle j'ai fait une croix noire est parfaitement celle qui s'est ouverte pour laisser passer la chaise à porteurs dans laquelle se trouvait Madame de Saillé.

Hélion réfléchit pendant quelques secondes, puis il dit :

— Mâlo ?...

— Monsieur le marquis ?

— Il n'est pour moi qu'un seul moyen de sortir d'une aussi poignante incertitude...

— Monsieur le marquis me permet-il de lui demander quel est ce moyen ?

— C'est de pénétrer dans cette maison maudite...

— Quand ?

— La nuit prochaine.

— C'est difficile...

— Qu'importe?

— Cependant il ne me semble pas que ce soit tout à fait impossible...

— Comment nous y prendre ?

— Escalader la muraille est, je crois, ce qu'il y a de plus simple...

— Cette muraille, si j'ai bonne mémoire, est d'une hauteur effrayante.

— La hauteur ne saurait être un obstacle sérieux si nous avons une échelle... et nous en aurons une, une bonne et solide échelle de corde, fixée au couronnement du mur par des crochets de fer. Je n'y avais pas pensé tout d'abord, mais la chose est infiniment plus faisable que je ne le supposais, et l'échelle s'implifiera beaucoup la difficulté.

— Il faudrait que cette échelle fût préparée d'avance.

— Je m'en charge... — Aussitôt que l'obscurité me permettra d'agir à ma guise, je me mettrai à la besogne... — Il serait utile cependant que monsieur le marquis voulût bien me donner congé jusque-là... — J'ai à m'occuper de trouver l'échelle et de faire forger les crampons.

— Je te laisse absolument maître de tout ton temps. Quand rentreras-tu à l'hôtel ?

— Je ne saurais répondre à cette question. J'ignore à quelle heure les préparatifs seront terminés...

— Comment, alors, et en quel lieu nous retrouverons-nous ?...

— Si je n'ai pas revu monsieur le marquis pendant la soirée, je l'attendrai dans le jardin, derrière le massif de lilas, aussitôt après le départ de Madame...

— C'est convenu...

— Monsieur le marquis n'oubliera point, j'espère, qu'il sera prudent et même peut-être indispensable d'être armé?...

— Oh! sois tranquille! je n'irai pas compromettre ma vengeance! J'y tiens plus qu'à ma vie! Je serai armé! bien armé!...

Mâlo quitta son maître.

Cette journée, qui précédait le moment décisif, parut au gentilhomme plus interminable peut-être encore que les précédentes. — Par moments il refusait de croire à la réalité et se demandait très-sérieusement s'il n'était pas le jouet d'un rêve abominable, et si le réveil n'allait point mettre fin à ce cauchemar?

La nuit arriva.

Mâlo n'avait point reparu à l'hôtel.

Dans la chambre conjugale les choses suivirent leur cours habituel; seulement, aussitôt qu'Hilda eut disparu dans le cabinet de toilette, en refermant la porte sur elle, Hélion s'habilla à la hâte, ceignit une épée plus forte que celle qu'il portait ordinairement et glissa dans ses poches deux pistolets chargés.

Ces précautions prises, il gagna le jardin en passant par l'intérieur de l'hôtel et il ne tarda point à se trouver en présence de Mâlo qui l'attendait à l'endroit convenu, derrière le massif de lilas, et qui, à tout hasard, s'était muni d'une lanterne sourde.

M. de Saillé était dans un état de surexcitation extraordinaire. Un frisson nerveux agitait ses membres, et sa pâleur aurait paru effrayante si l'obscurité n'avait point caché son visage.

— Monsieur le marquis, — dit Mâlo d'une voix très-basse, — nous sommes en avance... Madame n'a pas encore paru...

— Bien! Nous arriverons les premiers... As-tu réussi?

— Oui, tout est prêt.

— L'échelle de corde?

— Est en place et nous attend.

— Allons.

Mâlo, tout en répondant aux questions du marquis, avait ouvert la petite porte et s'engageait dans la ruelle avec son maître.

A l'angle de la ruelle voisine ils virent la chaise immobile dont les porteurs, appuyés sur leurs bâtons, ne firent pas même attention à eux. Les deux hommes marchaient, ou plutôt couraient avec une rapidité si grande, qu'en moins de quelques minutes ils arrivèrent au pied de la haute muraille qui ceignait l'enclos de la maison mystérieuse.

Ils dépassèrent la porte par laquelle, un peu plus tard, devait s'introduire la chaise à porteurs.

Vingt pas plus loin, Mâlo s'arrêta et dit :

— Monsieur le marquis, c'est là.

Hélion ne répondit rien. On entendait ses dents claquer violemment, et cependant nous savons que le gentilhomme n'avait pas peur.

Mâlo saisit le dernier échelon de l'échelle de corde qui pendait le long du mur, et, la tendant de son mieux, il reprit à voix basse :

— Monsieur le marquis veut-il monter, et, quand il sera en haut, s'asseoir sur le couronnement et m'attendre ?

Hélion fit machinalement ce que son valet l'engageait à faire.

Mâlo le rejoignit, attira l'échelle à lui, l'accrocha de nouveau, mais cette fois du côté du jardin, et descendit le premier.

Hélion le suivit et tous deux se dirigèrent vers le pavillon à travers les plates-bandes incultes. — On n'entendait pas le moindre bruit. — On aurait pu croire que la maison était réellement déserte, car aucune lueur ne se montrait derrière les vitrages des fenêtres.

— Comment nous y prendre pour pénétrer dans l'intérieur ? — demanda M. de Saillé quand il se trouva près du bâtiment ; — toutes les portes sont fermées sans doute...

— Le cas était prévu, monsieur le marquis, — répliqua Mâlo. — J'ai pris mes précautions, je vais briser une vitre.

— Ne risques-tu point de donner l'alarme ?... — Une vitre brisée fait du bruit...

— Les voleurs n'en font pas... — Monsieur le marquis veut-il avoir la bonté de me prêter sa bague ?...

Hélion ne quittait jamais une bague chevalière dont un diamant formait le chaton. — Il l'ôta de son doigt et il la présenta silencieusement à Mâlo.

Décidément ce dernier était homme de ressource, et son intelligence subtile ne négligeait aucun détail. — Il tira de sa poche une petite boîte en fer-blanc, renfermant un tampon de linge recouvert de poix. — Il se servit du diamant de son maître pour couper le vitrage de l'une des fenêtres du rez-de-chaussée, il appuya contre le verre le tampon résineux, et d'un mouvement rapide et sûr il détacha le morceau coupé, pratiquant ainsi dans la vitre, sans produire le plus léger bruit, une ouverture ronde, d'un diamètre suffisant pour y passer le bras facilement. — Il fit jouer l'espagnolette et la fenêtre s'ouvrit.

—Monsieur le marquis peut voir que ça n'était pas bien malaisé...—murmura le valet. — Présentement, nous n'avons plus qu'à entrer.

Les deux hommes escaladèrent sans grande peine la fenêtre, qui ne se trouvait guère qu'à trois pieds et demi du sol, et cette escalade les porta dans l'intérieur de la maison. — Autour d'eux l'obscurité était profonde, le silence complet. — On se serait cru au sein d'une de ces demeures qu'un enchantement condamne à l'éternel sommeil, et dont parlent si souvent les romans de chevalerie.

Mâlo découvrit à demi l'âme de sa lanterne sourde et fit jaillir un rayon lumineux suffisant pour éclairer à peu près la pièce.

C'était un vestibule de proportions très-restreintes, servant de cage à un escalier qui conduisait au premier étage.

A droite et à gauche de cet escalier se trouvaient deux portes. Hélion les ouvrit successivement. Les chambres dans lesquelles elles donnaient accès étaient dans un tel état de délabrement, une couche si épaisse de poussière recouvrait le sol et les meubles, qu'on ne pouvait admettre qu'elles servissent de théâtre aux rendez-vous nocturnes de madame de Saillé. En conséquence le marquis s'engagea dans l'escalier, suivi de Mâlo, et tous deux montèrent lentement, en ayant soin d'étouffer le bruit de leurs pas sur les marches sonores. L'escalier aboutissait précisément en face d'une large porte à deux battants. Cette porte était fermée, mais la clef se trouvait à la serrure, en dehors.

Hélion appuya son oreille contre l'un des panneaux, écouta et n'entendit rien. — Vraisemblablement, derrière la porte il n'y avait personne.

— Ouvre, — dit-il à Mâlo.

Le valet obéit et pénétra avec son maître dans une grande bibliothèque dont les quatre murailles disparaissaient, depuis le plancher jusqu'aux corniches, sous les livres poudreux de tous les formats, depuis l'imposant in-folio jusqu'au lilliputien in-trente-deux. Beaucoup de ces volumes gisaient à terre, dans un désordre qui témoignait de la plus complète incurie. D'autres se trouvaient entassés pêle-mêle sur une table de chêne noir occupant le milieu de la bibliothèque.

En face de la porte par laquelle nos deux personnages étaient entrés s'en trouvait une seconde.

Hélion la poussa et, à peine en eut-il franchi le seuil, qu'un parfum faible et bizarre, le même qu'il avait respiré sur les joues et dans les cheveux d'Hilda, le saisit aux narines...

Ce parfum renfermait pour le marquis la plus claire et la plus complète des révélations. — Il était certain, désormais, de toucher au but.

Il prit la lanterne des mains de Mâlo, afin d'examiner la pièce dans laquelle il se trouvait. C'était une chambre à coucher d'un grand style, qu'un étrange caprice avait transformée en un laboratoire d'alchimie. Contre les boiseries blanches aux moulures délicates, aux ornements dorés, on avait installé des fourneaux couverts de creusets, de fioles, de cornues. Des animaux empaillés, singuliers et d'une apparence fantastique, pendaient au plafond. De grands rideaux de tapisserie des Gobelins, à personnages, fermaient une alcôve dans laquelle on voyait un lit. A gauche de cette alcôve se trouvait une porte.

Nous ne décrirons ni les tableaux, ni les panoplies, ni les siéges de formes variées qui constituaient l'ameublement et la décoration de cette pièce étrange.

Hélion promena autour de lui un regard stupéfait.

— Où sommes-nous donc? — murmura-t-il, comme se parlant à lui-même après un instant de silence. — Je m'attendais à un boudoir et je trouve un laboratoire d'alchimie!... Des cornues, des fioles, des livres! — Tout dans cette demeure est triste, sombre et bizarre! Quelle œuvre inconnue peut attirer Hilda au milieu de ces choses sinistres? Voilà que je me reprends à espérer... Ce n'est point dans un pareil lieu qu'on donne des rendez-vous d'amour...

Après un moment de silence, il ajouta :

— Et qui sait, cependant? Pour certaines âmes dépravées, l'étrangeté du crime en fait surtout le charme!... S'il en était ainsi pour Hilda?... Hélas! il doit en être ainsi... Ces précautions dont elle s'entoure... ce narcotique qu'elle me verse... ce parfum surtout, ce parfum maudit qu'elle rapporte avec elle... tout me défend de douter encore! — Elle va venir! Les voluptés de l'amour adultère font d'avance battre son cœur! Ah! le mien tout entier se révolte à cette pensée! J'étouffe... Je voudrais pleurer! Mâlo... Mâlo... je suis bien malheureux!

— Hélas! monsieur le marquis, — balbutia Mâlo, — j'avais deviné d'avance, moi, ce que vous souffririez un jour... Je n'osais pas le dire, mais je comprenais bien que ce fatal mariage amenait dans votre maison un démon à visage d'ange.

— Mâlo, elle était si belle!...

— Oui, bien belle, trop belle! Mais sans cœur, mon maître, point d'âme!...

— Du cœur!... s'écria Hélion avec rage, — elle en a pour l'amant qu'elle va rejoindre ici!... Mais quel homme aime-t-elle donc? Le maître de ce logis doit être un de ces rêveurs, un de ces alchimistes, qui cherchent dans les arcanes d'une science chimérique le dernier mot de l'inconnu: *la pierre philosophale*, *l'élixir de longue vie*, *l'or potable!* C'est un vieillard peut-être, c'est à coup sûr un insensé...

Et dans une de ces alternatives de doute qui succédaient sans transition à son désespoir, M. de Saillé s'écria :

— Hilda ne peut aimer cet homme !... Non ! non ! elle ne peut pas l'aimer !...

Mâlo voulut éviter à son maître l'angoisse de retomber du haut de ses folles espérances dans les douleurs de la réalité.

— Si elle ne l'aimait pas, — balbutia-t-il, — que viendrait-elle chercher près de lui ?...

— Eh ! le sais-je ? — répondit le marquis avec violence. — Sa mère était une bohémienne... Quelques gouttes du sang des gitanos coulent dans ses veines... Qui sait si les instincts de sa race errante et superstitieuse ne fermentent pas encore au fond de son âme ? C'est peut-être la passion des sciences occultes et non pas l'adultère qui l'attire invinciblement ici !... On a vu des hommes dont le nom n'est point oublié, Nicolas Flamel, et d'autres encore, pâlir pendant une longue existence sur leurs fourneaux et sur leurs creusets !... La bizarre folie qui les dominait jadis peut dominer la marquise aujourd'hui, et l'étrange nature de ses études expliquerait le mystère dont elle les entoure pour me les cacher...

— Monsieur le marquis,—murmura Mâlo,—vous doutez encore, n'est-ce pas ?

— Oui, — répondit Hélion — oui, je doute encore, c'est vrai...

— Et vous aimez toujours ?...

— Oui, toujours ! et plus que jamais ! Je suis faible, je suis lâche, je le sais bien... mais l'amour triomphe de ma volonté... triomphe de ma raison, et je sens que je cesserai de vivre avant de cesser d'aimer...

— Et tout à l'heure, peut-être, — reprit le valet d'un ton ferme, — tout à l'heure vous me maudirez pour avoir exécuté vos ordres en suivant madame la marquise, et en vous procurant les moyens d'arriver ici !

— Te maudire ! — s'écria Hélion — toi, Mâlo, mon serviteur dévoué, mon seul ami ! Me connais-tu donc aussi mal ? Tu as veillé sur mon honneur. Tu as fait ton devoir en m'obéissant bien. Tu m'as loyalement servi, et je t'en remercie... Avant quelques minutes, d'ailleurs, j'aurai la preuve du crime d'Hilda ou celle de son innocence, et dans un cas comme dans l'autre, je te serai reconnaissant, puisque, grâce à toi, ni la certitude ni la vengeance ne me feront défaut, si je dois me venger.

— Ah ! — murmura le jeune Breton sans la moindre conviction, — Dieu veuille que de fausses apparences aient accusé madame, Dieu permette que madame soit justifiée, et de grand cœur je ferai brûler quatre cierges à Saint-Mâlo, mon vénéré patron !...

CHAPITRE XVIII

AMOUR

— A peine avons-nous un quart d'heure d'avanee sur la marquise, — reprit Hélion, — le temps passe, il ne faut pas qu'on nous surprenne... — Va faire le guet sur la plus haute marche de l'escalier, tandis que je chercherai, dans cette chambre même, un endroit sûr pour me cacher...

Mâlo obéit à l'instant et disparut dans la bibliothèque.

M. de Saillé, toujours muni de la lanterne sourde qu'il avait prise des mains de son valet, explora la pièce dans laquelle il se trouvait.

La porte située à gauche de l'alcôve s'ouvrait sur une chambre assez vaste, mais sans issue.

— Non, pas là, — se dit le gentilhomme, — on y pourrait entrer; d'ailleurs, à travers cette porte close, j'entendrais mal et je ne verrais pas...

Il souleva les lourds rideaux de tapisserie qui fermaient l'alcôve, et s'assura qu'entre eux et le lit se trouvait un espace libre plus que suffisant pour s'y tenir debout.

— Voilà ce qu'il me faut! — murmura-t-il. — D'ici je pourrai tout voir... tout entendre...

Il sortit de l'alcôve et, passant devant une glace un peu ternie qui lui renvoya son image, il tressaillit tant sa pâleur était effrayante.

Un sourire d'une étrange amertume vint à ses lèvres décolorées.

— J'ai l'air d'un spectre, — pensa-t-il, — je me fais peur! je souffre tant!

Il se laissa tomber sur un siége, posa la lanterne sourde par terre à ses pieds, et, prenant sa tête entre ses deux mains, il poursuivit:

— Lâches assassins, reprit Hélion avec un mépris écrasant, je vous tiens donc tous les deux!

— Si quelqu'un, il y a seulement huit jours, quand j'étais si fier de mon radieux amour et de mon bonheur triomphant, était venu me dire qu'aujourd'hui, brisé de corps et d'âme, anéanti, désespéré, ne croyant plus à rien en ce monde, je jouerais ce rôle honteux et ridicule du mari qui se fait l'espion de sa femme et qui se cache au fond des ténèbres pour attendre et pour épier... Si quelqu'un m'eût dit ces choses, par quel écrasant démenti j'aurais répondu, et comme, pour laver l'insulte, tout le sang de l'insulteur ne m'aurait pas suffi! — L'insulteur aurait eu raison, cependant, puisque je suis ici, mari grotesque qu'on dupe et qu'on bafoue!... mari jaloux qui se cache et qui guette!

Hélion se leva brusquement.

— Eh bien, non, — reprit-il presque à haute voix, — ce rôle je ne l'accepte pas! cette trahison, je refuse d'y croire! — Elle, Hilda, me tromper... ce serait trop infâme! Elle, enfant abandonnée d'une caste maudite! elle, qui n'avait pas de famille... qui n'avait pas de nom... qui n'avait point de pain, et que j'ai prise dans la misère et dans la fange de sa race pour lui donner le nom de mes ancêtres! Elle, la bâtarde d'une gitana, devenue marquise de Saillé! Et maintenant Hilda, si jeune encore, une enfant presque, souillerait ce grand nom dont elle était si fière! Allons donc! est-ce possible?... Dieu sait bien ce qu'il fait... à visage d'ange il ne donne pas cœur de démon! Les apparences accusent Hilda... Eh bien, qu'est-ce que cela prouve? que les apparences sont menteuses, et voilà tout! Hilda peut être folle, mais elle n'est pas infâme... Je ne dois point la maudire, je dois lui pardonner, car ce n'est pas l'amour, c'est la science qui lui donne rendez-vous ici...

Le bruit d'un pas rapide résonna dans la bibliothèque et Mâlo parut sur le seuil.

— Vite... vite... monsieur le marquis, — dit-il, — cachez-vous!... Je viens d'entendre le bruit d'une porte qu'on refermait... Quelqu'un vient... N'oubliez pas de clore la lanterne sourde...

Mâlo disparut et M. de Saillé se jeta dans l'alcôve en emportant avec lui la lanterne dont il emprisonna les clartés.

La vaste chambre ne fut plus éclairée que par un rayon de lune qui, traversant la fenêtre à petits carreaux, venait effleurer de sa lumière mystérieuse les ustensiles d'alchimie placés en désordre sur le fourneau.

— Le moment approche où le voile va se déchirer, — murmura le marquis, — et j'ai peur! — J'ai soif de me venger si je suis trahi, et j'hésite! — N'aurait-il pas mieux valu m'enfuir au bout du monde, avec le doute, que d'être témoin de ma honte? Est-ce que je deviens lâche? Qu'est-ce donc que j'éprouve? Tantôt mon sang me brûle, tantôt il se glace dans mes veines!... Mon cerveau bout! mes pensées se troublent... Il me semble que la folie doit commencer ainsi.....

En ce moment M. de Saillé entendit le parquet de la bibliothèque craquer sous un pas ferme. Les battements de son cœur cessèrent aussitôt; la fièvre qui le dévorait tomba; il reconquit à la fois tout son sang-froid, toute son énergie.

— Il vient... il approche... le voici... — murmura-t-il. — Ah! larron de mon honneur, je saurai qui tu es!

La porte de la chambre s'ouvrit. Un homme parut. Il était de taille élégante, entièrement vêtu de noir. Il avait sur le visage un de ces demi-masques de velours noir qu'on appelait et qu'on appelle encore aujourd'hui des *loups*. Sa main gauche rassemblait autour de son corps les plis de son manteau, et sa main droite tenait une lampe.

Il s'avança jusqu'au milieu de la chambre, posa sa lampe sur une table, jeta son manteau sur une chaise et dit, assez haut pour être entendu de M. de Saillé :

— Il est l'heure... Je croyais la trouver ici... Elle n'aura pas osé monter seule.

— Je ne connais pas la voix de cet homme... — pensa le marquis.

L'inconnu reprit la lampe et l'alla placer sur le rebord intérieur de la fenêtre.

— En voyant briller cette lumière, — murmura-t-il, — elle saura que je suis arrivé et que je l'attends.

— Leur signal! — se dit Hélion.

L'inconnu s'assit sur la chaise même où M. de Saillé s'était laissé tomber quelques minutes auparavant...

— Hilda... Hilda... — murmura-t-il, — plus nos nuits d'amour se succèdent, plus je sens que mon cœur t'appartient tout entier..... plus je comprends que je t'adore...

Les dents du marquis se choquèrent et sa main se crispa sur la garde de son épée :

— Allons, tout est dit! — pensa-t-il avec une colère froide. — C'est l'amour qui les unit, ce n'est pas la science!

— Oh! Hilda! — reprit l'inconnu, — quand je t'ai rencontrée fille de Bohême, obscure et libre, pourquoi n'ai-je pas compris que l'amour était tout et la richesse rien?... Pourquoi me suis-je éloigné de Paris?... — Qu'importait cette fortune que j'allais chercher en te perdant?... Pourquoi n'es-tu pas aujourd'hui ma femme?...

D'un mouvement rapide et presque convulsif l'inconnu arracha son masque, pour donner de l'air à sa tête brûlante, et découvrit les traits de Gérard de Noyal.

Par un entre-bâillement des rideaux de l'alcôve, M. de Saillé épiait son rival avec une attention dévorante.

Quand le masque tomba, il fit un geste de découragement, — il ne reconnaissait pas plus le visage qu'il n'avait reconnu la voix.

— Hilda... Hilda... — poursuivit M. de Noyal d'une voix faible comme un murmure, — pourquoi n'ai-je pas sacrifié tout au monde aux divines ivresses que tu recélais en toi? Ensemble nous aurions ouvert le livre de l'amour à ses premières pages... J'aurais été ton premier amant... J'aurais appris à ton cœur à battre avec le mien. J'aurais fait de ton âme la fidèle image de la mienne! Tu m'aurais aimé comme je t'aime, et tu n'aurais enfin appartenu qu'à moi! Hilda, je suis jaloux! Quand je pense à cet homme qui t'a donné son nom, je souffre!... je souffre à ce point que je voudrais mourir ou tuer!...

Hélion enfonçait ses ongles dans sa poitrine.

Trois coups frappés à une petite porte déguisée dans la tenture retentirent faiblement. — M. de Noyal se leva d'un bond.

— Ah! — s'écria-t-il, — enfin!

— La voici! — pensa le marquis.

Gérard s'élança vers la porte, qu'il ouvrit. La jeune femme, encapuchonnée jusque par-dessus les yeux, entra vivement.

M. de Noyal la saisit dans ses bras et l'appuya contre son cœur avec un indicible transport de passion, en balbutiant :

— Hilda! mon Hilda bien-aimée!

— Son Hilda bien-aimée! — répéta le marquis sourdement. — Oh! comme je les tuerai tout à l'heure!

— M'aimes-tu toujours? — demanda Gérard.

— Toujours... et pour toujours... tu le sais bien, — répondit la marquise.

— Infamie! — pensait Hélion.

Lentement, et avec des précautions infinies qui ressemblaient à des caresses, M. de Noyal dépouilla la jeune femme du capuchon qui couvrait sa tête et de la mante dans laquelle s'enveloppaient ses épaules.

Elle parut alors dans le désordre le plus séduisant, car c'est à peine si elle prenait le temps de se vêtir au moment où elle allait quitter l'hôtel de son mari pour accourir au rendez-vous de son amant.

Ses longues nattes, à peine attachées, se dénouaient et roulaient sur ses épaules. Sa robe, prise au hasard parmi celles qui remplissaient son cabinet de toilette, mise à la hâte et mal attachée, laissait à demi nus ses bras ronds, ses épaules merveilleuses et ses deux seins de neige aux pointes roses.

Une autre femme, moins jeune et moins belle, aurait eu tout à craindre de cette négligence absolue, où la coquetterie n'entrait pour rien. — Hilda, statue vivante taillée en plein marbre de Paros, n'en semblait que plus séduisante et n'en était que plus irrésistiblement voluptueuse.

Hélion, derrière les tapisseries, cherchait de ses mains frémissantes les crosses de ses pistolets.

M. de Noyal, avec une sorte de douce violence, entraîna sa maîtresse vers un grand sopha qui faisait face à l'alcôve.

— Hilda, ma bien-aimée, — dit-il, — assieds-toi là, près de moi... tout près... plus près encore... Donne-moi tes mains... Oh! toutes les deux! Tourne vers moi ton visage adoré... Laisse mes yeux noyer leurs regards dans tes yeux qui m'enivrent... Laisse-les te dire ce que mon cœur éprouve et ce que les mots de la langue humaine ne sauraient exprimer... Hilda, je suis à toi... tout à toi... rien qu'à toi!... Hilda je te donne ma vie! Hilda, je t'aime.... Hilda je t'adore!...

CHAPITRE XIX

CE QUE FEMME VEUT...

Et la marquise, appuyant sa tête charmante sur l'épaule du gentilhomme, répondit d'une voix où vibraient toutes les cordes de la passion débordante :

— Tes paroles sont une caresse, mon Gérard, mon amant, mon Dieu!... Ton souffle, en effleurant ma joue, fait bondir mon cœur éperdu! Parle encore... parle toujours!...

Gérard se pencha sur Hilda.

— Oh! ma jeune reine, — balbutia-t-il, — que tu es belle!...

— Je voudrais l'être cent fois plus, pour être cent fois plus aimée!

— Ah! tu sais bien que c'est impossible! — Tu sais bien que ta beauté, comme ma tendresse, est sans rivale! — En te créant, mon Hilda divine, la nature prodigue a créé son chef-d'œuvre! — Elle n'avait rien fait, avant toi, qui te puisse être comparé. — Elle ne fera plus rien après! — Une fée, qui fut ta marraine, glissa dans ton berceau toutes les grâces, tous les sourires! Ta voix est un enchantement, ton regard est un philtre! Je ne sais quel charme inouï te précède et te suit! Il faut s'agenouiller quand tu passes et ta souple démarche allume un incendie dans les cœurs les plus froids! — Tu n'es pas fille de l'amour, Hilda, tu es l'amour lui-même! — Tu n'as pas pris mon cœur et mon âme, tu es mon âme et tu es mon cœur! Tu es mon être tont entier! Je n'existe plus que pour toi, et s'il fallait cesser de t'aimer, Hilda, je cesserais de vivre!

— Tout ce que tu me dis, Gérard, je l'éprouve pour toi, et j'allais te le dire...

— Tu m'aimes donc vraiment?

— Plus que ma vie, et plus que tout!

— Tu me le jures?

— Doutes-tu de moi?

— Si je doutais, est-ce que je pourrais vivre?

— Alors, tu es heureux?

— Heureux quand tu es là... Oh! oui! heureux jusqu'au délire... Mais, souvent aussi, malheureux! malheureux à devenir fou! Malheureux à vouloir mourir!

— Pourquoi?

— Parce qu'une idée sombre me poursuit et m'obsède, sitôt que je ne te vois plus... Parce qu'une ombre détestée se glisse parfois, comme un fantôme, entre mes baisers et tes lèvres! Et cette ombre maudite, j'essaye vainement de la chasser... Elle s'obstine, elle me résiste, elle est impitoyable!

— Parce que c'est l'ombre du maître, n'est-ce pas? de celui devant qui je tremble, et qui a reçu de Dieu et des hommes le droit de m'enchaîner à lui!...

— Quand donc cette chaîne se brisera-t-elle? — cria Gérard avec une sombre fureur.

— Quand? — répéta la jeune femme entraînée par une sorte d'élan irrésistible.

On pouvait croire qu'elle allait parler, mais elle baissa la tête et garda le silence pendant quelques secondes.

— A quoi penses-tu? — lui demanda Gérard inquiet.

— A l'existence qui nous est faite, — répondit brusquement Hilda. — A cette terreur sans cesse assise à nos côtés! A cette ombre funeste qui se glisse entre nous dans nos heures d'amour!

— Hilda, c'est un supplice sans nom!

— Eh! crois-tu que je ne le maudisse pas comme toi, ce supplice, et plus que toi peut-être? Crois-tu que je n'appelle pas de toute l'ardeur de mes désirs, de toute la puissance de ma volonté, le jour où, maîtresse enfin de moi-même, je viendrai te dire: « *Je suis libre, Gérard! libre, entends-tu! Prends-moi! Garde-moi!* »

— Ah! — murmura M. de Noyal avec un long soupir. — Ah! ce serait le ciel! Mais hélas! ce jour n'arrivera jamais!

— Jamais! — répéta la jeune femme, et d'une voix étrange elle ajouta : — Qui sait ?...

Un long silence suivit ces paroles. — Ce fut Hilda qui, la première, le rompit.

— Gérard, — dit-elle en prenant à son tour les mains de son amant, — regarde-moi bien en face, et réponds-moi comme tu répondrais à ta propre pensée, car de ta réponse naîtront peut-être ce bonheur et cette liberté que nous envions tous les deux.

— Que vais-je entendre? — se demanda le marquis de Saillé.

— Interroge-moi, — s'écria Gérard, — et, quelle que soit la chose que tu veuilles savoir, sur mon honneur de gentilhomme, je fais le serment de te la dire...

— Dis-moi donc pourquoi tu m'aimes, et comment cet amour a grandi... Oublie que tu parles à ta maîtresse... Laisse de côté les poésies du cœur et le langage qui séduit les femmes!... Tu es un savant docteur et je suis attentive et recueillie, prête à tout entendre et capable de tout comprendre...— Prends le scapel, Gérard, et dissèque ton âme!

Pendant quelques secondes, M. de Noyal sembla se recueillir, puis il répondit d'une voix ferme :

— Je t'ai aimée d'abord, Hilda, parce que tu étais belle... Je t'ai aimée avec rage parce qu'un de ces malentendus qui sont l'œuvre funeste de la fatalité, s'est placé entre nous pour nous éloigner l'un de l'autre... Je t'ai aimée plus encore quand notre étoile, lasse d'être néfaste, nous a permis de nous rejoindre, parce que je reconnaissais en toi l'intelligence, la volonté, le génie! Seule entre toutes les femmes tu as deviné que la créature humaine ne devait être ni l'esclave du monde, ni celle de son propre cœur! Seule entre toutes les femmes tu as compris qu'il fallait donner un but à sa vie, et marcher à la conquête de ce but, quel qu'il soit, puissance, amour ou liberté, sans souci de se déchirer aux aspérités de la route, sans ralentir jamais son pas et sans regarder en arrière!... Enfin, Hilda, je t'ai adorée parce que, te voyant si pareille à moi, je me suis dit : Je mettrai dans ses mains d'enfant une puissance plus que souveraine! Je la ferai grande et redoutée par ma science et par mon amour!...

— Tu as raison, Gérard! — répliqua la jeune femme avec une sorte de solennité—nous sommes en effet bien pareils! Nous sommes pétris du même limon, animés de la même flamme! Je t'ai aimé, moi, parce que je me reconnaissais en toi... parce que tu étais mon âme, que tes désirs étaient les miens et tes ambitions les miennes! parce que tu m'avais comprise enfin! Je t'ai donné mon cœur tout entier, en échange de cette science mystérieuse qu'on croit fille de l'enfer et devant laquelle on tremble parce qu'on ne l'a connaît pas! Oui, Gérard, par cette science tu me feras grande et redoutée! Mes premières études ont transformé ma vie! De nouvelles et plus longues études sont nécessaires encore pour couronner ton œuvre! Nous les ferons ensemble... Nous les ferons bientôt! Je ne veux plus d'une existence entourée d'épouvante et de ténèbres! Mes lèvres sont lasses de mentir! Il me faut désormais l'air libre et le grand jour... j'ai des aspirations insatiables! Je veux être reine du monde! Je veux escalader les sommets d'où l'on domine et d'où l'on commande! Tu m'as montré la route! je ne m'arrêterai plus! Me tendras-tu la main pour monter jusqu'au faîte?... J'atteindrai, grâce à toi, le but éblouissant... Me suivras-tu si haut?

— Ah! — s'écria Gérard, — je te suivrai partout!

— Quels que soient les chemins par lesquels il faudra passer?

— Oui, quels qu'ils soient, je te suivrai!

— Et, — reprit madame de Saillé, — quelles que soient les choses que je t'ordonnerai de faire, sans hésiter tu les feras?

— Sans hésiter, oui, je le jure!

— Tu seras mon esclave, comme tu es mon maître?

— Ton esclave, ne le suis-je pas déjà. Ma volonté s'est faite la servante de la tienne... Tu ordonnes, j'obéis. Commande, je suis prêt...

Hilda jeta ses deux bras blancs autour du cou de M. de Noyal, et approchant ses lèvres de son oreille elle murmura dans un baiser :

— Merci, Gérard!... Je t'aime!

Une fièvre ardente brûlait le sang dans les veines du marquis de Saillé et il se disait tout bas :

— Ce sont les rêves du délire qui me font voir ces choses, entendre ces paroles... Dans un instant je m'éveillerai et la hideuse vision s'enfuira...

— Que veux-tu de moi?... — demanda Gérard.

— Tu m'as dit tout à l'heure que tu étais jaloux, — murmura la jeune femme d'une voix sombre. — Tu m'as dit que tu haïssais cet homme, ce maître, ce mari, qui peut, quand il le veut, m'enfermer dans ses bras, m'enchaîner sur son cœur... — Tu m'as dit cela, n'est-ce pas?

— Ah! — s'écria M. de Noyal. — tu le sais bien! Pourquoi me rappelles-tu ces choses?...

— Parce que je ne veux plus que tu souffres, et parce que moi-même je ne veux

Et la marquise saisissant par les épaules M. de Noyal l'entraîna dans le mystérieux couloir.

pas souffrir plus longtemps... — Je suis lasse de me partager, lasse de trahir, lasse d'être infâme!... Comprends-tu, Gérard?

— Je comprends que tu veux le quitter, LUI?

Hilda eut un rire farouche, tandis que de ses yeux jaillissaient des éclairs sinistres.

— Le quitter! — répéta-t-elle, — à quoi bon? Il m'adore... il me reprendrait...

— Nous fuirions ensemble... Nous quitterions Paris et la France, nous irions cacher notre amour et notre bonheur, loin, bien loin, de l'autre côté des océans... — Il ne nous retrouverait pas...

— Il nous retrouverait partout. — Ce n'est pas cela qu'il me faut.

— Que te faut-il donc? — demanda M. de Noyal avec un involontaire frémissement, tant l'expression du visage de la marquise était étrange et effrayante.

Elle reprit d'une voix lente et basse :

— Il me faut la liberté complète, absolue, sans entraves... la liberté du corps et la liberté de l'âme... Demain, à pareille heure, il faut que je sois libre...

— C'est bien, — répondit Gérard. — Le marquis de Saillé, provoqué par moi, croisera demain son épée avec la mienne...

Hilda haussa dédaigneusement les épaules.

— Allons donc ! tu es fou ! — dit-elle. — Un duel entre vous deux ! un duel !... Est-ce qu'on remet au hasard d'un combat des parties comme celle-là ? Est-ce que je consens à te voir risquer ta vie?... Un duel !... Et, s'il te tue, que veux-tu que je devienne, moi ? — Non, non, Gérard, point de duel...

— Et cependant, tu veux qu'il meure... — balbutia M. de Noyal.

— Certes ! mais pas ainsi... — il est des moyens sûrs...

Hilda s'interrompit, — Gérard devenait pâle.

— Un crime !... — dit-il avec horreur.

CHAPITRE XX

LE TALION.

La jeune femme se leva brusquement.

Ah! prends garde! — s'écria-t-elle, — prends garde! — Je ne veux pas d'un amant lâche et parjure! Tu as juré d'être mon esclave et d'obéir à tous mes ordres, et voilà que tu hésites, et voilà que tu trembles... — Je vais sortir d'ici pour n'y rentrer jamais, et je me mettrai peut-être à l'aimer, lui qui m'aime et qui te fait peur!

Et d'un mouvement rapide, saisissant sa mantille, Hilda se dirigea vers la porte.

Gérard bondit et l'arrêta.

— Laissez-moi passer... Je veux sortir.

— Reste! j'obéirai... Il mourra. Mais comment?

La marquise étendit sa main blanche vers les fourneaux chargés de fioles.

— Tu le demandes? — murmura-t-elle; — il me semble pourtant que tu pourrais le deviner.

— Le poison? — fit Gérard l'œil fixe et les sourcils froncés.

— Oh! sois tranquille... ma main ne tremblera pas!... Demain soir, au lieu de lui verser le sommeil, je lui verserai la mort... C'est un sommeil plus long que l'autre, voilà tout...

Gérard pendant quelques secondes contempla la jeune femme. Elle était calme et souriante.

— Hilda, — balbutia-t-il enfin, — sais-tu bien que tu m'épouvantes!

— Pourquoi donc? — demanda-t-elle. — Oublies-tu ce que tu m'as toi-même appris? Oublies-tu que tu me disais: — « Il faut marcher sans cesse vers le but que l'on rêve, et si l'on rencontre des obstacles sur sa route, il faut les franchir ou les briser... »

— Eh bien, soit! — Tu es la plus forte!... La mort t'obéira comme je t'obéis... Il ne se réveillera pas!...

M. de Noyal se dirigea vers le fourneau.

— Que vas-tu faire?

— Préparer ce que tu attends...

Les rayonnements d'une infernale joie illuminèrent le beau visage de la marquise tandis que son amant se mettant à l'œuvre prenait des fioles, mélangeait, selon certaines doses déterminées, les liquides incolores et transparents qu'elles contenaient, de manière à composer le breuvage que voulait Hilda.

Quelques minutes lui suffirent pour achever la hideuse besogne. Il versa dans un petit flacon de cristal sa préparation qui ressemblait à une eau limpide.

Tandis que M. de Noyal s'acquittait de ce soin, la jeune femme le questionna.

— Ce poison, — demanda-t-elle, — peut-il être mêlé au vin sans en changer le goût?

— Oui, — répondit Gérard.

— Laissera-t-il des traces?

— Aucune.

— C'est bien. — Tu ne seras plus jaloux ainsi?

— Non.

— Et tu seras heureux?... Je t'aimerai tant!

Et, tout bas, la marquise ajouta avec une expression de triomphe :

— Il a raison, je suis la plus forte!... Ma volonté sera toujours la sienne!

Gérard avait bouché à l'émeri le petit flacon. — Il le posa sur un meuble devant la marquise, en lui disant:

— Hilda, voici la liberté!...

Déjà la jeune femme étendait la main pour saisir l'arme terrible. — Elle n'en eut pas le temps.

M. de Saillé, incapable de se contenir davantage et jugeant que l'heure du châtiment était arrivée, écarta la tapisserie de l'alcôve et bondit, l'épée nue, entre les deux complices en criant:

— Et voici la vengeance!

Hilda et Gérard reculèrent, effarés, devant cette apparition formidable que dans le premier moment de stupeur ils prirent pour le fantôme du remords.

Madame de Saillé reconnut son mari.

— Hélion ! — dit-elle, foudroyée, en tombant sur ses genoux.

— Nous sommes trahis ! — pensa Gérard, — mais tout n'est pas encore perdu...

— Lâches assassins, — reprit Hélion avec un mépris écrasant, — je vous tiens donc ! Je vous tiens tous deux ! — Alchimiste maudit, tu m'as volé l'honneur et tu veux me voler la vie ! Défends la tienne !

— Je tâcherai... — répondit Gérard.

Il avait reculé jusqu'auprès d'une des panoplies attachées contre la muraille, et, choisissant rapidement une épée forte et souple, il était tombé en garde et son attitude annonçait le sang-froid et la résolution.

Le marquis de Saillé s'élança vers lui.

— Ah ! je vous tuerai ! — lui dit-il.

— Nous verrons ! — répliqua Gérard.

— Vous aurez votre tour, madame ! — ajouta M. de Saillé en se tournant vers Hilda toujours à genoux et qui paraissait abîmée dans une immense prostration ; puis, d'un geste rapide, il engagea le fer.

Ce fut un beau combat. Les deux gentilshommes étaient à peu près d'égale force, et l'un comme l'autre animés de l'ardent désir de porter des coups mortels.

Le marquis appartenait à la grande école dont le fameux chevalier de Saint-Georges avait été le chef incontesté. Il attaquait avec une *maëstria* superbe, et l'impétuosité de son jeu n'en excluait ni la noblesse, ni l'élégance.

Gérard, lui, semblait connaître à fond tous les secrets de ce jeu terrible qui rendit si célèbres certains maîtres d'armes italiens.

Ramassé sur lui-même comme un tigre prêt à bondir, les yeux dans les yeux de son adversaire, il attendait évidemment que ce dernier se découvrît, ne fût-ce que pendant la centième partie d'une seconde, pour le frapper en pleine poitrine, et sous sa chair chercher son cœur. — Pendant quelques secondes les épées se heurtèrent avec un bruit sinistre et de fugitives étincelles jaillirent des aciers entrechoqués...

Tout à coup M. de Noyal parut faiblir, — il rompit devant le fer et le marquis, profitant de ce premier symptôme de défaillance, le chargea avec un redoublement d'impétuosité.

Gérard de Noyal ne ressentait en réalité ni fatigue, ni faiblesse. — En reculant, ainsi qu'il venait de le faire, son but unique était d'attirer M. de Saillé dans un piége, et de lui inspirer une trompeuse confiance qui le pousserait à se découvrir.

Les prévisions de l'amant d'Hilda se réalisèrent. — Dans la furie de son attaque, le marquis oublia sa prudence habituelle. — Il faillit payer cher ce moment d'erreur. — Gérard saisit l'occasion au vol, et son épée, rapide comme l'éclair, trouva le chemin de la poitrine sans défense.

Hélion était perdu s'il ne fût arrivé à la parade avec une agilité foudroyante. Son arme détourna l'épée de Gérard au moment où elle effleurait la chair, ne faisant qu'une blessure sans profondeur.

— Touché ! — cria M. de Noyal.

— Ce n'est rien, — répondit Hélion en attaquant de nouveau avec fureur, et le combat continua.

Cependant la marquise s'était relevée, et livide, se soutenant à peine, prise d'un tremblement convulsif, elle avait cherché un refuge dans un des angles de la pièce.

— S'il n'est pas tué, — pensait-elle, — il me tuera ! Je l'ai bien vu dans son regard tout à l'heure... Que faire, mon Dieu ? et comment fuir ?

Soudain, prenant un brusque parti et profitant de ce que son mari lui tournait le dos, elle se glissa vers la porte par laquelle elle était entrée. Cette porte ne s'ouvrit point. Une main, celle de Mâlo, avait pris soin de pousser le verrou extérieur.

— Perdue ! — murmura la jeune femme en se laissant tomber accroupie, car ses jambes se dérobaient sous elle.

Tandis qu'échouait cette tentative de fuite, l'avantage se dessinait du côté de M. de Saillé. — Gérard, étourdi par la violence des attaques multipliées que toute son adresse ne parait qu'à grand'peine, sentait sa vue se troubler, son bras s'alourdir, sa respiration devenir haletante. Avec des meubles renversés il se fit un rempart.

— Ah ! — dit Hélion, — tu auras beau faire ! Je t'atteindrai malgré ta barricade !

Les lèvres d'Hilda remuaient. — La malheureuse se parlait tout bas.

— Dans les ténèbres, — balbutiait-elle, — je pourrais fuir... il ne me verrait pas...

Et elle se mit à ramper, sur ses mains et sur ses genoux, du côté de la petite table sur laquelle était placée la lampe.

Hélion poussa un rugissement sourd. — Hilda, se croyant découverte, s'arrêta. Le marquis ne l'avait point vue, mais son épée, heurtant à faux celle de son adversaire, venait de se briser, ne lui laissant dans la main droite qu'un tronçon long comme un poignard.—Gérard, franchissant d'un bond les meubles, s'élança l'épée haute sur M. de Saillé, en lui criant : — Tu devais me tuer, et c'est toi qui vas mourir. »

— Nous verrons, — répliqua le marquis à son tour, et, saisissant Gérard par le poignet avec une force herculéenne, sans lui laisser le temps de frapper, il le fit pirouetter et l'envoya rouler à dix pas, tandis que lui-même, s'élançant vers une panoplie, décrocha une épée et se remit en garde.

— Tu vois bien que je suis vivant ! — poursuivit-il — et c'est avec tes propres armes que je te frapperai !...

Gérard était déjà debout. — Le combat recommença.

Tandis que se passaient ces choses, Hilda, rampant toujours, était arrivée près de la table. Elle se souleva et renversa la lampe. L'obscurité se fit aussitôt et les derniers coups des adversaires acharnés furent portés dans les ténèbres.

En deux élans Hilda atteignit la porte qui donnait dans la bibliothèque. — Elle l'ouvrit et recula, folle de terreur, en poussant un cri terrible.—Mâlo, debout sur le seuil, tenant une lumière d'une main et de l'autre un pistolet, lui barrait le passage.

En même temps Gérard, qui depuis une seconde appuyait la main sur sa poitrine d'où jaillissait un flot de sang, lâcha son épée et tomba lourdement à la renverse.

— Je vous l'avais bien dit que je vous tuerais ! — fit Hélion.

— Allons, — balbutia la marquise anéantie, — je suis perdue !

Hélion fit un signe à Mâlo qui s'approcha, et lui parla tout bas.

— Oui, maître, ce sera fait... — répondit le valet, et il sortit laissant sa lumière sur un meuble pour remplacer la lampe éteinte par Hilda.

Le marquis se dirigea vers cette dernière. Son visage pâle et contracté exprimait une résolution sans appel.

— A nous deux maintenant ! — fit-il.

— La jeune femme sentit un frisson d'agonie courir sur sa chair.

— Depuis bien des nuits je vous épie... — commença le gentilhomme, — et cependant, avant de vous avoir vue franchir le seuil de cette maison maudite, j'essayais de douter encore... Je ne pouvais croire à tant de honte... Mais cette nuit j'étais là, caché, épiant vos mouvements, écoutant vos paroles. J'ai vu, j'ai entendu... je sais...

— Son calme est plus effrayant que sa colère... — pensait Hilda. — Que va-t-il faire de moi ?...

— Vous n'êtes plus hautaine, maintenant ! — continua le marquis. — Que

SCEAUX. IMP. CHARAIRE ET FILS.

sont devenues les aspirations de votre orgueil?... — Vous ne rêvez plus la grandeur! — Vous n'avez plus à vos pieds l'amant qui, non content de tuer mon honneur, allait tuer mon corps! — Vous êtes en face d'un maître outragé, d'un juge inflexible, et vous devenez l'esclave!... Vous avez peur... vous courbez la tête!

Hilda leva sur le marquis ses yeux baignés de larmes, — elle tendit vers lui ses mains suppliantes, en balbutiant d'une voix éteinte:

— Hélion!... Hélion!...

— Ah! misérable femme, — interrompit le gentilhomme, — vous aspirez à gravir les sommets du monde! Ah! vous appelez l'enfer et la magie à l'aide de vos ambitions sans bornes et de vos passions sans frein! — Pour briser une chaîne qui vous pèse, pour conquérir la liberté du mal, il vous faut un crime... Qu'importe? Le crime sera commis! — Un homme vous gêne... Cet homme est de trop sur la terre; cet homme mourra!... — Voilà ce que vous vouliez, madame! — L'impunité vous semblait certaine!... Dieu veillait cependant, pour me sauver et pour vous punir!

Hilda ne répondit que par un gémissement sourd, — Hélion continua:

— Je vous avais donné mon cœur, mon âme, mon être tout entier! Je vous aimais, et j'étais assez fou, j'étais assez aveugle pour être heureux de cet amour et pour croire que vous me donniez le vôtre en échange! Ah! pauvre sot! Pauvre dupe!... Mensonges vos serments! Mensonges vos caresses! Vos bras se nouaient à mon cou, vos lèvres murmuraient: «Je t'aime!» et vos regards le répétaient!... Et vous couriez, une heure après, porter à votre amant vos lèvres et vos bras! les mêmes baisers! les mêmes regards! — Fille sans nom, je vous ai donné mon nom, et vous l'avez souillé! Fille sans cœur, je vous ai livré mon cœur, et vous l'avez brisé! Je suis le maître et je suis le juge... Je vous condamne, et vous allez mourir...

— Mourir! — répéta la marquise avec une sorte de stupeur épouvantée.

— Oui, près de LUI... près de ce cadavre pour qui vous n'avez pas une larme, et que vous fouleriez aux pieds s'il le fallait pour vous sauver... — Eh bien! la mort vous unira comme vous unissait l'amour!

— Non... oh! non... — cria la jeune femme, galvanisée par l'imminence du péril et se tordant les mains. — Vous êtes bon... vous me ferez grâce...

Hélion haussa les épaules.

— Ah! tenez, — dit-il, — vous êtes folle! — Si vous croyez en Dieu, priez vite!

— Au nom du ciel, ayez pitié de moi...

Deux épées s'entrechoquaient de l'autre côté de la muraille.—Page 144.

— Est-ce que vous aviez pitié, vous, quand ma mort était résolue ?

— Oh ! je sais bien que c'était infâme... mais vous l'avez dit, je suis folle... Vous ne me tuerez pas... Vous êtes un gentilhomme... un gentilhomme ne tue pas les femmes...

— Je ferai justice !

— Laissez-moi vivre, — poursuivit Hilda, en se traînant aux pieds du marquis.

— Je partirai... J'irai bien loin... Vous ne me verrez plus et jamais, jamais, je le jure, vous n'entendrez parler de moi... Vous vous taisez... vous ne me répondez pas... Vous voulez donc toujours que je meure !...

— Oui.

Hilda se prit à courir, éperdue, à travers la chambre, se heurtant aux murailles et criant d'une voix brisée :

— A moi ! à moi ! à mon secours !

— Vous savez bien que cette maison est isolée, — interrompit Hélion. — Vous savez bien qu'elle est déserte et qu'on n'entendra pas vos cris !

Hilda se tut. — M. de Saillé étendit la main vers le flacon de cristal contenant le poison préparé par Gérard.

— La mort est là !... — dit-il. — C'était pour moi... ce sera pour vous !

Hilda recula, terrifiée.

— Ce poison... — fit-elle d'une voix faible comme un souffle.

— Il allait couler dans mes veines, il coulera dans les vôtres. Buvez...

— Jamais !

— J'attendrai.

— Cette mort est horrible... on souffre trop, je n'en veux pas.

— Vous me l'infligiez bien, à moi qui ne vous ai jamais fait de mal !

— Frappez-moi de votre poignard, de votre épée, d'une balle... Mais pas cela... pas cela...

— Eh bien ! choisissez entre le poison et le feu...

— Le feu !

— Dans un quart d'heure il ne restera rien de cette maison maudite... Par mon ordre Mâlo allume l'incendie... Les flammes vont tout engloutir...

— Brûlée vive ! Oh ! non ! non ! non !

— Buvez donc !

Hilda saisit avec rage le flacon que lui tendait M. de Saillé.

— Ah ! je vous hais ! — balbutia-t-elle au milieu d'une sorte de râle. — Je vous hais, entendez-vous bien, et je vais mourir en répétant encore : « Je vous hais ! »

Elle vida le flacon et tomba sur ses deux genoux. — Hélion détourna la tête.

En ce moment, Mâlo rentra vivement dans la chambre.

— Monsieur le marquis, — dit-il, — il faut partir...

— Le feu gagne?

— Oui.

— Toutes les issues sont fermées ?

— Toutes...

— Viens donc... — Et vous, madame, pensez à Dieu...

Hilda releva la tête et de sa bouche sortirent ces mots inarticulés :

— Assassin ! assassin !

— Pensez à Dieu ! — répéta le marquis en s'élançant hors de la chambre avec Mâlo et en verrouillant la porte derrière lui.

Madame de Saillé restait seule dans cette maison changée en tombeau, à côté du corps inanimé de Gérard.

De petits nuages de fumée blanche, filtrant à travers les interstices du plancher, commençaient à remplir l'atmosphère et à la rendre presque irrespirable. Des lueurs intermittentes illuminaient d'un reflet rouge la grande fenêtre à carreaux sertis de plomb. Les flammes, qui déjà s'échappaient des ouvertures du rez-de-chaussée, produisaient ces clartés sinistres. De sourds craquements se faisaient entendre et la chaleur devenait suffocante.

— Il avait dit vrai, — pensa tout haut la jeune femme, — l'incendie grandit... Voici la mort... elle vient... je la sens... Mes yeux se voilent... mes membres s'engourdissent... mon cœur cesse de battre... Pourvu que je ne sois pas trop longue à mourir... Le feu !... dévorée vivante par le feu !... c'est horrible !... — Ah ! cette fenêtre... si je pouvais l'atteindre, je tomberais brisée... je ne souffrirais pas...

Elle fit pour se soulever une tentative surhumaine, mais ses forces anéanties la trahirent. Elle retomba, et dans ses gémissements sourds on pouvait distinguer ces mots :

— Je ne peux pas... Je ne peux pas... Plus d'espérance, cette fois... c'est la mort.

— Non, — répondit une voix méconnaissable. — Non... tiens, Hilda... prends... c'est la vie...

Par un suprême effort la jeune femme se retourna. Elle vit à côté d'elle Gérard, livide et sanglant, qui lui tendait d'une main défaillante un flacon de cristal rempli d'un liquide couleur de pourpre.

Depuis un instant M. de Noyal avait repris connaissance. Il avait soulevé son corps agonisant ; il s'était traîné lentement jusqu'auprès d'un meuble de vieux chêne, et, dans un tiroir de ce meuble il avait pris le contre-poison.

La marquise avec un cri rauque, cri de joie et d'espoir, saisit le flacon sauveur et, l'approchant de ses lèvres, elle but avidement son contenu.

IMP. CHARAIRE ET FILS.

L'oppression qui la tuait disparut aussitôt, en même temps que tombait le voile de ténèbres étendu sur ses yeux.

— Ah ! tu disais vrai, Gérard...— s'écria-t-elle,—tu disais vrai... c'est la vie...

— Et maintenant, — reprit M. de Noyal, — voici la liberté... voici le salut...

Il s'était remis à ramper vers une des parois de la chambre. — Sa main s'appuya sur un ressort. Une porte secrète s'ouvrit, démasquant un passage pratiqué dans l'épaisseur de la muraille.

— Cette issue aboutit au jardin... — balbutia-t-il. — Fuis, Hilda ! hâte-toi !

— Fuir sans toi, Gérard ! — répliqua la marquise, — jamais !

— Tout est fini pour moi... La mort m'a touché ! — Adieu...

— Tu me sauves et je t'abandonnerais ! Allons donc ! Viens, ou je reste...

— Tu vois bien que je ne peux pas... — Laisse-moi mourir, et pars...

— Tu vivras ! Je veux que tu vives ! Il faut vivre, entends-tu, pour nous venger tous deux !

Et la marquise, saisissant par les épaules M. de Noyal, l'entraîna dans le mystérieux couloir.

. . . .

Une heure plus tard, la maison qui venait de servir de théâtre à ce drame terrible s'écroulait au milieu des flammes, et le marquis de Saillé, s'éloignant avec Mâlo, disait à ce dernier :

— Je puis maintenant porter haut la tête... Mon honneur est sauf !... je suis vengé !

FIN DE LA PREMIÈRE PARTIE

DEUXIÈME PARTIE

CHAPITRE PREMIER

UN COUP D'ÉPÉE

Quatre ans s'étaient écoulés depuis la scène effrayante qui termine la première partie de notre récit.

Le marquis de Saillé, immédiatement après la nuit terrible du duel, du poison et de l'incendie, avait fait à l'étranger un voyage de plusieurs mois, accompagné de son fidèle Mâlo.

Quand il revint il portait le grand deuil, et il annonça qu'il venait d'avoir la profonde douleur de perdre la marquise en Italie. — Les amis d'Hélion ne connaissaient guère que de vue madame de Saillé. — Ils adressèrent leurs compliments de condoléance au mari, qui passait pour idolâtrer sa femme, et tout fut dit.

Pendant près d'une année le marquis fut sombre, silencieux, et comme écrasé sous le fardeau d'une inguérissable douleur. Au bout de ce temps une métamorphose complète s'opéra en lui, non pas brusquement mais peu à peu. Il parut avide de distractions et de plaisirs; il rechercha la société de ses compagnons d'autrefois, reprit le genre de vie qu'il avait mené avant son mariage, et devint l'un des convives les plus assidus du Palais-Royal.

Un beau soir le régent, qui l'estimait beaucoup, lui proposa une lieutenance dans ses gardes en échange de son brevet de colonel au régiment de Royal-Bourgogne.

Cette lieutenance équivalait au grade du marquis, elle offrait de plus l'immense avantage pour un courtisan de le placer sans cesse sous les yeux du maître et à portée de son oreille, à la source de ses faveurs par conséquent, Hélion accepta.

Il était jeune encore et très-beau ; il possédait une grande fortune ; il jouissait d'un immense crédit auprès du régent : les mères de famille de la première noblesse jetèrent leur dévolu sur lui pour leurs filles. M. de Saillé répondit par un refus formel à toutes les ouvertures qui lui furent faites dans ce sens, et, comme quelques-uns de ses amis insistaient outre mesure, il signifia nettement qu'il appellerait sur le terrain quiconque lui parlerait mariage.

— Mais enfin, cher marquis, pourquoi cet endurcissement dans le veuvage ? — lui demanda un beau jour M. de Sabran, à qui il faisait cette déclaration.

— Parce que, — répliqua le gentilhomme, — quand on a possédé une femme comme celle que j'ai perdue, il faudrait être insensé pour en prendre une seconde.

Cette réponse était ambiguë. M. de Sabran l'interpréta dans le sens favorable à la défunte marquise.

— Ce pauvre Hélion ! — dit-il à qui voulut l'entendre, — il aimait tant sa première femme qu'il la trouvait parfaite. Désespérant absolument d'en rencontrer une pareille, il ne se remariera jamais.

Ceci fut accepté comme parole d'Évangile, et les mères de famille cessèrent de penser à M. de Saillé.

Hermine de Saint-Gildas et sa fille Diane habitaient toujours cette petite maison de La Varenne-Saint-Maur dans laquelle nous avons introduit nos lecteurs à la suite d'Hilda et de Gillonne.

Diane venait d'avoir vingt ans. — Les quatre années écoulées n'avaient modifié en rien, ni la beauté virginale, ni l'âme angélique de la blonde enfant. Toujours un peu frêle, quoique sa santé fût excellente, elle paraissait avoir dix-sept ans à peine.

La comtesse de Saint-Gildas au contraire, usée par une mystérieuse douleur, dévorée par un mal inconnu, était devenue méconnaissable. — Ses dernières forces l'abandonnaient, elle avait l'aspect d'une centenaire, la vie se retirait d'elle et elle ne quittait son lit que pour faire de temps à autre quelques pas dans le petit jardin, appuyée sur le bras de sa fille, quand le ciel était pur et le soleil brillant.

Dans son ignorance de toutes choses, Diane s'illusionnait au point de croire que sa mère adorée pouvait vivre des années encore.

Hélas ! ce n'étaient plus des années qui séparaient de la tombe madame de Saint-Gildas, ce n'étaient plus des mois ni des semaines, c'étaient à peine des jours.

Nous avons parlé antérieurement de la situation précaire de la mère et de la fille. — Un vol, commis par des malfaiteurs restés inconnus, avait aggravé cette situation en dépouillant les pauvres femmes des quelques bijoux gardés par la comtesse et dont la vente successive les aidait à vivre. — La gêne régnait dans l'humble demeure. — Le bracelet envoyé par Hilda avec les cent louis était vendu depuis longtemps. Il ne restait au logis que quelques pièces d'or, mais Diane ne s'en inquiétait point et ne songeait pas à l'avenir.

La pensée de cet avenir torturait au contraire madame de Saint-Gildas.

— Que deviendra mon enfant après moi ? — se demandait-elle souvent dans ses longues nuits d'insomnie. — Faudra-t-il, à mon heure suprême, pour épargner à Diane les angoisses de la misère, faire cette tentative devant laquelle j'ai reculé sans cesse avec épouvante et avec horreur ? Cette tentative qui me paraît impie et monstrueuse ? Ai-je le droit de la reculer encore ? N'ai-je point agi comme une mère dénaturée en imposant à ma fille une existence de privations, quand il aurait suffi sans doute d'un mot pour changer sa vie ? J'ai cru que j'accomplissais un devoir, mais peut-être me suis-je trompée...—Quelle route suivre ? Quel parti prendre ? Inspirez-moi, mon Dieu ! Mon Dieu, soutenez-moi !...

Voilà où en étaient les choses lorsque, par une belle matinée du mois de juillet 1719, Geneviève, la jeune paysanne qui composait tout le domestique de mesdames de Saint-Gildas, se précipita comme un ouragan dans la salle où Diane travaillait à un ouvrage de broderie auprès de la fenêtre entr'ouverte, et s'écria d'une voix haletante :

— Venez vite, mam'selle... venez vite !... on les entend depuis le jardin...

— Qu'est-ce qu'on entend ?... — demanda Diane.

— Les épées, donc ! Et ça fait un bruit de ferraille qui vous donne la chair de poule... Il me semble que je les entends d'ici... Ils se battent sous les grands tilleuls, derrière l'enclos.

Diane laissa son ouvrage et regarda la paysanne.

— Explique-toi, ma fille, — lui dit-elle, — je ne te comprends pas... De qui parles-tu ?

— Des quatre seigneurs... — répliqua Geneviève.

— Quels seigneurs ?

— Ceux qui se tuent, présentement, sous les tilleuls, tque ça fait pitié !...

Mais venez avec moi dans le jardin, mam'selle, et je vous raconterai tout.

Diane suivit la rustique servante qui la conduisit rapidement près du mur d'enceinte, revêtu de lierre et couronné de mousses et de ravenelles.

La jeune fille devint pâle et sentit le cœur lui manquer en entendant distinctement le cliquetis de fer dont avait parlé Geneviève. — Des épées s'entrechoquaient de l'autre côté de la muraille. — Un homme, plusieurs peut-être, allaient mourir de mort violente.

La paysanne fit asseoir sa maîtresse presque défaillante et lui narra de la façon la plus prolixe et la plus embrouillée que, dix minutes ou un quart d'heure auparavant, se trouvant sur la petite porte de l'enclos, elle avait vu quatre beaux seigneurs montés sur des chevaux superbes. Au lieu de continuer en ligne directe, ces cavaliers avaient tourné brusquement à droite, à travers champs. Poussée par la curiosité Geneviève s'était mise à les suivre. Une fois sous les tilleuls ils avaient attaché leurs chevaux à des buissons, et deux d'entre eux, mettant habit bas, s'étaient précipités l'un sur l'autre l'épée à la main, tandis que les deux autres regardaient...

Geneviève, effarée, avait aussitôt pris la fuite, afin d'avertir sa maîtresse des choses terribles qui se passaient.

Au moment où la paysanne achevait ce récit, le cliquetis de fer cessa de retentir. — Un gémissement sourd résonna dans le silence et fut suivi du bruit de la chute d'un corps.

— Voilà un coup malheureux ! — dit une voix derrière le mur.

— Très-malheureux, certes ! mais est-ce ma faute ? — répliqua une seconde voix. — Vous êtes témoins tous deux que jamais plaisanterie ne fut plus inoffensive que la mienne... — Ce cher marquis prenait vraiment la mouche avec une facilité déplorable ! — Espérons d'ailleurs que la blessure n'a rien de bien grave et que sa vie n'est point en danger.

— Oui, mordieu ! espérons-le, — reprit le premier des interlocuteurs invisibles. — Mais enfin il est évanoui et perd beaucoup de sang... — Il faudrait du secours, et il en faudrait sans retard...

Geneviève, depuis un instant, avait appliqué ses deux mains sur ses oreilles et répétait avec une terreur qui ressemblait à la folie :

— Ils sont morts ! mam'selle !... ils sont morts !

Diane lui imposa silence et se dirigea du côté de la maisonnette. — Elle allait l'atteindre quand on sonna violemment à la porte d'entrée du jardin.

Geneviève se mit à trembler de tous ses membres.

Les deux autres soulevaient le blessé avec les plus grandes précautions.—Page 147

— Faut-il ouvrir, mam'selle ? — balbutia-t-elle.

— Sans aucun doute, — répliqua Diane, — va donc et dépêche-toi !

La paysanne obéit en rechignant.

Mademoiselle de Saint-Gildas attendit, debout et immobile sur l'une des marches vermoulues qui formaient à l'humble demeure une sorte de perron.

Le visiteur qui venait de sonner était un gentilhomme de bonne mine et de la plus irréprochable élégance. Il allait s'adresser à Geneviève, mais il vit Diane et il se dirigea de son côté, le chapeau à la main.

— Mademoiselle, — lui dit-il après un salut respectueux, — soyez indulgente, je vous en prie, pour une démarche indiscrète à coup sûr, importune peut-être. — La nécessité sera mon excuse. — Je fais appel à vos sentiments d'humanité.— Un de mes amis, un gentilhomme, vient d'être blessé en duel, dangereusement, je le crains, à quelques pas d'ici. — Il est sans connaissance et perd tout son sang. — Je viens vous demander du secours...

— Disposez absolument de moi, monsieur, — répondit la jeune fille avec émotion. — Que puis-je faire ?

— D'abord, et avant tout,— reprit le gentilhomme,—me procurer de l'eau fraîche, de la charpie et des bandes de toile, pour opérer tant bien que mal un premier pansement.

— Vous allez avoir tout cela dans quelques secondes. Tu entends, Geneviève... De la toile et de l'eau, bien vite...

La paysanne entra dans la maison.

— Et ensuite, monsieur ? — demanda Diane

— Ensuite, mademoiselle, peut-être réclamerai-je l'hospitalité de votre logis pendant quelques heures pour le blessé, si la gravité de son état ne permet point de le transporter tout de suite à Paris...

— Il me faut pour cela, monsieur, le consentement de ma mère ; mais je crois pouvoir vous affirmer d'avance qu'elle ne le refusera pas...

En ce moment Geneviève reparut avec un vase rempli d'eau et toute une provision de vieille toile.

— Allez retrouver votre ami, monsieur,— continua mademoiselle de Saint-Gildas, — et donnez-lui les soins dont il paraît avoir un si grand besoin... Avant cinq minutes j'irai moi-même vous porter sous les tilleuls la réponse de ma mère, réponse favorable, soyez-en sûr...

Le gentilhomme remercia brièvement et courut rejoindre le blessé son adversaire, et le second témoin.

La comtesse Hermine, dont la faiblesse augmentait pour ainsi dire d'heure en heure, n'avait pas quitté son lit depuis deux jours. — L'épuisement de son corps était absolu, mais son intelligence restait nette et lucide.

Diane, en quelques mots, la mit au courant de ce qui se passait.

— A Dieu ne plaise ! — s'écria la comtesse, — que l'hospitalité de notre maison fasse défaut à celui qui la réclame en un cas de si impérieuse nécessité. Hâte-toi de mettre à la disposition du gentilhomme blessé la petite chambre qui se trouve à côté du salon et dans laquelle couchait ta sœur de lait quand elle venait à la Varenne... Fais pour lui ce que tu pourras, et tâche qu'on ne s'aperçoive pas trop de notre pauvreté...

Diane embrassa sa mère sur le front, sortit de la chaumière, puis du jardin, et se dirigea vers le bouquet de tilleuls de qui l'épais feuillage avait ombragé le duel.

Un des gentilhommes était agenouillé près du corps inanimé dont il venait de panser la blessure, mais que rien ne sembloit pouvoir rappeler à la vie. — Les deux autres regardaient ce triste tableau avec une expression désolée.

La jeune fille s'approcha du groupe et tressaillit en arrêtant son regard sur le visage livide et sur les yeux fermés de celui qui semblait un cadavre.

— Oh! mon Dieu, — balbutia-t-elle, — comme il est pâle! Le malheureux! Est-ce qu'il va mourir?

Celui des gentilshommes que Diane connaissait déjà prit la parole.

— Un médecin serait seul capable de répondre à cette question, mademoiselle, — dit-il.

— Un médecin! — répéta Diane. — Eh bien! il faut vous en procurer un au plus vite.

— Sans doute, mais où le chercher?...

— A un petit quart de lieue d'ici... — Le docteur Blanchard. — Il habite la première maison de La Varenne... Une maison blanche avec un toit en tuiles rouges...

— L'un de nous va monter à cheval et ramener le médecin dans dix minutes. — Mais notre ami ne peut attendre là, sur ce gazon... — Regardez... j'ai fait de mon mieux, et le sang ne s'arrête pas...

— Aussi, — répliqua vivement Diane, — suis-je venue vous dire en toute hâte d'apporter le blessé dans notre demeure, où vous trouverez un lit tout prêt pour le recevoir.

— Que Dieu vous récompense de cette bonne action, mademoiselle! — Grâce à vous, nous le sauverons peut-être...

Un des gentilshommes détacha son cheval, s'élança en selle et prit au galop la direction du logis du docteur Blanchard.

Les deux autres, soulevant le blessé avec les plus grandes précautions, suivirent lentement Diane qui leur montrait le chemin, et déposèrent leur ami, toujours sans connaissance, sur le lit qu'avait foulé jadis le corps charmant d'Hilda.

Bizarrerie de la destinée.

Ce blessé qui venait de faire une entrée si lugubre dans la chaumière de la comtesse Hermine de Saint-Gildas, était le marquis Hélion de Saillé, veuf — (ou tout au moins croyant l'être), — de la sœur de lait de Diane.

Le docteur Blanchard ne se fit point attendre. C'était un vieux médecin qui ne manquait pas de talent, et surtout d'expérience. Il avait été chirurgien aux gardes-françaises et se connaissait en blessures.

Il déclara, après un long et minutieux examen, que celle de M. de Saillé n'offrait aucun danger sérieux. Les organes nécessaires à la vie étaient intacts, et l'évanouissement prolongé du marquis n'avait d'autre cause que la perte du sang.

En conséquence, le praticien prit des mesures énergiques pour arrêter cette effusion. — Le succès récompensa ses efforts, le sang s'arrêta. — On lava les tempes de M. de Saillé avec de l'eau fraîche; — un linge imbibé de vinaigre très-fort fut placé sous ses narines. — Il fit un mouvement et ouvrit les yeux.

La première figure qui s'offrit à ses regards fut celle de Diane, pénchée vers lui.

— Ah! ça, — se demanda-t-il sérieusement, — le coup d'épée de Brionne m'a-t-il donc envoyé dans l'autre monde? Je dois être en paradis, puisque je vois un ange...

CHAPITRE II

LA CONFESSION

Les lèvres d'Hélion ne prononcèrent point ce madrigal, mais sans doute ses yeux exprimèrent sa pensée avec une muette éloquence car la jeune fille devint toute rose et recula de quelques pas.

— Si monsieur le marquis veut bien ne pas faire d'imprudence, — dit le docteur Blanchard, — dans huit jours il sera sur pied...

— Où suis-je donc? — murmura Hélion.

— Chez ma mère, — répondit Diane. — Et comptez, monsieur, que nos soins ne vous manqueront pas.

— Comment vous remercier, mademoiselle?... — s'écria le gentilhomme avec chaleur. — Croyez bien...

Il allait continuer, mais le médecin l'interrompit :

—Chut! chut!—dit-il vivement en appuyant sa main sur la bouche du blessé,— j'ordonne le silence le plus absolu, je défends toute agitation et je recommande le sommeil, sinon la fièvre qui va se déclarer dans une heure ou deux deviendrait intense et pourrait nous jouer un mauvais tour... — Monsieur le marquis, présentement, n'a besoin que de repos... Il importe de le laisser seul...

Cet ordre fut exécuté et les trois gentilshommes prirent congé de Diane en annonçant qu'ils allaient envoyer au blessé son valet de chambre.

Le lendemain matin, en effet, de très-bonne heure, Mâlo dévoré d'inquiétude arrivait auprès de son maître et ne reprenait confiance qu'en le trouvant hors de danger.

Pourquoi le marquis de Saillé s'était-il battu avec son intime ami le comte de Brionne? — Nous allons le raconter en peu de mots.

MM. de Saillé, de Brionne, de Sabran et de Parabère avaient quitté Paris à cheval dans l'intention de faire une longue promenade sur les bords de la Marne et de dîner de façon champêtre dans quelque rustique cabaret.

Chemin faisant, on en était venu à parler mariage.

Parabère, dont la femme était une des maîtresses en titre du régent et qui paraissait ne point s'en douter, soutenait que l'homme n'est point fait pour vivre hors de l'état de mariage, et il en donnait pour preuve irrécusable que tous les veufs se remarient, même quand ils ont eu, notoirement et notablement, à se plaindre d'une première union.

— Il est du moins un gentilhomme qui regrette assez la femme qu'il a perdue pour n'en jamais prendre une seconde, — répliqua monsieur de Sabran, — et ce gentilhomme est notre ami, le marquis de Saillé, ici présent...

— Bah! — s'écria le comte de Brionne, — il n'est blessure si cuisante que le temps ne cicatrise à la longue... L'occasion se présentant, le marquis se remarierait tout comme un autre...

— Prenez garde! — dit Sabran en riant. — Hélion ne veut pas qu'on doute... Il a promis un coup d'épée à quiconque admettrait seulement devant lui la possibilité d'une seconde union... Est-ce vrai, marquis?

— Parfaitement vrai, — fit Hélion en souriant. — J'ai promis et je tiendrais.

— En pareille matière, — reprit Brionne avec entêtement, — les coups d'épée, vous en conviendrez sans peine, ne prouvent absolument rien... Je soutiens, moi, qu'il suffirait de deux beaux yeux, bleus, noirs ou verts, pour tourner la tête au marquis et pour l'amener sans délai aux extrémités les plus conjugales, si les beaux yeux faisaient résistance et ne voulaient accepter qu'un vainqueur légitime.

Au moment où M. de Brionne prononçait ces paroles, la maisonnette de madame de Saint-Gildas se trouvait en vue.

Hélion désigna de la main le bouquet de tilleuls qui se trouvait derrière l'enclos.

— Vous plaît-il, mon cher comte, — dit-il, — que nous mettions pied à terre sous ces grands arbres? Je crois que nous y serons à merveille...

— Pourquoi faire, mon cher marquis?

— Mais, pour nous couper un peu la gorge, ce me semble.

— Ah! ça, c'est donc sérieux?

— En doutiez-vous?

— Ma foi, oui... parole d'honneur! Mais à l'heure qu'il est je n'en doute plus et me voici à vos ordres.

— Je n'attendais pas moins de votre courtoisie...

Cinq minutes plus tard les deux gentilshommes engageaient le fer. — Nos lecteurs savent le reste.

La prédiction du docteur Blanchard se réalisa de point en point. Six jours après le duel M. de Saillé était en état de quitter son lit et de faire quelques tours de promenade à pas lents dans le petit jardin.

Mais Hélion ne se dissimulait pas que, si sa blessure allait le mieux du monde, son cœur, en revanche, était bien malade.

Il aimait! lui qui s'était juré de ne plus aimer jamais... Il aimait cette enfant frêle et blonde qui, sans crainte et sans défiance, et forte de son angélique chasteté, veillait à son chevet... Il aimait et il se sentait aimé, car, dans sa candeur et son ignorance, Diane ne songeait guère à cacher ses impressions dont elle ne devinait même point la nature.

Le marquis, homme d'honneur avant tout, n'envisageait point sa situation sans une réelle épouvante.

L'idée de payer par une honteuse trahison, par une séduction infâme, l'hospitalité si généreusement donnée par deux femmes, ne pouvait même se présenter à son esprit. Diane d'ailleurs était une fille de noblesse, et c'était un titre de plus au respect du gentilhomme.

L'épouser, puisqu'il l'aimait et puisqu'il était libre? Hélion ne l'admettait pas non plus. — Pouvait-il manquer à l'engagement pris vis-à-vis de lui-même? Mépriserait-il les leçons d'une expérience si chèrement acquise à ses dépens? Après avoir possédé une femme adultère et empoisonneuse, en prendrait-il une seconde? — Accepterait-il les mêmes risques? Courrait-il les mêmes dangers?...

Non, jamais! Mieux valait, cent fois, imposer silence à son cœur; — mais le cœur, de sa nature, est indocile... à qui commande il n'obéit guère. — Celui du marquis était dans ce cas...

Que faire donc? — Partir au plus vite, s'éloigner, et — (pour emprunter une expression au langage de l'époque — emporter avec lui le trait aigu qui l'avait percé...

On comprend sans peine que, dans de telles dispositions, Hélion cacha de son mieux à Diane ce qui se passait en lui-même, mais il n'y réussit qu'à demi. On peut veiller sur ses paroles et ne rien dire de ce qu'on veut taire, on n'impose point silence à ses regards, on est trahi par les inflexions de sa voix. L'amour d'ailleurs ressemble au soleil dont il a les rayonnements et les flammes. On le devine, on sait qu'il est là, même quand il se cache derrière les nuages.

La conclusion de tout ceci c'est que, de même que Diane aimait sans le savoir, sans le savoir elle se sentait aimée. Entre elle et le marquis existait un lien dont elle n'aurait pu définir la nature, mais dont elle ne révoquait point en doute la réalité.

Hélion n'avait murmuré aucune parole d'amour à l'oreille de mademoiselle de Saint-Gildas, et cependant la jeune fille comprenait vaguement qu'elle devait tenir une grande place dans la vie de ce gentilhomme, inconnu pour elle la veille encore... — Aussi, lorsqu'après une semaine écoulée le marquis presque complétement guéri lui dit : « *Je pars...* » elle ne lui demanda pas : « *Reviendrez-vous?...* » Elle ne doutait pas de lui... Elle était sûre qu'il reviendrait, et lui, de son côté, s'interrogeant avec une vague inquiétude, murmurait tout en s'éloignant :

— Aurai-je la force de ne pas revenir?...

Dès le jour suivant, du reste, de tristes événements arrivèrent, par lesquels la pensée d'Hélion fut pour un temps éloignée de l'âme de Diane.

La chambre de la jeune fille était un cabinet contigu à la chambre de sa mère. Une simple porte vitrée l'en séparait, et cette porte restait ouverte toute la nuit. — Chaque matin, aussitôt levée, et avant même de s'être agenouillée devant son crucifix, Diane accourait auprès du lit de la comtesse et lui donnait son cœur dans un baiser.

Le lendemain du départ de M. de Saillé mademoiselle de Saint-Gildas alla, comme de coutume, apporter à sa mère son baiser matinal. — En s'approchant du lit elle demeura muette d'inquiétude et d'effroi.

La comtesse étendue, les mains jointes sur sa poitrine, dans l'attitude des figures de marbre qu'on place sur les tombeaux, offrait un visage si pâle et si décomposé qu'il semblait être celui d'une morte. Elle respirait à peine, à de longs intervalles, et ses yeux, largement ouverts et étrangement fixes, paraissaient regarder sans voir.

Au moment où Diane s'arrêtait épouvantée près de son lit, la comtesse fit un léger mouvement et une ébauche de sourire se dessina sur sa bouche décolorée.

— Embrasse-moi, chère enfant, — dit-elle d'une voix faible, — et ne crains rien... Je suis encore vivante...

La jeune fille la saisit dans ses bras et la couvrit de caresses, mais il lui sembla que sous ses lèvres la chair était glacée.

— Chère Diane, — reprit la comtesse, — arme-toi de courage car le moment d'une immense douleur approche pour toi... Dans quelques heures, nous allons nous séparer...

Diane poussa un cri.

— Non... non... — dit-elle, — c'est impossible !... Non, ma mère, je ne vous crois pas ! Est-ce qu'une mère abandonne ainsi son enfant?... Vous vivrez !... vous vivrez longtemps...

— Sois calme et forte, — poursuivit madame de Saint-Gildas, — n'ajoute pas le spectacle de ton désespoir à l'amertume de mes derniers moments... laisse-moi la force dont j'ai besoin pour mourir...

Diane s'agenouilla près du lit et cacha son visage dans les draps, essayant ainsi d'étouffer les sanglots qui montaient de son cœur à ses lèvres.

La comtesse reprit :

— J'ai besoin de voir un prêtre pour me réconcilier avec le Dieu de justice devant qui je vais paraître... Va donc prier de ma part le curé de La Varenne de venir entendre ma confession... Ramène-le avec toi s'il peut te suivre sur-le-champ, et, dans tous les cas, supplie-le de ne point retarder sa visite car mes moments sont comptés, je le sens bien...

Diane, sans répondre — (si elle avait voulu prononcer un seul mot, les sanglots l'auraient suffoquée) — jeta sa mante sur ses épaules et prit le chemin du presbytère pour s'acquitter de la mission qu'elle venait de recevoir.

Le curé était un *bon prêtre,* par conséquent un saint homme dans la plus large et la plus belle acception du mot.

— Toutes vos fautes vous sont remises... Ame chrétiennes, Dieu vous attend ! — Page 155.

— Je suis le serviteur de tous ceux qui ont besoin de moi, mademoiselle:.. — répondit-il ; et il suivit la jeune fille sans rien témoigner de la surprise qu'il éprouvait.

Madame de Saint-Gildas en effet, quoique chrétienne et catholique et quoique son existence fût une suite non interrompue de bonnes actions, ne *pratiquait* pas, chose assez rare à cette époque, surtout parmi les femmes de l'aristocratie.

Depuis qu'elle vivait à La Varenne, non-seulement elle assistait à tous les offices, les dimanches et les jours de fête, mais encore bien souvent pendant la semaine, lorsque l'église était déserte, elle y passait de longues heures, agenouillée dans le coin le plus sombre, la tête entre ses mains et priant.

Comment concilier une ferveur si grande, une piété si vraie, avec l'abstention de la comtesse qui ne se confessait jamais et ne communiait point? — Le bon curé s'était posé plus d'une fois cette question sans pouvoir y répondre.

— Je vais sans doute avoir la solution du problème, — pensait-il en contraignant, non sans peine, ses jambes de soixante-dix ans à suivre le pas rapide de Diane.

— Laisse-nous, mon enfant, — dit madame de Saint-Gildas à sa fille, quand cette dernière eut introduit le prêtre. — Merci, mon père, — reprit-elle lorsque Diane se fut retirée. — Merci d'être venu sans retard! Vous le voyez, le temps pressait... Ecoutez ma confession... Mais d'abord laissez-moi vous apprendre pourquoi cette confession est la première que vous recevez de moi qui crois aveuglément à tout ce que l'Eglise nous ordonne de croire... Depuis vingt ans je ne me suis point approchée du tribunal de la pénitence, parce que les ministres du Dieu de clémence et de miséricorde m'auraient ordonné le pardon, et que je ne voulais point pardonner...

— Eh! quoi, ma fille, — balbutia le prêtre stupéfait, presque effrayé. — Une haine si persistante!... — Une si implacable colère! Oubliez-vous donc...?

Madame de Saint-Gildas interrompit le bon curé.

— Je n'oublie rien, mon père! — dit-elle; — j'oublie si peu que, chaque jour, en récitant l'oraison dominicale, je saute ces mots: « *Pardonnez-nous nos offenses comme nous les pardonnons à ceux qui nous ont offensés.* » Vous ne comprenez point cela, n'est-ce pas? Eh bien! écoutez ma confession, ou plutôt l'histoire de ma vie depuis vingt ans, et alors vous comprendrez...

Le vieux prêtre s'assit au chevet de la mourante et madame de Saint-Gildas, d'une voix basse et lente mais qui par moments s'animait, se mit à parler et parla longtemps.

Quand elle eut achevé, elle demanda :

— Comprenez-vous maintenant, mon père, pourquoi je n'ai jamais pardonné...?

— Hélas! — balbutia le prêtre devenu pâle, — je ne le comprends que trop... et cependant, au nom du Dieu mort sur la croix infâme en pardonnant à ses bourreaux, je vous dis : Il faut pardonner!

— Mon père, je n'en ai pas la force... j'ai trop pleuré... j'ai trop souffert...

— Toute force vient de Dieu... il vous donnera celle qui vous manque si vous la demandez avec un cœur sincère.

— Cette prière, je la lui adresse... Puisse-t-il l'écouter! Priez en même temps que moi... priez pour moi, mon père...

La voix tremblante du vieux prêtre s'éleva :

— Seigneur, mon Dieu — dit-il avec une sublime expression de foi, — votre servante élève vers vous humblement son âme... écoutez son ardente supplication... Elle vous en conjure, daignez lui permettre de ne garder ni haine, ni colère, ni désir de vengeance contre celui par qui elle a tant souffert... Celui-là, peut-être, s'est repenti... peut-être s'est-il blanchi de son crime dans les eaux de la pénitence... Votre servante vous supplie d'écarter de lui l'anathème que, depuis tant d'années, elle appelait chaque jour sur sa tête... Elle vous demande la force d'oublier le crime commis, et le courage de pardonner ce crime, comme elle espère que vous lui pardonnerez ses fautes lorsqu'elle paraîtra devant vous...

Le prêtre se tut. Les lèvres de madame de Saint-Gildas s'agitaient. Une sorte de rayonnement se faisait autour de son front. Son visage livide offrait une expression d'une douceur inouïe.

— Mon père — dit-elle au bout d'un instant, — ce n'est point en vain que votre prière est montée vers Dieu... La lumière se fait dans mon âme... La haine s'efface... L'ardeur de la vengeance s'éteint...

— C'est beaucoup, mon enfant, mais ce n'est pas assez.

— Que faut-il de plus?

— Pardonnez-vous?

— Oui, mon père, — répondit la comtesse, — oui, du fond du cœur je pardonne!,..

Le vieux curé resta pendant une heure encore auprès de mesdames de Saint-Gildas. Quand il la quitta, ses dernières paroles furent celles-ci :

— Toutes vos fautes vous sont remises... Ame chrétienne, Dieu vous attend!

CHAPITRE III

LA LETTRE

Aussitôt que Diane eut vu le prêtre s'éloigner, elle rentra dans la chambre de sa mère en essuyant de son mieux les larmes qui ruisselaient sur ses joues comme une pluie d'orage.

— Ne pleure plus, chère enfant, — murmura la comtesse, — car je te jure que je serais heureuse en ce moment, si la pensée que je te laisse seule au monde ne mêlait son amertume à ma joie...

Elle prit Diane dans ses bras et la pressa contre son cœur avec une profonde effusion de tendresse, puis elle continua :

— Aide-moi à me soulever dans mon lit... place sous mes épaules un oreiller qui me soutiendra, et apporte-moi du papier, de l'encre et une plume...

— Vous voulez écrire, ma mère? — balbutia la jeune fille.

— Oui.

— En aurez-vous la force? Pourquoi vous imposer cette fatigue?... Ne vaudrait-il pas mieux me dicter?...

— Non, mon enfant, — répliqua la mourante, — il faut que j'écrive moi-même... Fais donc ce que je te demande...

Diane s'empressa d'obéir et madame de Saint-Gildas, après s'être recueillie pendant un instant, traça quelques lignes d'une longue écriture un peu tremblée. — Ces lignes couvraient à peine le folio de la première page. Elle signa, mit sa lettre sous enveloppe, cacheta de trois cachets de cire noire à l'empreinte de ses armes, et elle écrivit cette adresse :

« *Monseigneur Philippe d'Orléans,*

« RÉGENT DE FRANCE. »

Épuisée par ce travail dont sa faiblesse faisait une œuvre de géant, elle se laissa retomber sur l'oreiller, presque sans haleine, les yeux fermés, plus semblable à une morte qu'à une vivante.

Diane, saisie d'une indicible angoisse, n'osait lui parler. — Cet état d'absolue prostration dura près d'une heure. Au bout de ce temps la comtesse se ranima, et d'une voix faible comme un souffle elle dit à sa fille, qui se penchait sur elle afin de ne rien perdre de ses paroles :

— Maintenant, mon enfant, tu vas entendre mes dernières volontés... L'heure de la séparation est venue... Dieu m'appelle à lui... Quand je serai partie tu te trouveras pauvre, très-pauvre, car depuis longtemps la misère nous menaçait... Il a fallu vivre... J'empruntais afin de faire face aux dépenses de tous les jours, et cette maison même ne nous appartient plus... On t'obligera sans doute à la quitter. D'ailleurs tu n'y pourrais rester seule... Tu verras dans ce meuble quelques pièces d'or, c'est tout ce que nous possédons...

Madame de Saint-Gildas s'interrompit. Le souffle lui manquait, mais elle fit un violent effort et, après une ou deux minutes de silence, elle continua :

— Avec cette faible somme tu te mettras en route, quand tu auras rendu les derniers devoirs à ma dépouille terrestre, et tu t'en iras en Touraine, au hameau de Bornières, où demeure, comme tu le sais, ton unique parent, ton oncle Jean de Visé. — Il n'a jamais été bien riche, mon pauvre frère, et j'ai su qu'il s'était presque complétement ruiné par son trop grand amour de la dépense, mais il a bon cœur, il m'aimait tendrement dans notre jeunesse, et, si peu de chose qu'il lui reste, il ne refusera point de partager ce peu avec la fille de sa sœur...

Un nouveau temps d'arrêt suivit ces paroles. — La comtesse s'affaiblissait d'une façon visible. — Diane pleurait silencieusement. — La mourante reprit :

— Enfin, si tout te manque... si des circonstances funestes que je ne peux prévoir te réduisent au désespoir... le jour où tu seras sans asile, le jour où tu manqueras de pain — (mais ce jour-là seulement), — tu reprendras le chemin de Paris, à pied si tu ne peux faire autrement, en mendiant s'il le faut le long de la route, tu te présenteras au Palais-Royal et, si l'on refuse de te laisser arriver jusqu'au régent, tu demanderas le marquis de Thianges, l'ami de Philippe d'Orléans et son capitaine des gardes... Tu lui diras que tu viens, envoyée par la comtesse de Saint-Gildas, ta mère... — Tu lui remettras cette lettre pour qu'il la remette lui-même à son maître, et tu seras sauvée... Jusqu'à ce jour et jusqu'à cette heure ne te sépare point de cette lettre... c'est ton unique trésor... c'est ton seul héritage!... Tu as bien entendu?... Tu as bien compris?

— Oui, ma mère... — balbutia Diane que les larmes étouffaient.

— Et tu feras ce que je t'ai dit?

— Je le ferai, ma mère...

— Tu me le promets?

— Je vous le jure...

— Merci, mon enfant, de cette promesse... Elle me donne un calme que je n'avais pas éprouvé depuis bien longtemps... Embrasse-moi, chère Diane...

La jeune fille se jeta dans les bras de sa mère et s'y tint longuement blottie. Elle ne parlait pas, et de longs sanglots secouaient son corps.

— Mon enfant, — reprit la comtesse, — bien des nuits ont passé pour moi dans l'insomnie. — Voici le sommeil qui vient... Assieds-toi près de mon lit et donne-moi la main... Je veux la sentir dans la mienne en m'endormant...

Diane obéit. Une heure s'écoula. Au bout de ce temps, la jeune fille se leva tout à coup, saisie d'un frisson et les yeux dilatés par l'épouvante. La main qui serrait la sienne prenait la rigidité du marbre. Le contact de cette chair la glaçait.

— Ma mère... Ma mère... — cria-t-elle, — éveillez-vous!... J'ai peur...

Madame de Saint-Gildas ne répondait pas.

Elle était morte...

. . . .

Il est des douleurs qui ne s'analysent point et ne se peuvent décrire.

La douleur de Diane fut de celles-là. Le vieux curé, appelé en toute hâte, ne put la décider à s'éloigner, ne fût-ce que pendant une minute, du corps de sa mère. Elle voulut veiller, pendant la nuit entière, cette morte bien-aimée. Elle la vit placer dans la bière; elle entendit clouer les planches du cercueil; elle s'agenouilla dans l'église tandis que le prêtre murmurait les prières funèbres et enfin, lorsque la terre fraîchement remuée eut comblé la fosse, elle resta longtemps prosternée, presque inanimée, sur cette tombe où dormait pour toujours cette femme d'un grand nom et d'un grand cœur qui s'était appelée la comtesse Hermine de Saint-Gildas...

En rentrant seule dans l'humble domaine où elle avait vécu pendant si longtemps tranquille, insouciante, presque heureuse, Diane n'eut pas même la consolation de pouvoir pleurer en paix.

Deux hommes de mauvaise mine en avaient prix possession sous les ordres d'un troisième personnage, vêtu de noir et notablement râpé. — Ce personnage était un huissier.

Agissant en vertu d'actes réguliers, il signifia à la jeune fille que, madame de

Saint-Gildas étant décédée, il fallait quitter sans nul retard la maisonnette dont elle s'était réservé la jouissance jusqu'à sa mort. — Il ajouta qu'il ne s'opposerait point d'ailleurs à ce que Diane enlevât les vêtements et les objets de lingerie qui lui appartenaient personnellement. Prévenue par sa mère, Diane s'attendait à cette expulsion, seulement elle ne croyait pas qu'elle dût arriver si vite et dans une heure si douloureuse.

— Puis-je au moins passer ici la nuit prochaine? — demanda-t-elle.

L'huissier répondit poliment que ses pouvoirs n'allaient point jusqu'à lui donner le droit d'accorder cette permission; il devait, en se retirant, fermer toutes les portes afin d'en remettre les clefs au nouveau propriétaire. De là, nécessité pour mademoiselle de Saint-Gildas de partir la première.

Il ne restait à Diane qu'à se soumettre; elle se soumit. — Elle fit un petit paquet de deux ou trois robes bien simples et du peu de linge qu'elle possédait; elle prit les quelques pièces d'or et la lettre adressée au régent; elle s'agenouilla une dernière fois auprès du lit où sa mère était morte, et elle sortit de la maison pour n'y rentrer jamais...

La jeune fille était adorée des paysans de La Varenne. Ils avaient voulu tous assister à l'enterrement de la comtesse, et plusieurs d'entre eux lui offrirent de grand cœur un logement chez eux pour quelques jours.

Diane refusa. Elle voulait exécuter sans retard les dernières volontés de sa mère. Elle pria l'un des villageois de la conduire à Paris dans sa carriole, ce qu'il fit avec empressement. A peine arrivée elle se renseigna sur les moyens de transport existant entre Paris et Blois, et, telle était sa hâte, qu'elle ne passa pas même une nuit dans la grande ville.

Le coche qui partait du Plat-d'Etain la mena jusqu'à Etampes. — Une patache locale lui fit franchir la distance qui sépare Etampes d'Orléans, et enfin un véhicule innommé, d'une construction bizarre et antédiluvienne, la déposa, le troisième jour, sur le pavé de Blois.

Le hameau de Bornières, où se rendait la jeune fille, n'était guère qu'à trois quarts de lieue de cette dernière ville. Diane s'informa du chemin à suivre et, chargée de son petit paquet, prit résolûment ce chemin à pied.

L'habitation de Jean de Visé, située à mi-hauteur d'un coteau verdoyant, dans le plus adorable pays du monde, était une vieille maison moitié ferme et moitié manoir, faisant de loin très-bonne figure au milieu du paysage, avec son colombier qui se donnait ses airs de tourelle et d'où s'envolaient des bandes tourbillonnantes de pigeons.

— Est-ce là Bornières? — demanda Diane à un petit pâtre, quand elle fut à une centaine de pas du hameau.

— Oui, mam'selle, — répliqua l'enfant. — Chez qui c'est-il que vous allez?

— Chez M. Jean de Visé...

Le petit pâtre étendit la main du côté de la vieille maison au pigeonnier et dit, sans la moindre nuance de respect:

— Voilà le château du bonhomme...

Mademoiselle de Saint-Gildas continua son chemin, non sans s'étonner quelque peu de l'extrême familiarité avec laquelle le jeune villageois parlait d'un gentilhomme qui, si ruiné qu'il pût être, n'en était pas moins le seigneur du pays.

Le manoir perdait beaucoup à être vu de près, surtout à cause de son état inouï de délabrement.

Une grande porte toute détraquée, arrondie du haut comme celle des granges de paysans et surmontée d'un écusson sculpté grossièrement, donnait accès dans une vaste cour dépavée. Au fond s'élevait le corps de logis d'habitation. A droite, les bâtiments de ferme. A gauche, d'autres bâtiments qui avaient été des écuries et des chenils, mais qui ne renfermaient plus ni chevaux, ni chiens de chasse.

Cette cour, surtout du côté des étables, était encombrée d'ustensiles aratoires et de tas de fumier. Des canards barbottaient dans une mare d'eau croupissante. Des poules avec leurs poussins picoraient çà et là. Un porc d'une belle venue se vautrait au soleil. On entendait beugler des vaches à qui, sans doute, on faisait attendre leur nourriture.

En franchissant le seuil de la grande porte Diane s'arrêta pendant une ou deux secondes pour examiner ce tableau. — Elle ne se rendit point compte des détails, et l'ensemble lui parut riant, inondé de soleil comme il l'était.

Une femme traversait la cour, sortant du poulailler, une corbeille pleine d'œufs à la main, et se dirigeait vers l'habitation. — Elle vit Diane, et changeant aussitôt son itinéraire, elle vint droit à elle.

Cette femme, qui pouvait avoir trente-huit ou quarante ans, était grande, bien bâtie, et douée amplement d'une beauté vulgaire.

Son costume, d'une coquetterie villageoise, mettait en relief l'ampleur exubérante de ses formes. Elle avait des cheveux noirs abondants, le teint très-coloré, la bouche sensuelle, des dents superbes et l'œil mauvais.

En la voyant, on pouvait se dire: — Voilà une belle fille! — Il était difficile de ne pas ajouter: — Oui, mais une méchante créature...

Diane se sentit intimidée, presque effrayée, par l'aspect de cette forte créature

En vertu d'actes réguliers, il signifia à la jeune fille de quitter la maisonnette. — Page 158.

aux lourds appas qui se planta juste en face d'elle, et, la regardant insolemment de haut en bas, lui demanda d'une voix criarde :

— Qu'est-ce que vous venez chercher chez nous ?

— Je désire voir M. Jean de Visé, — murmura la jeune fille.

— Ah ! ah ! vous désirez voir M. Jean. Ah ! vraiment ! Et qu'est-ce que vous lui voulez, à M. Jean ?

— Je le lui dirai à lui-même, — répliqua fermement Diane, oubliant sa timidité, tant l'insolence hargneuse de cette créature fouettait son sang aristocratique.

— En vérité ! — glapit la forte femme. — Eh bien ! il n'y a qu'une petite difficulté à cela, c'est que vous ne verrez pas M. Jean...

— Je vous demande pardon, madame, je le verrai.

— Croyez-vous?...

— J'en suis sûre.

— Ah ! çà, mais, qui donc êtes-vous, pour parler en maîtresse comme vous faites?

— Je suis mademoiselle Diane de Saint-Gildas, la nièce de M. Jean de Visé.

Tandis que Diane prononçait ces simples paroles, les joues rebondies de la forte femme perdaient la plus grande partie de leurs éclatantes couleurs. En même temps ses yeux lançaient des éclairs.

— Vous, la nièce de M. Jean ! — s'écria-t-elle avec un ton de colère et de menace qui parut incompréhensible à Diane. — Ce n'est pas vrai ! M. Jean n'a point de famille ! Je le sais bien, moi qui vous parle... il me l'a dit plus de cent fois...

— M. de Visé n'a pu vous dire un mensonge, — répliqua Diane avec calme. — Je suis la fille de sa sœur... Ainsi, madame, apprenez-moi où je trouverai mon oncle et permettez-moi de passer...

Mais la forte femme ne semblait en aucune façon disposée à laisser le passage libre. Elle secouait les bras de façon à faire entrechoquer furieusement les œufs dont sa corbeille était pleine. Ses lèvres tremblaient, et elle reprit avec un redoublement de fureur :

— Vous mentez ! vous mentez ! vous êtes une aventurière et nous n'en recevons point ici ! Tournez-moi donc les talons, et vite, sinon vous aurez affaire à moi !

— Je resterai, madame... — répondit mademoiselle de Saint-Gildas. — Je resterai jusqu'à ce que mon oncle m'ait dit lui-même que sa maison est fermée pour moi.

La forte femme ne se contenait plus.

— Faut-il donc que je te chasse ! — glapit-elle. — Eh bien, soit !

Et elle saisit dans sa main puissante le bras frêle de la jeune fille, qui recula en poussant un cri d'effroi et de douleur.

La dignité morale de Diane ne lui permettait point d'engager une lutte contre cette mégère, à qui d'ailleurs sa force physique assurait d'avance la victoire.

Passer malgré elle était impossible, et cependant la jeune fille voulait arriver à son but.

— Que faire, et quel parti prendre? — se demandait-elle avec angoisse ; mais aucune solution ne se présentait à son esprit.

Heureusement pour elle cette situation intolérable ne dura qu'un instant.

Un homme, un vieillard, parut sur le seuil du principal corps de logis. Il était de haute taille, mais singulièrement voûté ; il marchait avec peine, en s'appuyant sur une grosse canne qu'il tenait de la main gauche. — D'une voix jeune encore il demanda :

— Voyons, Suzanne, que se passe-t-il, et pourquoi ce cri que je viens d'entendre ?

— Monsieur Jean, — répondit la forte femme avec violence, — il se passe que je mets à la porte une aventurière, une coureuse de grands chemins, qui veut entrer chez nous malgré moi...

— Ne la croyez pas, au nom du ciel ! — s'écria l'orpheline. — Je suis la fille de votre sœur... Je suis Diane de Saint-Gildas...

Le vieillard tressaillit de tout son corps.

— Diane de Saint-Gildas !... Ma nièce !... — répéta-t-il avec une émotion profonde. — Suzanne, laisse venir à moi cette enfant...

— Mais, monsieur Jean...

— Laisse-la passer, je le veux !

CHAPITRE IV

JEAN DE VISÉ

Ces paroles, prononcées d'un ton résolûment impératif, ne souffraient pas de réplique. — La créature que nous venons d'entendre appeler Suzanne fut obligée de se soumettre. — Elle livra passage en grondant tout bas.

Diane courut au vieillard dont le visage flétri, sillonné de rides profondes, respirait la bonté, et elle l'embrassa tendrement tandis que de grosses larmes coulaient sur ses joues.

— Permets-moi maintenant de te regarder, ma nièce, — dit l'oncle Jean. — Mordieu! comme tu es grande et comme tu es belle! — Sois la très-bien venue dans mon humble demeure! Mais pourquoi pleures-tu, mon enfant, et pourquoi es-tu toute seule? Rassure-moi vite... Est-ce que ma sœur?...

Il s'interrompit, et son regard inquiet interrogeait la jeune fille.

— Hélas! mon oncle, — balbutia Diane, — ma mère est morte...

— Morte! — répéta Jean de Visé d'une voix sourde, en baissant la tête, — ma pauvre sœur... morte avant moi!... Qui donc aurait pu le prévoir?... J'ai vingt ans de plus qu'elle, et je vis!

De la main qui tenait sa canne il essuya ses yeux humides, et demanda:

— Quand est arrivé ce malheur?...

— Il y a quatre jours, — répondit l'orpheline dont les sanglots éclatèrent.

— Calme-toi, chère fille, — reprit l'oncle Jean. — Il faut du courage, quoique ta douleur soit trop légitime! — Suis-moi... viens dans la maison... Nous allons parler de ta mère...

Suzanne, immobile à quelque pas, épiait.

— C'est ça, — murmura-t-elle avec rage. — Voilà qu'elle entre chez nous, cette donzelle! et Dieu sait maintenant quand elle en sortira! il ne faudrait pas cependant qu'elle compte me prendre ma place et devenir la maîtresse au logis, toute nièce qu'elle soit de monsieur Jean! — Ah! mais non! Pour ça, jamais!

M. de Visé, appuyé sur sa lourde canne et traînant difficilement sa jambe droite, introduisit Diane dans une grande pièce qui lui servait tout à la fois de cuisine, de salon et de salle à manger. — Trois fusils de chasse posés sur leurs crochets au-dessus du manteau de la cheminée, des mors, des étriers, des éperons, accrochés aux murailles, indiquaient ses goûts d'autrefois. — Un immense fauteuil de noyer sculpté, garni de tapisserie, désignait la place qu'il occupait en toute saison auprès de l'âtre.

Jean de Visé n'avait pas plus de soixante-cinq ans, mais il paraissait en avoir au moins quatre-vingts. — De rares cheveux blancs flottaient sur ses tempes, autour de son crâne dénudé, brillant et jauni comme du vieil ivoire. — Une attaque de paralysie l'avait absolument privé de l'usage de son bras droit, et réduisait à bien peu de chose les services qu'il pouvait espérer de sa jambe droite.

Le vieux gentilhomme, épuisé par l'énergie qu'il venait de montrer un instant auparavant en parlant à Suzanne, et par l'émotion douloureuse que lui causait la mort de sa sœur, se laissa tomber dans son grand fauteuil et fit asseoir Diane à côté de lui.

— Mais j'y songe, — dit-il, — tu as voyagé toute la journée et tu arrives de Blois à pied... Tu dois mourir de faim! — Et, sans attendre, la réponse de la jeune fille, qui en effet n'avait rien mangé depuis la veille, il cria: — Suzanne... Suzanne...

— Qu'est-ce que vous voulez, monsieur Jean? — demanda d'un ton hargneux la forte femme.

— Dresse vite un couvert sur une petite table, et sers à ma nièce tout ce qu'il y a de bon dans la maison...

Suzanne haussa les épaules, et répliqua:

— Vous savez bien, monsieur Jean, qu'il n'y a rien de bon chez nous...

— Enfin, donne ce que tu trouveras de meilleur, et dépêche-toi!

Suzanne obéit à contre-cœur, et, tout en apportant les éléments d'un repas frugal, elle grommelait entre ses dents:

— C'est ça!... Me voilà sa servante, à présent! Il va falloir me donner du mal, et tout *confondre* dans la maison pour les beaux yeux de cette donzelle!...

Diane avait le cœur trop gonflé pour sentir sa faim; la vue des aliments servis devant elle la lui révéla, mais quelques bouchées de pain et un peu de viande froide suffirent pour la satisfaire, et malgré les instances de son oncle elle ne put manger davantage...

— Ah! je connais ces grimaces-là! — murmura Suzanne. — Aujourd'hui, pour se faire bien venir, pas plus d'appétit qu'un oiseau, et dans quelques jours elle dévorera comme un jeune loup! — Nos provisions n'y suffiront pas, si elle reste ici!... Mais il faudra bien qu'elle s'en aille!...

Jean de Visé, voyant que sa nièce ne mangeait plus, la questionna sur les derniers moments de sa mère. — Il voulait connaître les moindres détails du funeste événement. — Diane lui raconta tout ce que nous avons raconté nous-même à nos lecteurs, mais elle omit à dessein de parler de la lettre écrite par la comtesse à Philippe d'Orléans, régent de France.

— Ah! chère fille, — s'écria le vieillard quand mademoiselle de Saint-Gildas eut achevé son triste récit, — comme ma pauvre sœur a bien fait de penser à moi!... Au moins tu ne te trouveras pas seule au monde et sans asile... Tu sais déjà que je suis pauvre, mais enfin nous partagerons ensemble le peu qui me reste...

— Et ce peu-là n'est pas grand'chose, monsieur Jean! — s'écria Suzanne en intervenant brusquement. — Ah! vous êtes encore plus pauvre que vous ne le dites, et c'est bien parce que vous l'avez voulu! — Tout au plus vous reste-t-il quelques mauvais champs de mince rapport! — Si vous ne m'aviez point pour mener la maison, je ne sais point, ma foi jurée, comment vous feriez pour dîner tous les jours et joindre les deux bouts à la fin de l'année... — Voilà ce que c'est que d'avoir mené dans le temps une vie désordonnée! — Je ne suis pas encore vieille, et j'étais toute petite dans ce temps-là, mais j'ai vu ça... — On aurait dit que l'argent ne vous coûtait rien... — Les chiens, les chevaux, tout roulait! Et des repas du matin au soir!... Rien que des morceaux de choix, à bouche que veux-tu!... — Les meilleurs vins rouges de Joué!... Les meilleurs vins blancs de Vouvray!... Les bouchons sautaient du soir au matin pour tout le monde, et Dieu sait s'il y avait autour de vous un tas de fainéants qui vous grugeaient! — Aussi, les bons lopins de terre s'en allaient l'un après l'autre! Ah! comme ils filaient! — Il en est tant parti qu'il n'en reste guère! — Autrefois, bombance... Aujourd'hui, carême... — C'est bien fait!...

Jean de Visé courbait la tête sous l'ouragan déchaîné des récriminations de Suzanne. — Diane se demandait avec stupeur ce que pouvait être cette servante qui parlait ainsi à son maître, sans que le maître osât lui donner l'ordre de se taire.

Quand Suzanne eut refermé les écluses de sa loquacité, le vieillard répondit avec douceur :

— Tu as raison... J'ai mené follement ma vie... et Dieu sait que je le regrette aujourd'hui de toute mon âme...

— Il est, ma foi, bien temps ! — interrompit la mégère.

— Mais enfin, — poursuivit M. de Visé, — quoique le passé soit irréparable, les débris de ce que je possédais jadis suffiront pour que la fille de ma sœur ignore le besoin. Elle vivra simplement, comme je vis moi-même, et peut-être, se sentant aimée, se trouvera-t-elle heureuse auprès de nous.

Diane ne répondit qu'en appuyant ses lèvres fraîches sur le front dévasté de son oncle.

— L'hypocrite ! — murmura Suzanne. — Voilà qu'elle commence son manége... Mais je suis là et nous verrons...

Jean de Visé s'adressant à sa servante, continua :

— Mademoiselle de Saint-Gildas doit être brisée de fatigue... il faut lui préparer de suite une chambre qui restera la sienne.

— Quelle chambre ? — demanda la forte femme d'un ton bourru.

— La plus belle, pardieu !... La chambre tapissée.

— La plus belle !... C'est ça ! — murmura Suzanne. — Je devais m'y attendre! Et moi je loge dans un taudis où la pluie tombe les jours d'orage ! Voilà ma récompense ! — Sacrifiez donc votre jeunesse ! Ah ! si c'était à refaire ! Enfin, suffit! Patience !

Et, toujours grommelant, elle quitta la salle basse pour aller obéir aux ordres du vieillard.

— Ma bien chère Diane, — dit ce dernier d'un air embarrassé, aussitôt qu'il se trouva seul avec sa nièce, — je te demande ton indulgence pour Suzanne. — Elle est d'un naturel grondeur et morose... Elle élève à tout propos la voix beaucoup plus qu'il ne faudrait, et se mêle volontiers des choses qui ne la regardent pas... Mais au fond ce n'est point une mauvaise créature... Elle est ici depuis longtemps... Elle conduit la maison avec économie... Je crois à son affection, et sans elle, je serais souvent bien embarrassé...

— Mon oncle, — répondit Diane, — ceux qui vous sont utiles ont droit, non-seulement à mes égards mais à mon affection... Cette personne, je ne sais pourquoi, semble voir avec déplaisir mon arrivée chez vous. Elle craint peut-être que ma présence n'amène pour elle un surcroît de travail et de fatigue... Elle se trompe... Elle s'apercevra bien vite que je n'abuserai point de ses services et que je sais me suffire à moi-même, et je suis sûre qu'un peu plus tard elle finira par m'aimer.

— Qui ne t'aimerait pas, chère enfant? — balbutia M. de Visé, — tu es aussi bonne que tu es belle... ce qui n'est pas peu dire !! Nous ne nous quitterons plus et, je ne sais quel instinct me le crie, tu seras la providence de ma pauvre maison...

Suzanne rentra, la physionomie plus irritée et plus maussade que jamais.

— La chambre est prête, — fit-elle, — j'ai tout mis sens dessus dessous afin de contenter monsieur Jean, mais bien sûre qu'une demoiselle qui vient du côté de Paris ne trouvera pas que c'est assez beau pour elle...

M. de Visé quitta péniblement son fauteuil.

— Viens, Diane, — dit-il. — Je vais te conduire...

Et, traînant sa jambe paralysée, il passa devant la jeune fille.

La chambre destinée à l'orpheline était au rez-de-chaussée et son unique fenêtre donnait sur un jardin fort mal entretenu, où les arbres fruitiers croissaient au milieu des ronces. Cette chambre offrait les vestiges d'un luxe très-ancien. D'antiques tapisseries de Beauvais couvraient les murailles. Les meubles curieusement sculptés étaient du temps du roi Henri II, et le plafond à petits caissons laissait deviner ses couleurs jadis brillantes et ses écussons héraldiques sous une sorte de vernis noir appliqué par le temps et par la fumée. — Un beau Christ d'ivoire se détachait sur la tenture, au-dessus d'un prie-Dieu de chêne gothique.

Diane embrassa son oncle et resta seule. — La pauvre enfant se trouvait véritablement au bout de ses forces. Cependant, avant d'étendre sur le grand lit son corps fatigué, elle s'agenouilla en face du Christ et remercia Dieu de la bonne et cordiale réception du vieillard sur lequel elle appela toutes les bénédictions du ciel.

Sa prière achevée, sa tête avait à peine touché l'oreiller qu'elle s'endormit d'un lourd et profond sommeil sans rêves, qui lui fit oublier pendant quelques heures tous ses chagrins, toutes ses angoisses.

Le lendemain, en se réveillant, l'orpheline retrouva sa tristesse et repassa dans son esprit les événements douloureux accomplis depuis quelques jours. — Sa mémoire évoqua devant elle la maisonnette de La Varenne. — Elle revit le petit jardin plein de lumière et d'ombre, les charmilles touffues, les allées sablées entre leurs marges de fleurs éclatantes, et, de l'autre côté de l'enclos, derrière la muraille couverte de lierre, ce groupe de tilleuls sous lequel Hélion de Saillé s'était battu avec le comte de Brionne.

— Faut-il donc que je te chasse! — glapit-elle. — Eh bien, soit! — Page 162.

Le cœur de la jeune fille se gonfla en pensant au beau gentilhomme.

— Il reviendra... — murmura-t-elle. — Il ne me l'a pas dit, mais j'en suis sûre, et il ne me trouvera plus... et personne ne pourra lui dire ce que je suis devenue. — Je veux l'oublier, et il le faut, car je ne le reverrai jamais...

Pauvre Diane! — Innocente enfant, qui croyait qu'on oublie quand on se dit : Je veux oublier!

Dès ce jour commença pour mademoiselle de Saint-Gildas, au petit château de Bornières, une existence parfaitement calme et qui même n'aurait pas manqué de charme sans la présence continuelle de Suzanne; — cette dernière, bien loin de s'humaniser avec la jeune fille, affectait de ne jamais lui adresser la parole, lui répondait à peine et la regardait avec une expression de plus en plus haineuse et colère.

— Je n'ai pourtant fait aucun mal à cette femme... — pensait l'orpheline. — Pourquoi donc me déteste-t-elle ainsi?

Diane ne pouvait se répondre, mais nos lecteurs ont deviné déjà les motifs d'une aversion si peu cachée, et ils ne tarderont guère à les comprendre mieux encore.

Sans toucher aux attributions de Suzanne, qui n'aurait point souffert qu'on empiétât sur ses prérogatives de femme de confiance dirigeant tout dans la maison, l'orpheline s'était créé des occupations. — L'enclos assez vaste, mais absolument négligé depuis longtemps, reprit, grâce à elle, l'apparence d'un jardin bien cultivé et entretenu avec soin. Elle y travaillait du matin au soir et elle y faisait travailler en même temps qu'elle, le plus souvent possible, un jeune garçon et une petite paysanne chargés de soigner les deux vaches, de les traire matin et soir et de les mener pâturer dans les terrains vagues.

Jean de Visé faisait porter son grand fauteuil au jardin, sous l'ombrage d'un pommier et il se plaisait à voir Diane, la tête abritée par un grand chapeau de paysanne, manier gracieusement et courageusement la bêche, l'arrosoir ou le râteau.

Les journées de beau temps se passaient ainsi, et le vieux gentilhomme était tout étonné, quand venait le soir, d'avoir trouvé les heures si courtes.

Lorsqu'il pleuvait Diane s'installait près de son oncle, sous le manteau de la haute cheminée, et lui lisait quelque antique roman de chevalerie, débris de l'ancienne bibliothèque. Ajoutons que, presque toujours, après une heure au plus de lecture, Jean de Visé s'endormait paisiblement et ne se réveillait qu'au moment du souper.

Mais quand l'oncle et la nièce se trouvaient ensemble, soit au jardin, soit dans la salle basse, leurs tête-à-tête ne duraient jamais cinq minutes sans être interrompus par une brusque apparition de Suzanne, espionnant l'attitude du vieillard et de la jeune fille, prêtant l'oreille sans vergogne à leurs paroles, et rendant ainsi à peu près impossible un entretien confidentiel.

Un jour cependant, six semaines environ après l'arrivée de Diane chez son oncle, cette surveillance fit trêve pendant toute une demi-journée.

Forcée d'aller à Blois pour certaines emplettes indispensables, Suzanne un beau matin revêtit sa grande toilette des dimanches et se mit en route pour la ville, triomphalement installée sur une charrette traînée par l'âne d'un voisin complaisant.

— Diane, — dit vivement M. de Visé, — monte au premier étage, mon enfant, ouvre une des fenêtres d'où l'on voit le chemin, et assure-toi que cette femme est bien véritablement partie...

L'orpheline, un peu surprise, obéit. Au bout de quelques minutes elle revint et elle affirma à son oncle que Suzanne se trouvait déjà loin.

Le visage du vieillard se transfigura. Ses lèvres sourirent comme celles d'un homme délivré tout d'un coup d'un écrasant fardeau.

— Enfin ! — murmura-t-il, — nous sommes seuls ! Le moment que depuis si longtemps j'attendais est donc venu, et je vais pouvoir te parler librement !

CHAPITRE V

L'ONCLE ET LA NIÈCE

— Mais, mon oncle, — demanda Diane de plus en plus surprise, — qu'importait la présence de Suzanne? Ne pouvez-vous me parler à votre guise quand elle est au logis?

— Non, mon enfant... — répondit Jean de Visé. — Il est des choses que je n'oserais te dire quand cette fille, qui nous épie, peut arriver à l'improviste pour les surprendre...

— Vous craignez donc beaucoup Suzanne?

— Oui, je la crains... Elle me fait peur...

— Elle vous est dévouée, cependant... — Vous me l'avez affirmé à moi-même.

— Dévouée ! — répéta le vieillard avec amertume. — Elle donnerait une pinte de son sang pour que je sois mort avant ton arrivée ici...

Diane fit un geste d'horreur.

— Est-ce possible? — balbutia-t-elle.

— C'est plus que possible... c'est certain... — Crois-moi, je ne suis point injuste... Suzanne n'a pour moi que de la haine.

— Mais, s'il en est ainsi, qui vous empêche de la renvoyer?... Ce n'est qu'une servante après tout...

— La renvoyer! Ah! si je pouvais... Mais par malheur je ne peux pas.

— Pourquoi?

— Ne me demande point cela, chère Diane, je ne puis te répondre... et, si je répondais, tu ne comprendrais pas. Ecoute-moi plutôt avec toute ton attention, car ce que j'ai à te dire est grave...

— Je vous écoute, mon oncle, et mon attention, vous le savez bien, égale mon respect et ma tendresse.

— Hélas! — balbutia le vieillard tandis qu'une larme roulait sur sa joue ridée, — plût à Dieu que je sois digne de ton respect autant que je mérite ta tendresse, car je t'aime de toute mon âme...

Diane lui tendit son beau front sur lequel il appuya ses lèvres, puis il reprit :

— Mon enfant, j'ai mal vécu!... Toute mon existence s'est passée dans les excès les plus méprisables, jusqu'au jour où la main de Dieu s'est appesantie sur moi et m'a frappé d'une façon terrible... — Alors le repentir est venu, mais trop tard. — Non-seulement j'étais ruiné, mais encore des liens existaient, liens odieux, chaînes honteuses, que je n'avais plus la force de rompre... Suzanne, depuis plusieurs années déjà, se trouvait dans cette maison et s'y considérait comme plus maîtresse que moi-même... Je subissais sa tyrannie... je m'étais résigné à la subir jusqu'à la fin... Mais aujourd'hui tu es venue et ta présence a tout changé!... Je me révolte contre un joug avilissant... je veux le briser... je le briserai... Mais pour cela il faut que tu m'aides...

— Quelle que soit la chose que vous attendiez de moi, — dit l'orpheline, — je suis prête...

— D'une heure à l'autre je puis mourir, — continua le vieillard.

— Oh! mon oncle...

— Oui, d'une heure à l'autre, car la première attaque qui m'a frappé était un avertissement! — Usé et faible comme je suis, la seconde m'emportera... — Quand? — je l'ignore, mais ce sera peut-être demain... — Or, je ne veux pas qu'après moi tu sois sans pain et sans asile. — On peut vivre avec les débris de ce que je possédais autrefois, et la preuve c'est que nous vivons... — Il faut que ces débris t'appartiennent quand je ne serai plus de ce monde...

— Mon oncle, mon oncle, — interrompit l'orpheline d'une voix suppliante, — pourquoi vous occuper de cela ?

— Eh! de quoi m'occuperais-je, — s'écria Jean de Visé avec impatience, — si ce n'est de ton avenir, fille de ma sœur, joie de ma vieillesse? — Crois-tu donc que l'idée de te laisser, après moi, mendiante sur la terre, ne me ferait pas une agonie désespérée? Rien qu'à cette pensée odieuse mon sang de gentilhomme se révolte! Eh bien! à l'heure qu'il est, si je n'agissais point avec cette énergie qui m'a toujours manqué, les misérables épaves de ma ruine t'échapperaient... Elles iraient dans des mains impures, dans des mains que j'exècre! Tu ne me comprends pas, je le vois bien, mais attends, je vais m'expliquer...

Le vieillard était très-ému. — Il avait à donner à Diane des explications d'une nature embarrassante, et il se mettait l'esprit à la torture pour trouver un moyen d'être intelligible, sans blesser par une parole imprudente la chaste candeur de la jeune fille.

— Mon enfant, — dit-il enfin après un moment de silence, — depuis ton arrivée ici tu t'es demandé plus d'une fois, n'est-ce pas, pourquoi Suzanne te déteste et ne se donne même pas la peine de te cacher sa haine?

— C'est vrai, mais je n'ai pu deviner, car je n'ai fait aucun mal à cette fille...

— En toi Suzanne voit une ennemie qui va la dépouiller.

— La dépouiller! — répéta Diane stupéfaite. — Eh! grand Dieu! Comment le pourrais-je?

— Ecoute, mon enfant, et ne sois pas pour moi un juge trop sévère car je ne chercherai point d'excuse à ce que j'ai fait... Je savais ma sœur à demi ruinée par la confiscation des biens de son mari, mais j'étais loin de soupçonner son dénûment absolu. Elle m'écrivait rarement, ne se plaignait jamais de la mauvaise fortune, et je la croyais plus riche que moi dont les misérables revenus montent à peine à deux mille livres, grâce aux folies de ma jeunesse et de mon âge mûr. J'étais dominé, d'ailleurs... Une volonté de fer s'imposait à la mienne. J'ai dis-posé de tout mon bien... Suzanne possède un testament, écrit par moi, signé par moi, qui l'institue légataire unique des quelques champs et des constructions délabrées qui sont aujourd'hui le domaine et le château de Bornières...

— Eh! mon oncle, — dit simplement mademoiselle de Saint-Gildas, — n'étiez-vous pas le maître? Vous ne nous deviez rien, à ma mère et à moi... Ce que vous avez fait est bien fait...

De sa main gauche, la seule valide, Jean de Visé frappa sur la table avec colère et il s'écria :

— Ce que j'ai fait est lâche, inique, abominable, et je veux le défaire ! Au moins je dormirai tranquille quand la pensée de cette action contre nature ne troublera plus mon sommeil... car c'est plus qu'un regret, vois-tu, qui me tourmente... c'est un remords... un vrai remords !

— Eh bien, mon oncle, agissez à votre guise... J'accepterai vos bienfaits avec reconnaissance et comme une preuve de votre tendresse...

— Réparer le mal semble très-simple, — reprit le vieillard. — Il suffit qu'un second testament annule le premier... Pour tout autre ce serait facile, pour moi c'est entouré d'obstacles presque insurmontables...

— Comment? — demanda Diane, du regard plutôt que de la voix.

— Un testament, pour être valable, — répondit M. de Visé, — doit être écrit tout entier de la main du testateur, ou rédigé et certifié par un notaire et quatre témoins, si le testateur ne sait pas ou ne peut pas écrire. — Or, l'impuissance de ma main droite me rend incapable d'agir moi-même, la paralysie de ma jambe me cloue au logis, et Suzanne ne laissera jamais un notaire arriver jusqu'au château tant qu'elle pourra l'empêcher.

« Tu dois commencer à comprendre ce que j'attends de toi... — Je veux que tu sortes demain, comme pour faire une promenade dans les champs. — Tu iras à Blois, — tu demanderas maître Roland, notaire royal, un brave homme qui s'occupait de mes affaires autrefois et qui m'a fait, jadis, bien des représentations inutiles... — Tu lui raconteras ce que je viens de te raconter à toi-même, et tu lui diras de se présenter ici après-demain, à midi sonnant, avec les témoins de rigueur, et de forcer la porte si Suzanne essayait de l'évincer. — Cette créature, une fois certaine qu'il existe un nouveau testament qu'elle ne peut atteindre, se retirera d'elle-même et nous délivrera de sa présence détestée... Voilà mon plan, chère Diane... — Tu vois que, grâce à la démarche dont je te charge, le succès est infaillible...

— Votre volonté sera faite, mon oncle... J'irai demain à Blois et je parlerai à maître Roland...

Deux heures après cet entretien, Suzanne revint. — Elle était évidemment inquiète et ses regards inquisiteurs cherchaient à lire sur les visages de l'oncle et de la nièce ce qui s'était dit en son absence, mais le vieillard et l'orpheline avaient leur physionomie habituelle et rien ne trahit le secret qu'ils espéraient cacher jusqu'au dernier moment.

Le lendemain mademoiselle de Saint-Gildas, vêtue comme de coutume d'une robe noire bien simple, et coiffée d'un large chapeau de paille, profita d'un moment où Suzanne s'occupait dans l'étable pour se glisser hors de la cour et prendre le chemin de Blois.

Elle était partie depuis une demi-heure environ lorsque la servante-maîtresse s'approcha du vieillard et lui demanda d'un air préoccupé :

— Où donc est votre nièce, monsieur Jean ?

— Je ne sais... — répondit le gentilhomme. — Dans sa chambre, peut-être, ou au jardin...

— Ni au jardin, ni dans sa chambre... — J'en viens...

— C'est qu'alors elle sera sortie pour faire une promenade dans les champs.

Suzanne mit ses poings sur ses hanches.

— Et ça vous convient, — s'écria-t-elle, — d'avoir chez vous une donzelle et de ne pas savoir où elle est ? Et, comme ça, vous trouvez ça beau qu'une jeunesse s'en aille courir le guilledou toute seule ?...

Les joues du vieillard s'empourprèrent.

— Suzanne, — dit-il avec fermeté, — la conduite de ma nièce ne regarde que moi ! Je vous enjoins de ne point vous occuper des affaires de mademoiselle de Saint-Gildas, et je vous défends de parler d'elle en termes peu respectueux.

— Du respect ? — fit la mégère en ricanant, — allez-y voir ! — Si vous comptez là-dessus, vous comptez sans votre hôte, monsieur Jean...

— Suzanne ! — cria le gentilhomme avec colère.

— C'est ça, mettez-vous en fureur ! Donnez-vous une attaque parce que je suis Saint-Jean Bouche-d'Or et que je vous dis la vérité ! — Ah ! le temps est loin où vous aviez de l'amour pour moi !... Aujourd'hui vous voudriez me chasser ! — Eh bien ! ne vous gênez point ! Chassez-moi donc !... Vous n'osez pas... — Vous savez trop que je resterais tout de même... Je vous garde comme un malade et je vous soignerai, malgré vous, jusqu'à la fin...

Après une absence de trois heures, Diane arriva. — Son teint très-animé, sa respiration haletante, prouvaient qu'elle avait marché vite.

En entrant dans la salle basse elle fit à son oncle un signe qui voulait dire qu'elle avait réussi. — Le visage de Jean de Visé rayonna tout aussitôt.

Selon sa coutume, Suzanne épiait. Elle surprit le signe d'intelligence. L'expression du vieillard la frappa. Un soupçon se fit jour dans son esprit avec la rapidité de l'éclair.

Elle devint livide.

— Ah! l'on se cache de moi! — se dit-elle, — ah! l'on a des secrets! ah! l'on veut me prendre pour dupe!... Eh bien, nous verrons!

Dans l'après-midi Suzanne quitta le château, sans donner à sa toilette ces soins de coquetterie dont elle avait l'habitude lorsqu'elle se rendait à la ville, et elle prit de toute sa vitesse le chemin de Blois.

Le soupçon que nous avons vu naître grandissait rapidement. — Ses instincts rapaces, surexcités, l'avaient mise sur la voie.

— Il y a un mystère entre monsieur Jean et sa nièce... — s'était-elle dit. — La jeune fille sort toute seule et reste dehors pendant trois heures. — Où est-elle allée? — A la ville, c'est clair comme le jour... Il ne peut être question que de testament. — Je veux savoir de quoi il retourne, et je le saurai...

Suzanne connaissait le notaire Roland. — Elle l'avait vu venir plus d'une fois à Bornières pour les ventes successives opérées par le gentilhomme, quand ce dernier se livrait à la douce occupation de manger son bien. — Elle se rendit tout droit chez lui.

Le tabellion était absent, mais elle fut reçue par le maître clerc.

— Je viens, — lui dit-elle, — de la part de M. Jean de Visé.

— Mais, — répliqua le bazochien, — on est déjà venu ce matin. Une jeune fille, beaucoup plus jolie, ma foi, que les amours! Le patron doit aller à Bornières demain, à midi.

Cette réponse suffisait pour changer en certitude les soupçons de Suzanne.

— Ah! — reprit-elle, — je le sais bien, — et c'est justement pour cela que monsieur m'envoie.

— Il y a quelque chose de changé?

— Oh! pas grand'chose — l'heure du rendez-vous seulement. — Mon maître prie monsieur Roland (si toutefois ça ne lui occasionne pas un dérangement trop grand) de venir à deux heures au lieu de midi.

— Ça suffit, j'en prends note, et je vous garantis d'avance que ça ne gênera point le patron.

Suzanne n'avait plus rien à apprendre et plus rien à dire. Elle se remit en route, le cœur gonflé de rage. — Ses sourcils contractés, ses regards farouches, exprimaient une résolution terrible.

Quand elle arriva au château cette expression effrayante avait disparu, et pendant le reste du jour l'humeur acariâtre de la servante-maîtresse sembla singulièrement adoucie.

Jean de Visé avait l'habitude de se retirer de bonne heure, — il regagna sa

La servante alluma une lanterne sourde et alla chercher l'oreiller qu'elle présenta à Saulnier (p. 180).

chambre, comme de coutume, un peu après la tombée de la nuit, appuyé sur le bras de Diane, et il dit à la jeune fille en l'embrassant avec tendresse :

— Bonsoir, chère enfant. — Je sens que je dormirai cette nuit d'un bon sommeil, car j'aurai réparé demain la plus triste action de ma vie.

Mademoiselle de Saint-Gildas rentra chez elle, poussa le verrou de sa porte, fit sa prière et se mit au lit.

Vers dix heures du soir Suzanne sortit du château furtivement, et, au milieu des profondes ténèbres d'une nuit sans lune, elle se dirigea vers une chaumière de misérable apparence située à l'extrémité du village, à quelque distance des autres maisons, et elle frappa trois petits coups contre la porte de cette chaumière.

— Qui est là ? — demanda une voix rude depuis l'intérieur.

— Moi, pardieu ! Qui veux-tu que ce soit ?

— C'est bon... — attends un moment... — Je me lève, j'allume la lanterne et je vais t'ouvrir...

L'habitant de la chaumière était un grand et beau garçon nommé Saulnier, ex-soldat aux gardes françaises, que sa mauvaise conduite et ses habitudes d'ivrognerie avaient fait honteusement chasser du régiment. — Revenu dans son pays natal, il y vivait dans l'oisiveté, de braconnage et de déprédations de toutes sortes, inspirant une terreur profonde à deux ou trois lieues à la ronde.

Un tel homme, avec ses longues moustaches, sa tournure soldatesque et ses allures de sacripant, devait plaire à Suzanne, d'autant plus qu'il se mit pour elle en frais de galanterie. — Elle ne tarda point à l'adorer. — Il devint son amant, et il fut convenu entre eux qu'ils se marieraient aussitôt qu'elle aurait hérité de son maître.

Saulnier ouvrit la porte et Suzanne pénétra dans un abominable taudis, mal éclairé par les lueurs d'une lanterne aux vitres sales.

— Je t'ai fait attendre, ma toute belle, — lui dit l'ex-soldat, — mais ce n'est pas ma faute. — Tu es venue hier et je ne t'attendais point aujourd'hui.

Le regard de la servante-maîtresse avait repris son expression farouche.

— Je suis venue ce soir, — répliqua-t-elle, — parce que je voulais te parler... Il y a du nouveau.

— Du nouveau ? — répéta Saulnier.

— Oui, et du mauvais ! — Nous sommes ruinés.

— Qu'est-ce que ça signifie ?

— Ça signifie que l'intrigante est arrivée à ses fins ! M. Jean me déshérite ! Le notaire Roland vient ici demain pour écrire sous sa dictée un nouveau testament... — Comprends-tu ?...

— Ah ! diable ! — murmura Saulnier en tordant sa moustache noire. — En effet, voilà qui va mal !

— Mais, — reprit vivement Suzanne, — ils ont compté sans nous et tout n'est pas encore perdu !

— Eh ! eh ! sinon perdu, du moins bien compromis...

CHAPITRE VI

LA SERVANTE-MAITRESSE

La mégère regarda son amant en face.

— Saulnier, — demanda-t-elle, — me laisseras-tu dépouiller de ce qui m'appartient légitimement? Me laisseras-tu voler le bien que je devais partager avec toi?

— Comment l'empêcher?

Suzanne baissa la voix, se rapprocha du bandit et murmura :

— Le notaire aurait beau venir demain... il ne ferait pas de testament si M. Jean mourait cette nuit...

Saulnier tressaillit.

— Oui, s'il mourait... — répéta-t-il. — Mais ce serait vraiment trop de chance!... — Un si heureux hasard n'est pas fait pour nous...

— On peut aider le hasard... — dit la servante d'une voix sourde.

— Voyons, — fit Saulnier brusquement, — va droit au but... — Qu'est-ce que tu veux?

— Tu le sais bien; je veux hériter.

— Et tu comptes sur moi pour cela?

— Oui.

— Si je refusais de t'aider?

— Tu ne refuseras pas! — Je te connais, tu es un homme! — D'ailleurs tu travailleras pour toi... — Ah çà! mais, on croirait que tu hésites!

— On hésiterait à moins... il y a gros à risquer...

— Quoi?

— La corde.

— Deviens-tu fou?

— Non... mais j'ai peur... — Réfléchis donc!... — En trouvant le vieux, mort dans son lit, demain matin, c'est toi qu'on accusera, et moi par contre-coup.

— Ni l'un ni l'autre... — On accusera l'apoplexie! — Une première attaque a failli le tuer... — Une seconde aura terminé la besogne...

— Mais le corps portera des marques...

— Aucune... — J'ai pensé à tout... — Il ne s'agit pas de jouer du couteau... — Un oreiller, appuyé pendant trois minutes sur le visage de M. Jean par un homme de ta force, fera l'affaire... Point de bruit, point de cris, point de traces, et nous héritons! — Eh bien! qu'en dis-tu?

— Je dis que c'est faisable.

— Alors, c'est convenu?

— Oui... — Allons...

— Oh! pas encore... attendons minuit.

. . . .

Minuit sonnait au vieux clocher de Bornières quand Suzanne et Saulnier se glissèrent comme des ombres silencieuses dans la salle basse du château.

Tout dormait ou semblait dormir. — Une chouette, perchée sur le toit du pigeonnier, poussait d'instant en instant son hululement lugubre.

Les deux misérables tinrent conseil. — Suzanne, pour plus de sécurité, voulait que tout s'accomplît dans les ténèbres; — Saulnier s'y refusait, disant que sans voir clair il ne pourrait agir à coup sûr. — La servante-maîtresse dut céder... — Elle alluma une lanterne sourde et alla chercher l'oreiller de sa propre couche.

Elle conduisit ensuite son complice à la porte du vieillard.

— Ecoute-moi bien, — murmura-t-elle à son oreille, — la porte s'ouvrira sans bruit, j'ai mis de l'huile sur tous les gonds... — Le lit est dans le fond, à droite... — Je t'éclairerai depuis le dehors, assez pour que tu voies où tu marches. — Sois hardi... — Rien n'est à craindre... allons, va!...

Saulnier était un bandit sans cœur et sans âme, mais pour la première fois de sa vie il allait tuer. — Cela le troublait, et de grosses gouttes de sueur coulaient sur son front. — Il n'hésita pas, néanmoins, — il ouvrit la porte, il entra, et d'un pas rapide il se dirigea vers le lit.

Les grands rideaux de serge verte lui cachaient sa victime.

Si légère qu'il s'efforçât de rendre sa marche, M. de Visé l'entendit cependant dans son demi-sommeil, et se réveilla tout à fait. — Il essaya de se soulever et demanda :

— Qui est là? Est-ce vous, Suzanne?

Saulnier s'élança. — Un gémissement sourd retentit, bien vite éteint. — Ce fut tout.

Trois minutes s'écoulèrent, puis l'assassin sortit de la chambre.

— C'est fini, — dit-il d'une voix tremblante.

— En es-tu sûr? — demanda Suzanne avidement.

— Oui, sûr... — Et je m'en vais...

— Qui te presse?...

— Je ne resterais pas cette nuit dans cette maison pour un empire! — Je sentais le vieillard tressaillir convulsivement sous l'oreiller qui l'étouffait. — J'entendais son râle s'affaiblir... — Je crois l'entendre encore... c'est horrible...

— Cœur de lièvre! — fit l'infâme créature en haussant les épaules avec dédain.

— C'est possible, mais je pars... J'ai peur ici. A demain, Suzanne.

— A demain, poule mouillée, et tâche de veiller sur toi. — Si tu trembles, tu nous trahiras...

L'assassin avait déjà quitté la salle basse et se perdait dans l'obscurité.

Suzanne referma toutes les portes, et triomphante regagna sa chambre, en se disant :

— A moi l'héritage de M. Jean! Je me lave les mains de sa mort. En voulant me voler mon bien c'est lui-même qui s'est condamné!

Le lendemain, à son heure habituelle, mademoiselle de Saint-Gildas parut. — La servante-maîtresse allait et venait dans la salle basse, de l'air le plus calme, s'occupant des soins du ménage.

Le grand fauteuil de M. de Visé restait vide.

— Où donc est mon oncle? — demanda l'orpheline.

— Pas encore levé, j'imagine, — répliqua Suzanne. — On ne l'a point vu ce matin. — Voulez-vous que j'aille frapper à sa porte?

— S'il vous plaît.

Suzanne sortit et reparut presque aussitôt.

— Il ne me répond pas, — dit-elle, — ça m'inquiète. — Faut-il entrer?

— Oui, certes... — Je vais avec vous.

La servante passa la première, ouvrit rapidement la porte, souleva les rideaux du lit, recula d'un air affolé, et se mit à crier en se tordant les mains :

— Malheur!... Malheur!... Mon maître est mort!

Diane à son tour s'avança, muette d'épouvante et de douleur mais espérant encore que Suzanne se trompait.

Il suffit d'un regard pour la désabuser. — Jean de Visé était mort et déjà raidi, et son visage violacé, ses yeux ouverts et injectés de sang, ses lèvres tuméfiées, semblaient prouver que le vieillard avait succombé pendant la nuit à une attaque d'apoplexie foudroyante.

Pour la seconde fois depuis deux mois Diane, plus orpheline et plus abandonnée que jamais, s'agenouilla près d'un lit de mort!

A deux heures arriva maître Roland, notaire en la bonne ville de Blois, mais, hélas! son ministère n'était plus utile. — Il se retira presque aussitôt, non sans avoir déclaré nettement que le brusque décès, survenu dans des circonstances si particulières, lui paraissait au plus haut point suspect.

La servante-maîtresse ne s'inquiéta guère de cette façon de penser du tabellion, et ne se gêna pas pour le dire aussitôt qu'il ne fut plus là pour l'entendre.

Le lendemain on procéda à l'enterrement de Jean de Visé. — Suzanne eut l'audace de suivre le convoi à l'église et au cimetière, et la monstrueuse hypocrisie d'y verser des larmes abondantes.

En rentrant au château, après la funèbre cérémonie, la mégère laissa tomber son masque et ne se contint plus.

— Je suis ici chez moi, — dit-elle à l'orpheline, — tout ce qui est ici m'appartient, car votre oncle m'a donné le domaine et le château par un testament que voici. — Peut-être le saviez-vous déjà...

Mademoiselle de Saint-Gildas regarda la servante-maîtrese avec une fixité si grande qu'elle la contraignit à baisser les yeux; puis elle répliqua :

— Je le savais...

— Eh bien, alors, vous savez aussi, — reprit Suzanne, — que votre place n'est pas dans *mon château*...

— Je le sais, — répondit Diane.

— Faites donc votre paquet, et filez!

— Mon paquet est fait depuis ce matin, et je pars...

Un instant après la jeune fille était sur la route de Blois, et se disait douloureusement :

— Deux êtres m'ont aimée. — Qu'en reste-t-il? Deux tombes! — Me voici de nouveau sans asile... — Je vais à Paris. — Si la lettre de ma mère au Régent ne me sauve pas, que deviendrai-je?

Quelques mots à propos de Suzanne et de Saulnier.

Le notaire Roland, trouvant de plus en plus étrange cette mort survenue la veille du jour où le premier testament de Jean de Visé allait être annulé par un second, fit part de ses inquiétudes et de ses doutes au lieutenant civil du bailliage. — Une enquête fut provoquée. — On ordonna l'exhumation du corps de Jean de Visé, et les médecins déclarèrent qu'il avait été bel et bien étouffé dans son lit.

Suzanne, arrêtée, nia d'abord. — On lui infligea la question qui lui délia la langue. — Elle avoua ce qui la concernait, puis elle dénonça Saulnier.

Un arrêt du présidial condamna les deux complices à être pendus par le cou, jusqu'à ce que mort s'ensuivît, sur la grande place de Blois. — Ce arrêt fut exécuté à la vive joie du populaire.

Le même arrêt annula le testament. — Les biens de Jean de Visé retournaient donc à son héritière légitime, Diane de Saint-Gildas... — Mais qu'était devenue la jeune fille? — Voilà ce que nul ne savait, et ce que personne n'essaya sérieusement de découvrir.

CHAPITRE VII

L'HOTELLERIE DU CYGNE DE LA CROIX

A l'époque où se passaient les faits que nous racontons il existait, rue Saint-Honoré, à peu près à la hauteur de la rue de l'Arbre-Sec, une maison, moitié hôtellerie, moitié cabaret, qui portait sur son enseigne de fer battu un oiseau blanc singulier, au long cou arrondi, soutenant une croix avec ses ailes déployées. Autour de cette peinture naïve se voyait, en exergue, ce calembour écrit en belles lettres rouges :

« *Au Cygne de la Croix.* »

L'hôtellerie du Cygne de la Croix jouissait d'une notoriété incontestable. Bon nombre de provinciaux, appelés à Paris par leurs affaires, ne se seraient point trouvés en sûreté dans la grande ville s''ils avaient dû dormir ailleurs que sous les rideaux de toile peinte des lits de cette honnête auberge. — Divers coches y déposaient chaque jour toute une cargaison de voyageurs. Bref la maison du Cygne-de-la-Croix, considérée comme hôtellerie, passait à bon droit pour sûre et tranquille.

Envisagée comme cabaret il n'en était pas de même, tant s'en fallait, et nous allons expliquer pourquoi : — L'auberge n'accueillait que des gens sérieux, munis de bagages pour la plupart, et dont on connaissait les noms. — La taverne au contraire, occupant en entier le rez-de-chaussée de la maison, et divisée en plusieurs vastes salles, recevait tout le monde, et, comme le vin était bon, la cuisine bien faite et les prix modérés, une foule considérable, mais singulièrement mêlée, y affluait sans cesse.

Nos modernes cafés parisiens ne sauraient donner aucune idée de ce qu'était un cabaret en vogue au commencement du dix-huitième siècle. — On ne sacrifiait point alors au luxe et au confortable. — Les tavernes les plus célèbres sembleraient aujourd'hui des bouges où les consommateurs ultra-démocratiques refuseraient de s'aventurer. On ne parlait point, en ce temps-là, d'égalité comme en l'an de grâce 1875, mais bien des gens se coudoyaient, sans y prendre garde, qui pour rien au monde, de nos jours, ne voudraient se trouver réunis sous un même plafond.

Le cabaret du Cygne de la Croix voyait donc passer chaque jour dans ses larges salles une population disparate, composée d'échantillons appartenant à tous les étages de la société, depuis les plus élevés jusqu'aux plus bas, gentilshommes amis des gaietés populaires, aventuriers, filous, bons bourgeois, officiers, clercs de la bazoche, comédiens, artistes, bohêmes, philosophes, etc.

Une agglomération bigarrée à ce point n'offrait, comme bien on pense, aucune garantie de bon ordre et de tranquillité. — Le tapage, les cris, les querelles et même les rixes étaient fréquents au Cygne de la Croix, et bien souvent il fallait recourir à l'intervention du guet pour ramener la calme et la paix parmi les buveurs. — Ces esclandres d'ailleurs n'effrayaient personne, et l'on ne se préoccupait guère d'un crâne plus ou moins fracassé par quelque pot lancé d'une main sûre.

Nous prions nos lecteurs de bien vouloir nous accompagner dans la première des quatre salles du cabaret qui nous occupe.

Cinq personnages à tournure suspecte, vêtus de costumes autrefois riches et maintenant ternis. (p. 186.)

Cette salle donnait sur la rue. — Dans un de ses angles un escalier de bois, plaqué contre la muraille, conduisait aux chambres de l'hôtellerie. — La fumée des pipes formait une sorte de nuage qui rampait sous le plafond bas. — Les lampes placées de distance en distance rayonnaient dans cette fumée comme des fanaux au milieu du brouillard.

Il pouvait être neuf heures du soir. — Le cabaret était plein de monde. — Trois ou quatre garçons et autant de filles faisaient le service, et, ne sachant auquel entendre, se bousculaient à qui mieux mieux.

Cinq personnages à tournure suspecte, vêtus de costumes autrefois riches, mais maintenant ternis, avachis, montrant la corde, occupaient une petite table sur laquelle ils frappaient à tour de rôle, en criant sur tous les tons.

— Holà! Garçon!... La fille! Va-t-on nous servir à la fin! — Du vin! Du vin! Et du meilleur!

L'un de ces personnages, et ce n'était pas le moins délabré, différait de ses compagnons en ce que sa figure flétrie gardait des traces d'une beauté remarquable et d'une incontestable distinction. — Il se faisait appeler *Flamel*. — Etait-ce en mémoire du fameux Nicolas Flamel, l'alchimiste de la tour Saint-Jacques?

Trois ou quatre autres répondaient aux sobriquets caractéristiques de *Fil-d'Acier*, de *Compère Loriot* et de *Cupidon*. — Le dernier se nommait en réalité Jacques Aubry, mais généralement on le surnommait le *Lynx*. — Tous les cinq portaient de longues rapières à gardes d'acier poli.

Au moment où l'une des servantes passait auprès de la table si bien occupée, Jacques Aubry la saisit par la taille, en lui disant avec une galanterie fort appréciée en pareil lieu:

— Allons, Gimblette, mes amours, un pot d'eau-de-vie brûlée par ici!... et plus vite que ça, sœur cadette de Vénus! On manque de respect, céans, à des gentilshommes de notre qualité! — Nous attendons depuis cinq minutes... ma montre en fait foi!

En disant ce qui précède, le Lynx tira de sa poche une montre ronde comme un œuf et de respectable grossseur.

Gimblette se dégagea de l'étreinte, et Fil-d'Acier s'écria d'un ton qui décelait une profonde surprise:

— Comment, le Lynx, tu as une montre!

— Mon Dieu, oui, comme tu vois...

— Tête-Bleue! tu ne te refuses rien!

— J'ai trouvé ça tantôt.

— Où donc?

— Dans le gousset d'un bourgeois qui regardait pêcher à la ligne sous une arche du Pont-Neuf! — Ah! le gredin! j'étais volé!

— Comment?

— Mes enfants, l'oignon est en cuivre, et vaut juste un petit écu.

Gimblette repassait près de la table. — Le Lynx lui saisit de nouveau la taille, et continua :

— Surtout, oh ! nymphe de Cythère, veille à ce qu'on ne ménage point les épices dans notre eau-de-vie ! Si on peut la boire, nous n'en voulons pas ! — Tu es prévenue...

— Cornes du diable ! — s'écria Cupidon en riant, — ce Jacques Aubry a le gosier doublé de fer-blanc ! — il ne trouve plus d'assez fort !

— Mes compères, — répliqua le Lynx, — j'ai besoin de me refaire, voyez-vous... et l'eau-de-vie brûlée convient à mon tempérament ! — Quand on vient de passer comme moi six longues semaines dans la boîte à coquins du Grand-Châtelet, au régime trop rafraîchissant de l'eau de Seine et du pain d'orge, on éprouve l'impérieux besoin de tutoyer avec énergie les liquides du Cygne-de-la-Croix !

Gimblette reparut et posa triomphalement sur la table un grand vase de grès couronné de flammes bleuâtres.

— Le pot demandé ! — dit-elle. — Ces messieurs seront contents ! — Il y a du sucre, du citron, de la cannelle, des clous de girofle, un peu de poivre et quatre gousses de piment. — Qu'est-ce que vous dites de ça ?

Gimblette était fraîche et potelée. — En somme un joli brin de fille. — Flamel la prit par les coudes, l'assit sur son genou, l'embrassa malgré quelques velléités de résistance, et lui glissa dans l'oreille ces douces paroles :

— Tes yeux flambent comme cette eau-de-vie, mais leurs flammes bleues sont plus brillantes, et surtout plus brûlantes, car elles incendient mon cœur ! Dis un mot, et je t'enlève !

— Lâchez-moi donc, monsieur Flamel, — répliqua Gimblette en se débattant, — j'aime pas les tâtonneux.

— Toujours cruelle ! toujours tigresse !... Tu me tournes la tête ! Partage mon destin, je ferai ta fortune...

— Commencez par faire la vôtre, et nous verrons ensuite.

La jeune servante s'enfuit en riant. Le galant Flamel fit mine de se lever pour la suivre, mais le Lynx le retint par la basque de son habit, en lui disant :

— Trop d'incendie ! Tu chiffonneras cette petite une autre fois. Présentement il s'agit de boire, ce qui est autrement sérieux que de filer le parfait amour.

Et Jacques Aubry, commençant la distribution du liquide enflammé, remplit les gobelets jusqu'aux bords.

— A la santé du Lynx ! — crièrent en buvant nos quatre personnages.

— A la vôtre, mes dignes amis! — répliqua Jacques Aubry. — A toi, Flamel, l'énigme vivante, le mystère incarné, le savant, le voyageur, le poëte, le gazetier! A toi le roi des nouvellistes, le fureteur par excellence, le dénicheur de tous les scandales et de tous les secrets! la gazette vivante et universelle! l'homme le mieux renseigné de Paris!

Flamel salua comiquement, en posant sa main sur son cœur. — Le Lynx poursuivit:

— A vous aussi, mes chers camarades, mes élèves, mes émules et bientôt mes maîtres, Fil-d'Acier, Cupidon, compère Loriot! Je porte vos santés... sans oublier celle de très-haut et vénéré seigneur le gouverneur du Grand-Châtelet, qui vient de m'octroyer si gracieusement pendant six semaines une hospitalité désintéressée... le vivre et le couvert!

— A propos, — dit compère Loriot, — nous ignorons encore pourquoi le guet t'avait mis à l'ombre... et nous désirons le savoir.

Le Lynx minauda fort agréablement:

— Mes gentilshommes, — répliqua-t-il, — je suis d'une complexion timide... — J'aime peu faire le récit de mes exploits.

— Oh! oh! de la discrétion!...

— Non, mes compères... de la modestie, tout simplement.

— Une dame de haut lignage, peut-être, que tu ne veux pas compromettre?... — dit Flamel en riant. — Une aventure!... Un mari jaloux?...

— Ah! curieux, ça te chatouille... — répondit Jacques Aubry. — Eh! bien sois satisfait... Je mets ma modestie dans ma poche... Voici l'histoire... Ouvrez vos ouïes... — C'était il y a six semaines... sept heures sonnaient à la Samaritaine... — Une malechance abominable me poursuivait depuis huit jours... Vainement j'avais tendu mes meilleurs hameçons dans Paris... Pas un goujon n'avait mordu... Je m'en allais rêveur et mélancolique, subtilisant en mon for intérieur au sujet de l'influence du pavé sur les chaussures...

— Les tiennes étaient feuilletées, peut-être?... — interrompit Flamel.

Le Lynx étendit sa jambe nerveuse et montra son large pied habillé d'un cuir rougeâtre que l'orteil perçait lamentablement.

— Tu peux en juger, mon tendre ami. — murmura-t-il, — ce sont les mêmes!... — Ne m'interrompts plus... — Je continue: — Tout en philosophant comme on philosophie quand la bourse est plate et l'estomac creux, j'allais devant moi machinalement, et je serais allé sans doute de cette façon jusquau bout du monde, si je ne m'étais arrêté tout à coup, ainsi qu'un braque qui tombe en arrêt...

— Je flaire une aventure... — dit compère Loriot.

— Je flairais autre chose, moi... — Une délicieuse odeur de cuisine, moitié rôti, moitié friture, venait de me clouer sur place au milieu de la rue Dauphine... Je levai des yeux affamés. Une boutique de rôtisseuse était là, devant moi, et, parmi des chapelets de comestibles appétissants, une volaille dorée à point étalait d'un air provocant son ventre rebondi...

— L'eau m'en vient à la bouche! — s'écria Flamel. — Cela donne faim, rien que de t'entendre! — Tu narres agréablement et je t'en complimente!

— La philosophie, l'exercice et de trop longs jeûnes m'avaient rendu vraiment vorace! — poursuivit le Lynx. — Je tâtai mes poches et n'y trouvai rien... Je le savais d'avance. — Peu m'importait d'ailleurs, j'étais décidé... je marchai droit...

— A la marchande? — interrompit Fil-d'Acier.

— A la volaille! — répliqua fièrement le Lynx. — Je promenai autour de moi un rapide coup d'œil... — Personne! — J'avançai le bras comme ceci. — Je décrochai la bête comme cela.— Je la couchai sous mon manteau avec une tendre précaution, ainsi qu'un petit enfant endormi, et je m'empressai de décamper, emportant mon trésor! — Cinq minutes après, attablé dans un modeste bouchon de la rue Contre-Escarpe, en face d'une bouteille de vieux vin de Bourgogne, j'attaquais la volaille, et si vigoureusement qu'en moins d'un clin d'œil les trois quarts avaient disparu! — Il ne restait plus qu'une cuisse, débris suprême, unique pièce de conviction, et cette cuisse allait disparaître à son tour, quand une griffe aux ongles crochus me saisit à la gorge, et quand une voix glapissante se mit à hurler: — *Au voleur!*

— C'était le diable? — demanda Cupidon.

— C'était bien pis! c'était la rôtisseuse!

— Ah! bah!

— Cette mégère, lancée sur ma piste par quelque indiscret, m'avait suivi lâchement et me faisait bel et bien empoigner. — Je frissonnais de honte et de douleur! — Jacques Aubry, surnommé le Lynx, captif pour un chapon du Mans! — (car la volaille était un chapon!) — Je me sentais déshonoré d'avance, non par la condamnation qui devait m'atteindre, mais par l'exiguïté de mon crime...

— Ah! comme je comprends cela! — s'écria compère Loriot avec une profonde conviction.

— C'est très-émouvant! — dit Flamel. — Ne nous fais pas languir.

— Arrive le jour du jugement. — La rôtisseuse comparaît, cramoisie de colère... ou du feu de ses fourneaux. — Elle m'accuse, et le juge m'interroge. — Le flagrant délit était constant. — On m'avait pris la bouche pleine et la cuisse à la main. — Impossible de nier! — J'avoue. — « *Avez-vous du moins des remords?* » me demande le juge en fronçant le sourcil. — Moi, je réponds : — « *Fort peu... J'avais tant d'appétit!* » — « *Malheureux, que direz-vous donc à l'heure du jugement dernier, en présence de cette femme, votre victime, et de son chapon?* » — « *Mon juge, est-ce que le chapon y sera?* » — « *Il y sera, gardez-vous d'en douter!* » — Je me frotte les mains en m'écriant : — « *Bravo! mon affaire est dans le sac et mon acquittement certain! Je dirai à la rôtisseuse : — Le voilà, votre chapon... Reprenez-le, et n'en parlons plus!...* »

Un immense éclat de rire des quatre auditeurs accueillit le dénoûment du récit de Jacques Aubry.

— Alors qu'a fait le juge? — demanda Flamel.

— Il a fait ce que vous faites... il a ri...

— Et après?

— Dame! après... il m'a octroyé six semaines de Grand-Châtelet... — Mais c'est égal, j'avais fait rire la justice (qui pourtant n'est pas joviale), et ça me relevait à mes propres yeux! — Allons, buvons, mes compères! buvons à la santé du chapon de la rôtisseuse!...

Les cinq chenapans attablés achevaient à peine de porter un toast enthousiaste au chapon de la rôtisseuse, lorsque deux nouveaux personnages firent leur entrée dans la salle basse.

C'était une femme entièrement vêtue de noir et dont un voile cachait le visage; à travers la dentelle épaisse on voyait à peine scintiller le double éclair de ses grands yeux. — Un petit nègre, vêtu d'une livrée bizarre aux couleurs éclatantes, la suivait pas à pas.

Cette femme devait être jeune, car sa taille était mince et souple, sa main fine et potelée, et ses moindres mouvements offraient une grâce incomparable. — Elle marchait lentement, avec une allure ferme et hautaine.

— Du sexe! — murmura Fil-d'Acier en se penchant vers ses compagnons.

— Que vient chercher céans cette beauté si rigoureusement emmitouflée? — murmura le Lynx.

— Ah! si elle venait pour moi!... — soupira Cupidon en frisant sa moustache.

La femme voilée fit un signe à Gimblette qui se hâta d'accourir.

— Monsieur Flamel est-il ici? — lui demanda-t-elle.

— Oui, madame... là, à cette table, répondit la jeune servante.

— Appelez-le, j'ai à lui parler...

Gimblette s'approcha des buveurs et dit :

— Monsieur Flamel, cette dame vous demande...

— Bon... je sais ce que c'est, — murmura le singulier personnage, en se levant aussitôt. — On m'avait donné rendez-vous...

— Une aventure galante, mes compères! — hasarda Cupidon d'un ton où l'admiration et l'envie se mêlaient à doses égales, — ce coquin de Flamel ne se refuse rien !

CHAPITRE VIII

DEUX NOUVEAUX PERSONNAGES

Flamel donna une chiquenaude à son jabot fripé, jeta sous son bras gauche son chapeau lampion bordé d'un galon rougi et, avec une désinvolture qui sentait le gentilhomme, il s'approcha de l'inconnue et la salua respectueusement mais sans la moindre nuance de bassesse.

En le voyant, la femme voilée fit un mouvement de surprise réprimé aussitôt.

— C'est vous qui êtes M. Flamel? — demanda-t-elle d'une voix déguisée à dessein.

— Moi-même, belle dame. — Serais-je assez heureux pour pouvoir vous servir?

— On est venu vous trouver ici, il y a trois jours, et on vous a chargé d'un travail.

— En effet.

— On vous a donné cinq louis, à-compte, et on vous en a promis dix autres?

— C'est exact.

— Eh bien ! ce travail?

— Il est prêt.

— Vous l'avez sur vous?

— Parfaitement.

— Donnez.

— Voici.

Et Flamel tira de sa poche une petite liasse de papiers qu'il tendit à l'inconnue.

— Vous me garantissez l'exactitude des renseignements? — reprit cette dernière.

— Je vous la garantis absolument, belle dame ! — Sous le rapport de l'exactitude, ma réputation est faite et parfaite... — Mes petits pamphlets clandestins obtiennent une vogue de tous les diables... — On a cherché vingt ou trente fois à me faire égorgiller au coin d'une rue, ce qui prouve jusqu'à l'évidence que les gens dont je parle se reconnaissent du premier coup d'œil ! — Vous avez là, dans cette liasse de cinquante feuillets, l'histoire anecdotique la plus curieuse et la plus véridique de tous les courtisans du Régent, de tous les habitués du Palais-Royal et des petits soupers de Monceaux ! — Mystères de famille, duels, amours intrigues politiques, aventures galantes et scandaleuses, tout s'y trouve... — Ce travail m'a donné du mal... beaucoup de mal... J'ai griffonné sans désemparer pendant trois jours et pendant trois nuits, mais, je le dis avec un orgueil légitime, c'est un chef-d'œuvre !

— S'il mérite seulement la moitié de ces éloges, je serai satisfaite...

— Il les mérite tous, gardez-vous d'en douter...

— Voilà vos dix louis...

— Grand merci ! — Ai-je besoin d'ajouter, madame, que je reste votre serviteur en toute occasion...

— J'y compte...

— Et prenez note, je vous prie, — ajouta Flamel confidentiellement, — que je joue de l'épée, au besoin, aussi bien que de la plume. —Une épée toute prête à sortir du fourreau, sur un mot, sur un geste, c'est quelquefois utile...

— Certes !

— Disposez de la mienne. — Maintenant, belle dame, je mets à vos pieds mes respects...

— Un mot encore...

— Deux ! dix ! cent ! — Et Flamel ajouta tout bas, en faisant sonner dans sa poche l'or qu'il venait de recevoir : — Surtout si c'est au même prix.

Et Flamel tira de sa poche une petite liasse de papiers qu'il tendit à l'inconnue. (Page 192.)

— Quand on a besoin de vous sur-le-champ, — reprit la femme voilée, — où vous trouve-t-on ?

— Ici, le matin, — répliqua Flamel, — ici, le tantôt, — ici, le soir... — Tant que deux écus tintent au fond de mon gousset, je ne quitte guère le Cygne-de-la-Croix... On y passe le temps en compagnie charmante!... Dans les jours de détresse, mes habitudes sont moins régulières. — On peut me rencontrer cependant, entre minuit et cinq heures du matin, sous la seconde arche du pont Notre-Dame, en compagnie d'autres gentilshommes tracassés comme moi par la fortune adverse...

— C'est bien... — Ce soir, êtes-vous libre?

— Je suis libre toujours...

— Alors ne quittez point cette salle. — Peut-être, avant une heure, vous ferai-je prier de monter chez moi... — J'aurai quelque chose à vous apprendre... — Je demeure dans cette hôtellerie, j'habite la chambre n° 7.

— Je reste et j'attends.

— Bonsoir, monsieur Flamel.

— A vos pieds, belle dame.

La femme voilée, toujours suivie de son petit nègre, gravit légèrement, mais non sans majesté, les marches de l'escalier de bois qui conduisait au premier étage.

Flamel, un peu rêveur, rejoignit ses compagnons en se demandant à lui-même:

— Où donc ai-je entendu jadis une voix qui ressemblait à celle-là?

— Peste! — s'écria le Lynx. — L'entretien a duré longtemps et ne ressemblait point à un dialogue d'amoureux... — Qu'est-ce que cette belle dame? — Une femme qui conspire, je le parierais...

— Et tu gagnerais ton pari! — répondit Flamel en riant. — Oui, en effet, elle conspire contre les bourses bien garnies.

— Ah! bah! un oiseau de proie?

— Une faiseuse de dupes, voilà tout. — On m'a donné des renseignements, car j'ai voulu savoir avant tout pour le compte de qui j'allais travailler... — La dame est Italienne, à ce qu'on affirme, quoiqu'elle n'ait pas le plus petit accent. On la nomme Viola Réni. C'est une façon de nécromancienne, sorcière, devineresse, tireuse de cartes. — Elle est jeune et, dit-on, fort belle. Elle a fait grand tapage, paraît-il, à l'étranger, et voici qu'elle vient à Paris moissonner de nouveaux lauriers et récolter, à main que veux-tu? des pistoles bien trébuchantes.

— Mort-Diable! — répliqua le Lynx, — elle a raison! Paris est une mer profonde et le moment est favorable pour quiconque rêve d'y pêcher en eau trouble! Cette Viola Réni — (singuliers noms, ma foi) — va tout d'abord, sans doute, tendre ses filets au Palais-Royal.

— C'est probable.

— Crédule et superstitieux comme on le connaît, le Régent est de bonne prise.

— Tu pourrais deviner moins juste.

— Et c'est toi qui fournis à l'Italienne des renseignements sur les gentilshommes dont elle se propose de tirer l'horoscope...

— Des renseignements à perte de vue.

— Bref, tu fais de la sorcellerie pour son compte!

— Naturellement.

— Et elle paye?

— Comptant!... — tu vois, — répondit Flamel en tirant de sa poche une poignée de pièces d'or.

— Tudieu! quelle aubaine! Cette Viola Réni m'intéresse!... Elle mérite de faire fortune...

— Elle fera la mienne... J'y compte. — Buvons, messieurs!

Les gobelets furent remplis et vidés, puis Cupidon exhiba une tabatière et la fit passer à la ronde, en disant du ton le plus engageant:

— Une prise, camarades... c'est du tabac d'Espagne, au musc...

— Ah! fi! la vilaine boîte! — s'écria dédaigneusement Fil-d'Acier.

— Elle n'en a pas moins son prix, — répondit Cupidon. — C'est un cadeau de l'amour... Elle est en corne... Elle me vient d'une femme mariée...

— Alerte, messieurs, alerte! — dit en ce moment compère Loriot, — voyez donc un peu ce qui nous arrive...

Toutes les têtes se tournèrent du côté de la porte.

Un curieux personnage, très-proche parent sans doute de celui que Molière appelait un *grand flandrin de vicomte*, se tenait sur le seuil dans une attitude indécise, et contemplait d'un air ahuri l'intérieur de la salle basse.

Il était long et mince, et sa toute petite tête d'oiseau se greffait sur un cou d'une invraisemblable longueur. — Rien ne se pouvait imaginer de plus incomparablement naïf que l'expression de son visage blafard, piqué de taches de rousseur et orné d'un appendice nasal prodigieux et de deux gros yeux d'un bleu de bluet.

La mise de ce personnage était riche, mais d'une coupe surannée, et présentait un bizarre assemblage de couleurs incohérentes.

— Holà, garçon, la fille! — glapit le nouveau venu d'une voix de fausset suraigu, — l'hôtellerie du Cygne-de-la-Croix, s'il vous plaît?

— La bonne figure, — murmura le Lynx, en donnant un coup de coude à son voisin.

— Un provincial, un nouveau débarqué, — fit Cupidon.

— L'air candide, — appuya Fil-d'Acier.

— La bourse bien garnie, sans doute, — insinua compère Loriot.

— Attention les tiercelets ! — reprit le Lynx, — à nous le pigeon !

— Vous savez que je n'en suis pas !... — dit vivement Flamel.

— Oui... oui... nous savons cela... tu fais fi du bien d'autrui !... Tu dédaignes de fouiller dans la poche du voisin ! — C'est une fantaisie comme une autre... les opinions sont libres.

Perché sur une patte, comme un héron, le nouveau venu s'impatientait. — Son fausset acidulé se fit entendre de nouveau.

— Ah ! ça, répondra-t-on quand j'appelle ?—J'ai demandé l'hôtellerie du *Cygne-de-la-Croix*. — Y suis-je ou n'y suis-je pas ? se moque-t-on de moi, céans ?...

Valets affairés et filles de service distraites ne s'occupaient point de lui, et sa figure blême s'empourprait d'indignation.

Le Lynx quitta sa place et salua profondément.

— Entrez, mon gentilhomme, — dit-il.

— Vous êtes au *Cygne-de-la-Croix*, — ajouta Fil-d'Acier avec un salut non moins profond.

— Une hôtellerie justement renommée, — reprit le Lynx — où nous venons parfois le soir, nous autres jeunes seigneurs, nous divertir comme de simples mortels, loin de l'étiquette de la cour et des soins de la politique, faisant assaut de joyeux propos en sablant des breuvages de haut goût.

— Messieurs... Messieurs... Messieurs... Je suis confus, en vérité, — balbutia le nouveau venu en saluant à droite et à gauche. — « Ce sont de jeunes seigneurs, — ajouta-t-il tout bas. — Je l'aurais deviné, ils ont je ne sais quoi d'imposant ! » — Puis, à haute voix : — « De grâce, permettez-moi, messieurs, de me déclarer, de tout mon cœur, votre humble serviteur.

— Ah ! — riposta le Lynx, — c'est nous qui sommes les vôtres, monsieur le marquis.

— Vicomte seulement... Mais ce n'est pas ma faute. Souffrez que je me présente moi-même. Le vicomte Hercule-Lycidas-Fortuné de Folle-Aveine, fils du comte Narcisse de Folle-Aveine, mon père, et de dame Artémise de Puits-Perdu, comtesse de Folle-Aveine, ma mère.

— Excellente noblesse, morbleu ! — s'écria le Lynx, tandis que Flamel contenait à grand'peine une immense envie de rire. — D'Hozier, mon très-intime ami, juge d'armes de France, comme vous savez, me parlait l'autre jour encore de votre famille. — « Les Folle-Aveine, — me disait-il. — Ah ! ah ! ah ! les Folle-Aveine ! » et il ne tarissait plus...

— Vraiment, d'Hozier disait cela? — fit le vicomte, tout gonflé de joie vaniteuse.

— Foi de gentilhomme, il le disait...

— Connaît-il mon blason?

— N'en faites aucun doute, mais il ne m'en a point parlé...

— Nous portons de *gueules à l'épi d'or de folle-aveine*... Ce sont armes parlantes...

— Nobles armes! superbes armes!

Le vicomte tira sa montre, dont il examina le cadran.

— Hélion n'arrivera qu'à neuf heures... — murmura-t-il.

— Il a une belle montre... — dit le Lynx à l'oreille de Cupidon.

— Et le diamant de son jabot, — répondit ce dernier, — un soleil!

— Monsieur le vicomte vient à Paris pour la première fois? — reprit le Lynx.

— Mon Dieu, oui, messieurs... mon Dieu, oui... Mais ce n'est pas ma faute... — Paris m'attire depuis longtemps... Paris, la ville des merveilles... des plaisirs... des jolies femmes...

— Et des filous adroits, — ajouta compère Loriot en enlevant prestement au provincial son mouchoir de poche.

Hercule de Folle-Aveine eut un éclat de rire dédaigneux.

— Ah! des filous! — répliqua-t-il, — je me suis laissé dire, en effet, qu'il y en avait quelques-uns dans la capitale.

— Oh! si peu — interrompit le Lynx.

— Mais je les défie!

— Et vous faites bien.

— Bref, — continua le provincial, — malgré les larmes de la comtesse, ma mère, j'ai quitté le pays natal... le manoir de Folle-Aveine... près Concarneau... par le coche... J'ai laissé mon bagage au voiturier, rue Plâtrière... Je l'enverrai chercher ce soir. — On doit le réclamer en mon nom.

— Bon à savoir! — pensa le Lynx.

— Oh! Paris! — reprit Hercule, saisi d'un accès de lyrisme. — Paris! son luxe... ses fêtes... l'Opéra... les Porcherons!... J'en ai la tête tournée d'avance! qu'il me tarde de voir tout cela! Je ferai mon chemin céans!... J'ai promesse d'une commission dans les gardes du Régent! Les Folle-Aveine ne se mouchent pas du pied! oh! non!... Corbleu! j'ai hâte de me lancer dans le monde... de fréquenter des gentilshommes...

— Et! pardieu, vicomte, — s'écria le Lynx, — vous ne pouviez pas mieux tomber pour voir vos souhaits accomplis... — Je vais vous présenter mes amis qui deviendront les vôtres... Le vidame de Fil-d'Acier... — le comte Lancelot de Cupidon... le marquis Dagobert de Compère-Loriot...

Hercule se confondait en salutations.

— Ah ! — fit-il ensuite, — Grandes maisons, messieurs ! Malpeste, noblesse antique ! Les Fils-d'Acier, jadis, ont consolidé la monarchie !... lisez l'histoire... — Les Cupidon remontent aux temps Mythologiques, et les Compère-Loriot sont vieux comme le monde !

Les saluts recommencèrent et le provincial, tout en fixant ses gros yeux sur les étranges grands seigneurs présentés par le Lynx, se disait à lui-même :

— Ces débraillés coquets sont du dernier galant ! C'est régence ! Cela sent son gentilhomme d'une lieue ! Il faudra que je me débraille aussi.

— Vicomte, — reprit le Lynx du ton le plus affectueux, — vous avez consommé notre conquête à première vue... — Faites état de nous... — A partir de ce moment nous sommes vos intimes.

— Nous vous guiderons...

— Nous vous formerons...

— Nous vous lancerons... — dirent successivement Fil-d'Acier, Cupidon et compère Loriot.

— Ah ! messieurs... messieurs... messieurs... balbutia le provincial, — que de reconnaissance !... Vous me comblez, parole d'honneur !

— Pas un mot de plus, vicomte, — interrompit le Lynx. — Ce que nous ferons, ce sera pour nous !

Hercule-Lycidas-Fortuné, vicomte de Folle-Aveine, près Concarneau, s'était assis auprès de ses nouveaux amis.

— Et comme ça, vicomte, — demanda le Lynx, — vous allez élire domicile à l'hôtellerie du *Cygne-de-la-Croix ?*

— Domicile provisoire, tout simplement... Mon compatriote Hélion... le marquis Hélion de Saillé, lieutenant aux gardes du régent, m'a donné l'adresse de cette hôtellerie en me conseillant d'y descendre lorsque j'arriverais à Paris. — Il va venir m'y rejoindre d'un instant à l'autre...

En entendant prononcer à l'improviste le nom du marquis de Saillé, Flamel avait tressailli et il était devenu pâle.

— Hélion de Saillé! — murmura-t-il; — il va venir ici! Nous allons nous trouver en face l'un de l'autre ! étrange hasard ! étrange !

Le Lynx reprit :

— En attendant l'arrivée de votre ami, vous nous permettrez bien, vicomte, de vous offrir un verre de cette eau-de-vie brûlée... — C'est une boisson triviale, et même un peu canaille, mais quand on vient au cabaret, c'est exprès pour s'encanailler. — Acceptez donc, vicomte... Acceptez sans façon...

— De grand cœur... — répondit Hercule. — Mais à une condition...

— Laquelle ?

— C'est que je payerai mon écot...

— Ah ! par exemple, nous ne le souffririons point ! — s'écria Compère Loriot, qui subtilisa, en un tour de main, la bourse gonflée du provincial.

CHAPITRE IX

OU LE NOUVELLISTE FLAMEL PROUVE QU'IL EST POÈTE A SES HEURES

— Trop gracieux ! Allons, je cède... — fit Hercule en tirant de nouveau sa montre. — Neuf heures moins dix minutes... J'ai dix minutes à moi.

Le Lynx étendit la main.

— Oh ! oh ! charmant bijou ! — dit-il. — Oh ! charmant ! — Vicomte, montrez un peu...

Hercule lui tendit la montre.

— Bijou de famille, n'est-ce pas?

— En effet.

Or massif, perles et rubis. — Précieux souvenir, j'en suis convaincu...

SCEAUX. IMP. CHARAIRE ET FILS.

— Très-précieux.

— Vous y tenez beaucoup ?

— Comme à la prunelle de mes yeux !

— Et vous avez raison !... Gardez-le bien, vicomte ! gardez-le bien !

En disant ce qui précède le Lynx fit couler dans sa poche la montre du vicomte, et glissa dans la poche de ce dernier l'oignon de cuivre emprunté au gousset d'un bourgeois.

— Veillez sur vos poches, cher ami ! — poursuivit avec le plus beau sang-froid le facétieux voleur. — A Paris, voyez-vous, on est sujet à des rencontres !...

— Ta ! ta ! ta ! j'ai du coup d'œil ! — interrompit Hercule. — Le coup d'œil des Folle-Aveine est proverbial à Concarneau ! Bien malin qui me filoutera ! Je le donne en dix aux plus fins !

Cupidon se pencha vers le Lynx et lui glissa ces mots dans l'oreille :

— Voilà une montre qui reparaîtra au jugement dernier !

— Eh ! Gimblette, un autre pot, ma fille... — cria Compère-Loriot.

— On y va, — répondit la servante.

— Et sans doute, messieurs, sans doute, mes bons amis, — reprit Hercule, — j'aurai la joie de vous voir à la cour !

— Ah ! répliqua le Lynx, — je le crois pardieu bien ! — On ne rencontre que nous à la cour ! — A la cour de justice... — ajouta-t-il tout bas.

Gimblette reparut et plaça sur la table un second récipient, non moins vaste et non moins flamboyant que son prédécesseur.

— Voilà le pot, — dit-elle, — goûtez-moi ça !...

Le Lynx présenta la cuillère de fer étamée au provincial en lui disant :

— Versez, vicomte, et buvons à vos premiers pas dans la grande ville où vous allez débuter en maître... Buvons à Paris sous la Régence... à ses plaisirs, à ses mystères, à ses amours.....

— Ah ! je ne demande pas mieux ! — répliqua le Breton.

— Vicomte, — poursuivit le Lynx, — voici l'un de nos bons amis, M. Flamel, que je ne vous ai pas présenté tout d'abord parce qu'il a le malheur d'être de souche plébéienne, mais qui n'en est pas moins un homme du premier mérite, gazetier distingué, écrivain raffiné, et versificateur à ses moments perdus... — Il a composé là-dessus certaine poésie dont le jeune Arouët pourrait être jaloux... — Priez-le de vous la dire... — Vous êtes certainement connaisseur, et ça vous chatouillera l'âme...

— Eh ! Gimblette, un autre pot, ma fille. (Page 200.)

— Ah ! monsieur Flamel, — commença le superbe Hercule, — s'il ne faut que vous supplier...

— Ne vous donnez point cette peine... monsieur le vicomte, — interrompit Flamel, — je réciterai tout ce qu'on voudra... Quiconque se pique d'être auteur grille en secret d'envie de divulger ses œuvres... C'est une pièce fugitive qui, je crois, ne vaut pas le diable... Mais, telle qu'elle est, la voici...

Et Flamel déclama :

Paris, naguères, était triste et morose !
Un ennui lourd y régnait sans rival...
Ce temps n'est plus... tout est couleur de rose,
Et la régence est un long carnaval !
Maint cotillon subjuge Son Altesse...
Maint grand seigneur imite le Régent,
Et bien souvent madame la duchesse
Aux Porcherons danse avec un sergent !

Franche lippée, et bruyante bombance,
Paris s'amuse et fait sauter l'argent !
Phébus sourit en éclairant la France,
Tout est joyeux sous un joyeux Régent !

— Ah! bravo, monsieur Flamel! — cria le vicomte avec un sincère enthousiasme. — Vertu de ma vie, quelle verve ! quel entrain ! — On ne ferait pas mieux à Concarneau... parole d'honneur !

— Monsieur de Folle-Aveine me comble, — répondit Flamel en riant, et il reprit :

Quand vient la nuit, dans la ville endormie
On voit passer des ombres de rôdeurs !...
L'amant distrait, qui pense à son amie,
Laisse sa porte entr'ouverte aux voleurs !...
Un pas furtif sur le pavé résonne...
De son butin le pillard est content...
Le guet arrive... et n'arrête personne...
Mais l'amoureux se console en chantant !

Franche lippée, et bruyante bombance !...
Paris s'amuse et fait sauter l'argent !
Phébus sourit en éclairant la France !
Tout est joyeux sous un joyeux Régent !

Hercule rayonnait, jubilait, délirait, ne se possédait plus. Ses yeux ronds semblaient près de sortir de leur orbite. Il faisait claquer doucement sa langue, à la façon d'un connaisseur qui déguste quelque vin exquis. Il brûlait du désir d'épancher au dehors le trop plein de son admiration et de sa béatitude, et il accoucha de cette phrase :

— Messieurs... mes amis... mes gentilshommes... j'éprouve au milieu de vous un bien-être extraordinaire ! Vous me croirez si vous voulez, mais c'est la pure vérité...

SCEAUX. IMP. CHARAIRE ET FILS.

Personne ne songeant à révoquer en doute la sincérité parfaite des sentiments du provincial, Flamel continua :

Dame Vénus est la seule déesse
Dont les autels ont gardé leurs dévots!
On la révère... En son temple on s'empresse..,
Dix fois pour une on solde ses impôts!
La grande dame, à ce culte fidèle,
Au Dieu d'amour de son cœur a fait don!
L'humble grisette imite ce beau zèle,
Et le vrai roi de France est Cupidon!

Franche lippée, et bruyante bombance!
Paris s'amuse et fait sauter l'argent!
Phébus sourit en éclairant la France,
Tout est joyeux sous un joyeux Régent.

— Et c'est fini! — dit alors Flamel, — *è finita la musica.*

Hercule saisit les deux mains du poëte, et les serra contre sa poitrine avec un muet transport. — Ensuite il s'écria :

— Qu'il me tarde, mes bons amis, d'être votre émule en toutes choses, et de mener en votre compagnie cette existence affriolante que vous me faites entrevoir...

— Je crois en effet, vicomte, — répliqua le Lynx, — que, quand vous y serez, vous serez ravi!... Peste! les petits soupers du Régent! Ah! ah! ah! vous mourrez d'aise!

— Oh! oh! oh! Je meurs déjà! — soupira le provincial du ton le plus langoureux, et, sans doute pour se ranimer, il tira sa tabatière et prit délicatement une prise.

— Par mes aïeux, vicomte, — s'écria Cupidon, — vous avez là une boîte du dernier galant!

— Eh! mon Dieu, oui, je me suis donné ça, — fit Hercule en contemplant sa tabatière avec complaisance. — Elle me coûte cent vingt pistoles. — Je ne regarde point à la dépense pour avoir ce qu'il y a de mieux! — Il est à la fève de Tonquin... — En usez-vous?

— Comment donc? — répliqua Cupidon, — mais je le crois bien, que j'en use! — Excellent, votre tabac! parfait! divin!

Il prit la boîte d'or, la fit passer de main en main, comme pour satisfaire la curiosité et l'admiration des prétendus gentilshommes, et, quand elle revint à lui, il l'escamota par un tour de passe-passe hardi et adroit, et glissa la sienne à Hercule qui la remit naïvement dans sa poche sans se douter de la substitution.

Puis on remplit les gobelets et on les vida de nouveau. — Neuf heures sonnèrent.

Flamel se trouvait placé juste en face de la porte donnant sur la rue Saint-Honoré. — Tout à coup son visage, déjà pâle, devint livide, et l'expression habituellement insouciante de ses traits flétris se modifia complétement. — Une ride profonde se creusa entre ses deux sourcils et ses yeux brillèrent d'un feu sombre.

— C'est lui! — murmura-t-il. — S'il allait me reconnaître? Allons donc, est-ce que c'est possible? Il ne m'a vu qu'une fois, presque dans les ténèbres... et je ne suis plus l'homme que j'étais...

La porte du cabaret venait de s'ouvrir pour livrer passage à un gentilhomme de haute mine, élégamment et richement vêtu. — Nous connaissons ce gentilhomme, c'était le marquis Hélion de Saillé.

Gimblette le vit, et jugeant du premier coup d'œil qu'il ne fallait point faire attendre un personnage de cette sorte, elle se dirigea de son côté.

—Dites-moi, mon enfant, —lui demanda le marquis, — n'avez-vous point ici, depuis une heure ou deux, un nouvel arrivé... un jeune provincial?

— Peut-être, monseigneur, est-ce celui que voilà, — répondit Gimblette en désignant Hercule.

— En effet, c'est-lui-même... — Merci, mon enfant. — Acceptez cette bagatelle pour l'amour de moi...

Le vicomte avait entendu la voix de son compatriote. — Il quitta sa place, courut à lui et l'embrassa sur les deux joues, en s'écriant :

— Ce cher marquis!...

— Vous voici donc à Paris, vicomte. Etes-vous content de votre voyage?

— Enchanté... Tout me réussit... Je suis arrivé depuis une heure. Je vous attendais, marquis, mais sans trop d'impatience, je dois en convenir, car la courtoisie de ces gentilshommes, la cordialité de leur accueil et le charme de leur esprit, piquant comme du cidre en bouteille, m'ont fait paraître le temps très-court.

Hélion regarda les gentilshommes dont lui parlait le vicomte de Folle-Aveine, et cet unique regard l'édifia sur leur compte de la façon la plus complète.

— Allons, — se dit-il, — mon provincial était fourvoyé en mauvaise compagnie. — Les drôles se seront moqués de lui! — Sans doute il a déjà payé sa bienvenue. — C'est un petit malheur, mais il faut le leur enlever vite, ils le dévoreraient...

— Diable! — pensait le Lynx, — il n'a pas l'air commode, celui-là! — Rien à faire avec lui.

— Marquis, — reprit Hercule, — permettez que je vous présente ces gentilshommes... — Ces chers amis...

— Inutile! complétement inutile! — interrompit Hélion. — Ces messieurs ne tiennent pas plus que moi à la présentation... Hercule, je vous emmène.

— Comment? Nous ne soupons pas au *Cygne de la Croix?*

— Non.

— Pourquoi donc?

— Parce que nous soupons chez moi. Avez-vous retenu une chambre ici?

— Pas encore.

— A merveille!... — Vous logerez ailleurs... — J'ai mes raisons... — Je vou les dirai... — Venez, partons...

Hercule se tourna d'un air attendri vers les buveurs, si mal appréciés par le marquis.

— Je vous quitte, messieurs... — leur dit-il, en appuyant la main sur son cœur. — Je m'éloigne de vous, mes amis, mes chers amis... mais vos procédés sont gravés là... — Vidame, comte et marquis, et vous, monsieur Flamel, ce n'est point un adieu que je vous laisse, car nous nous reverrons...

Il voulait leur serrer la main à tous, mais Hélion lui prit le bras avec impatience, en s'écriant :

— Venez!

— A bientôt, vicomte! — firent en chœur les quatre bandits.

— Oui... oui... à bientôt... à bientôt...

— Mais, venez donc! — répéta M. de Saillé en entraînant Hercule.

A peine les deux gentilshommes venaient-ils de quitter le cabaret que le Lynx, Fil-d'Acier, Cupidon et compère Loriot se regardèrent en riant.

— Messieurs, — dit Cupidon, — je vous offre une prise de tabac à la fève de la tabatière du vicomte de Folle-Aveine.

— Il est neuf heures un quart à la montre de famille du vicomte de Folle-Aveine, — fit le Lynx à son tour, — il se fait temps d'aller rue Plâtrière, aux bureaux du coche, retirer les bagages du vicomte de Folle-Aveine.

— Je t'accompagne, — dit Fil-d'Acier, — et, en passant, j'échangerai contre quelque monnaie, chez notre ami le juif Samuel, le superbe diamant du jabot du vicomte de Folle-Aveine... Viens-tu, compère Loriot?

— Ma foi non, je reste ici, avec Flamel et Cupidon. — Je veux faire le compte, à loisir, des pistoles bien trébuchantes que renferme la bourse du vicomte de Folle-Aveine, et m'éventer voluptueusement avec le mouchoir de fine batiste du vicomte de Folle-Aveine... — Il embaume la tubéreuse... mon odeur favorite!

— Ah! — reprit le Lynx, — quel bon pigeon à plumer! — Malheureusement, — ajouta-t-il avec un soupir, — le voilà dans la volière du marquis de Saillé...

— Bah! — riposta Fil-d'Acier, — les montagnes ne se rencontrent pas, mais les hommes se rencontrent... Nous reverrons un jour le vicomte de Folle-Aveine...

— Allons, un dernier gobelet, et en route.

— Reviendrez-vous? — demanda Cupidon.

— Aussitôt les bagages du vicomte en lieu sûr, vous nous reverrez, — répliqua le Lynx. — Notre heureuse fortune de ce soir m'a mis en appétit... Commandez le souper.

Le Lynx et Fil-d'Acier sortirent ensemble.

Flamel, les coudes sur la table et la tête dans ses deux mains, semblait complétement étranger à tout ce qui se passait autour de lui.

— Comme te voilà sombre! — lui dit compère Loriot. — Qu'as-tu donc?... A quoi penses-tu?...

— Moi? à rien... — répondit Flamel avec amertume. — A quoi penserai-je? Est-ce que les gens de ma sorte pensent à quelque chose?

En ce moment Gimblette s'approcha de la table, et, se penchant vers l'oreille du nouvelliste, elle murmura:

— Monsieur Flamel, cette dame vous fait prier de monter... Vous savez bien, l'Italienne... la dame du n° 7...

— C'est bien... j'y vais... conduisez-moi...

Gimblette, suivie par Flamel, gravit l'escalier de bois, longea une sorte de galerie qui dominait la salle, s'engagea dans un couloir sur lequel donnaient une quinzaine de portes numérotées, s'arrêta devant celle qui portait le n° 7, et dit:

— C'est là...

Flamel heurta contre cette porte. — Une voix répondit:

— Entrez...

L'aventurier franchit le seuil.

La chambre dans laquelle il pénétra était toute spartiate. — Un lit enveloppé de grands rideaux de toile peinte, à paysages rouges sur fond grisâtre, — une table de bois blanc supportant des ustensiles de toilette en faïence commune, quelques siéges disparates, et voilà tout.

Une lampe, posée sur la table, combattait imparfaitement l'obscurité.

Viola Réni, assise dans un vieux fauteuil, le seul que possédât la chambre, et voilée comme au moment de son apparition dans le cabaret, semblait une figure de marbre noir.

— Vous m'avez fait l'honneur de m'appeler, madame, — dit Flamel en s'approchant, — et je viens me mettre à vos ordres. — Est-ce de la plume ou de l'épée que vous avez besoin ce soir?

— Gérard de Noyal, — murmura Viola Réni, — est-ce donc ainsi que je devais vous retrouver?...

— Vous savez mon nom, madame! — s'écria l'aventurier, secoué par une violente surprise.

— Regarde mon visage, Gérard, — dit l'inconnue en soulevant son voile, — et tu ne me demanderas plus si je sais ton nom...

CHAPITRE X

BONHEUR DE SE REVOIR

Les regards du gentilhomme déchu plongèrent avidement sous les dentelles, et quelque chose qui ressemblait à une larme d'émotion vint mouiller ses yeux ternis dont les prunelles avaient l'éclat métallique et froid de l'acier.

— Hilda! — balbutia-t-il, — c'est donc toi!... c'est bien toi!...

— Pourquoi ne m'as-tu pas reconnue plus tôt?...

— Tu déguisais ta voix.

— Ton cœur ne t'a rien dit?

— Mon cœur? Il est éteint depuis si longtemps! Et tu viens cependant de le faire tressaillir! — Tu es plus belle que jamais!... belle à enivrer!... belle à rendre fou!...

— Est-ce vrai, cela? — demanda la jeune femme avec un orgueilleux sourire.

— Ah! tu le sais bien! — Si tu en doutais, je te dirais : — « Mets ta main là, sur le côté gauche de ma poitrine! » — tu sentirais ce cœur endormi se réveiller et battre encore.

— Comme tu es changé, toi, Gérard!

— Oui! changé à ce point que, par moments, je ne me reconnais plus moi-même.

— Comment, toi, un gentilhomme, as-tu pu descendre ainsi?

— Jusqu'à respirer dans l'atmosphère infecte des bouges et des tavernes, n'est-ce pas, avec des voleurs pour amis? descendre jusqu'à vendre au plus offrant mon épée ou ma plume? voilà ce que tu ne peux comprendre, n'est-il pas vrai? C'est pourtant bien simple : — Il faut vivre! — Je fais ce que je peux! Quand on est dans la boue, c'est fatal, on y reste...

— Raconte-moi ta vie, Gérard...

— A quoi bon?

— Je t'en prie...

— Tristes souvenirs à remuer!... mais tu commandes, j'obéis... vieille habitude Hilda! — D'ailleurs, ce sera court... — Tu n'as pas oublié nos rêves d'autrefois?...

— Lesquels?

— Ceux de richesse et ceux de puissance! — Etions-nous assez jeunes, assez crédules, assez fous! — Croire à l'alchimie! — Tiens, j'en ris! et pourtant c'était triste! — Fondre une fortune dans nos creusets! — Semer à pleines mains l'or réel pour courir après cette chimère qu'on nomme la pierre philosophale! Nous avons fait cela, ma chère! et je ne le regrette point, car en ce temps-là tu m'aimais! — Un an après la nuit terrible où le fer, le poison, le feu, avaient été impuissants contre nous, nous avions dissipé jusqu'à la dernière pistole des grosses sommes empruntées sur mes terres. — Il ne nous restait rien, pas même l'espérance... et tu commençais à ne plus m'aimer... et tu t'ennuyais, je le voyais bien, dans cette maison où nous nous cachions près de Paris. — Moi, je t'aimais toujours. — Un soir j'étais sorti, déguisé, pour aller mettre en gage quelques derniers bijoux. — En rentrant, je trouvai la maison vide. — Tu étais partie! partie sans me laisser seulement un adieu...

M'as-tu pardonnée, Gérard?

— Oui, certes... mais pas tout de suite... Ah! comme je t'ai maudite d'abord! J'ai crié, j'ai pleuré... j'ai voulu mourir... Puis, le calme est venu, et avec lui la

— Vous m'avez fait l'honneur de m'appeler, madame, — dit Flamel en s'approchant. (Page 207.)

philosophie... Alors j'ai fait mieux que pardonner, j'ai compris... Quand vient l'hiver, l'hirondelle s'envole... La misère arrivait et tu prenais ton vol... Rien de plus naturel... rien de plus légitime...

— Gérard... — interrompit Hilda.

— Eh! tu sais bien que j'ai raison! — Une fois seul et devenu sage, je me demandais ce que j'allais devenir sans toi et, comme je sentais bien qu'il fallait

27

me distraire, je résolus de m'enrichir, mais non par l'alchimie cette fois... — L'inconnu m'attirait... — Visiter des pays nouveaux, c'était vivre d'une vie nouvelle... — Je partis pour cette contrée mystérieuse et quasi fantastique qu'on appelle les Indes... — Là, j'eus des aventures sans nombre... — Tu ne tiens pas beaucoup, je suppose, à les connaître par le menu... et d'ailleurs je les ai écrites... Elles forment un gros manuscrit, qui, faute d'un libraire, n'a point vu le jour... — Tu le liras si le cœur t'en dit... — C'est très-curieux, foi de gentilhomme!

— En deux mots, que fis-tu dans ces pays lointains?

— Tout... excepté fortune... — Lassé, brisé, brûlé, et plus gueux que jamais, au bout d'un an je revins en France... à Paris. — Là, je pris le nom de Flamel, comme un dernier souvenir des grandes illusions d'autrefois... — Le dénûment et l'oisiveté me poussèrent dans la bohème des tavernes borgnes... — Je connus les violents parfums de la pipe et les âpres senteurs du vin bleu. Je cotoyai des bandits qui me tutoyèrent; mais dans ce milieu dégradant je ne me départis pas, néanmoins, d'une honnêteté relative. — Mon vieux blason de gentilhomme n'a pas trop à rougir de moi...— Je couperais ma main droite plutôt que de m'en servir pour un vol, et, quand on achète mon épée, je ne m'embusque point au coin d'une rue comme les bravis italiens; je vais droit à l'homme désigné, je lui dis: — « Défendez-vous! » — Je le combats en face, les yeux dans les yeux, et je le frappe en pleine poitrine. — Tout cela ne m'enrichit guère, mes loques le crient à qui veut l'entendre... — J'ai vécu cependant tant bien que mal, et tu en sais désormais sur mon compte aussi long que moi-même... — A ton tour de parler, ma chère...

— Comme toi, j'ai lutté sans cesse, — répondit la jeune femme.

— Moi j'échouais... — Réussissais-tu?

— Toujours.

— Cela devait être... — Tu es si belle!

— L'expérience du passé ma servi! Nous avons été crédules jusqu'à la folie! Je me suis dit que la crédulité des hommes, leur bassesse, leurs passions folles, leurs orgueils insensés, seraient une mine inépuisable pour qui la saurait exploiter! Je ne me trompais pas. Cette science cabalistique, qu'ensemble nous avions étudiée en adeptes fervents et qui n'est qu'un tissu d'erreurs, d'absurdités, de jongleries, j'ai voulu m'en servir, et je l'ai fait avec assez d'audace pour imposer partout des croyances que je n'avais plus... — J'ai parcouru l'Europe entière, entourée de respect, d'admiration et d'une aveugle confiance... Les oracles menteurs qui tombaient de mes lèvres faisaient pleuvoir l'or dans mes mains. J'ai rendu célèbre le nom de Viola Reni. — Je suis riche déjà et je le serais plus encore... — J'entrevois des sommets éblouissants, j'y veux monter, j'y monterai!

— Partis du même point tous deux, nous nous sommes étrangement séparés en route! — s'écria Gérard d'un ton moitié sérieux et moitié plaisant : — toi en haut, moi en bas! Oh! destinée!...

— Ne l'accuse pas, — répondit l'aventurière, — crois-tu donc que, t'ayant retrouvé, je t'abandonnerai, toi, mon maître, toi, mon ami?... Gérard, si tu le veux, nous monterons ensemble. Je t'attache à ma fortune...

— A quel titre?

— Si j'osais me servir d'une expression ridiculeusement ambitieuse, — fit la jeune femme en souriant, — je te répondrais : à titre de premier ministre...

— Explique-toi.

— La route où je marche est parfois difficile... — J'ai besoin de m'appuyer sur un bras fort et dévoué, qui me soutienne toujours et qui me défende s'il le faut!... — J'ai besoin d'un intermédiaire intelligent dans certaines graves occasions, et si cet intermédiaire se nomme le comte Gérard de Noyal, le prestige de Viola Réni grandira de toute la hauteur de ce nom respecté... — J'ai besoin enfin d'un complice qui, sans cesse auprès de moi, et connaissant Paris entier, complète par sa présence le travail que tu m'as remis il y a une heure, en m'enseignant les noms et en me montrant les visages, quand j'aurai appris par cœur les renseignements renfermés dans ce manuscrit... — Tu peux être tout cela, Gérard, si tu le veux... — Le veux-tu?...

— Je le veux... Ah! oui, je le veux!...

— Ainsi, c'est convenu, bien convenu?

— Cent fois pour une! — répondit le gentilhomme en serrant la main qu'Hilda lui tendait.

— Unis de nouveau?

— Et pour toujours, cette fois!

— Gérard, — reprit la jeune femme, — la richesse n'est point le seul but auquel nous devions marcher ensemble. — Il en est un autre qu'il faut atteindre aussi. — Un autre oublié trop longtemps... la vengeance que nous avions jurée!

— Existe-t-il encore, LUI?

— Il existe...

— Est-il à Paris?

— Il y est, et, singulier hasard, il était tout à l'heure dans cette maison...

— Dans cette maison!... — répéta-t-elle, — qu'y venait-il faire?

— Chercher un gentilhomme de province qu'il patronne.

— T'as-t-il vu ?

— Il ne m'as pas regardé... D'ailleurs, m'aurait-il reconnu ? Mais tu pouvais te trouver brusquement en sa présence... Et qui sait si cette rencontre, évitée aujourd'hui, n'aura pas lieu demain...

— Eh bien, que m'importe ? je jure Dieu que je ne l'éviterai pas !

— Le jour où le hasard vous mettra face à face, que feras-tu?

— Je n'en sais rien, mais je sais que si, ce jour-là, l'un de nous deux a peur de l'autre, ce n'est pas moi qui tremblerai... — Hélion de Saillé, monsieur mon mari, si vous êtes prudent, détournez-vous de moi, et si vous croyez en Dieu priez-le que je ne vous cherche pas !

La conversation de Gérard et d'Hilda continua dans la chambre n° 7, mais il nous paraît inutile de rapporter ici les paroles échangées entre les anciens amants, réunis de nouveau et prêts à commencer ensemble une œuvre d'intrigues et de ténèbres.

Le Lynx et Fil-d'Acier venaient de revenir, enchantés l'un et l'autre. — Le premier s'était fait livrer, au bureau du coche de la rue Plâtrière, une notable quantité de malles et de valises bien garnies, constituant le bagage du vicomte de Folle-Aveine.

Fil-d'Acier, lui, avait obtenu du juif Samuel, recéleur émérite, un prix satisfaisant du diamant dérobé à l'infortuné provincial.

Bref, les deux coquins jubilaient et s'apprêtaient à faire honneur au souper copieux qu'on allait leur servir, et que Cupidon et Compère Loriot comptaient partager.

CHAPITRE XI

TOILE D'ARAIGNÉE TENDUE

Fil-d'Acier pressait Gimblette, mais le Lynx s'interposa.

— Attendons Flamel, — dit-il. — C'est un joyeux compagnon le verre en main... Si nous soupions sans lui, ses chansons et sa gaieté nous manqueraient.

En ce moment la porte de la salle s'ouvrit, et deux nouveaux personnages firent leur entrée dans le cabaret. — Flamel, ou plutôt Gérard de Noyal, l'avait dit dans une des strophes de sa *pièce fugitive :*

« Paris, naguère, était sombre et morose,
Un ennui lourd y régnait sans rival.
Ce temps n'est plus... Tout est couleur de rose,
Et la Régence est un vrai carnaval ! »

Personne ne manifesta donc le moindre étonnement en voyant que l'un des personnages qui venaient d'ouvrir la porte cachait son visage sous un demi-masque de velours noir. — C'était un homme d'une belle taille et d'une tournure fière. — La simplicité de son costume n'en excluait ni l'élégance, ni la richesse. — La noblesse de sa démarche trahissait un rang élevé.

Il s'arrêta pendant une ou deux secondes sur le seuil et, après avoir regardé les groupes disséminés autour des tables dans l'intérieur de la salle, il fit un signe au gentilhomme qui marchait derrière lui et qui s'approcha aussitôt d'un air de familiarité respectueuse. — Ce gentilhomme, que sa maigreur et un grand air de distinction rendaient remarquable, avait le visage découvert.

— Marquis, — lui dit à voix basse l'homme masqué, — soyez prudent... que pas un geste ne puisse me faire reconnaître... Que pas un mot ne décèle la nature du puissant intérêt qui me guide...

— Je supplie Votre Altesse... — commença le gentilhomme.

— Est-ce là votre prudence, marquis? — interrompit vivement l'homme masqué. — Ce titre seul suffirait pour trahir mon incognito.

— Je me suis laissé entraîner par la force de l'habitude, mais je veillerai sur moi, et je vous prie, monsieur, de bannir toute inquiétude...

— C'est ici, dans cette taverne, — reprit le premier interlocuteur, — que vous espérez, m'avez-vous dit, rencontrer l'homme adroit et intelligent dont vous aurez besoin?...

— Ici même. Je me suis renseigné sur ses habitudes, et je sais qu'il y vient chaque soir en compagnie d'autres vauriens de son espèce... car il est impossible de se faire sur son compte la moindre illusion, c'est une manière de bandit.

— Qu'importe, pourvu qu'il me serve comme je veux être servi? Allons, marquis, cherchez-le.

Le gentilhomme promena ses yeux sur les buveurs et répondit :

— Je n'irai pas loin pour le trouver. Il est là.

— Eh bien, qu'il vienne, et parlez-lui...

Le gentilhomme s'approcha de la table qu'entouraient le Lynx, Fil-d'Acier, Cupidon et Compère-Loriot. — Il toucha du bout du doigt l'épaule du premier de ces coquins, en lui disant :

— Maître Jacques Aubry, deux mots, s'il vous plaît.

Le Lynx tressaillit, se retourna, et quitta sa place en murmurant avec une véritable stupeur :

— Monsieur le marquis de Thianges !

— Vous me connaissez?

— J'ai cet honneur... — Qui ne connaît le capitaine des gardes de Son Altesse le Régent...

— Venez par ici, je vous prie, nous avons à causer...

— Aux ordres de monsieur le marquis...

M. de Thianges conduisit le Lynx auprès de l'homme masqué, et il entama ainsi l'entretien :

— Savez-vous, maître Jacques Aubry, que les gazettes s'occupent de vous?...

— A cause de l'affaire du chapon, — répondit le sacripant. — On s'accorde à trouver ma réponse assez drôle. — Mais j'ai fait mon temps... je ne dois rien à la justice...

— Aussi ne vous réclame-t-elle rien... à ma connaissance, du moins... Mais cette anecdote a remis votre nom en mémoire à monsieur que voici...

Le marquis de Thianges désigna l'homme masqué que le Lynx salua jusqu'à terre, puis il continua :

— Monsieur est un gentilhomme de province. — Il s'est souvenu qu'il avait entendu parler de vous autrefois...

— Tant pis! — pensa le Lynx, — on n'a pas dû lui faire mon éloge...

— Avant d'être ce que vous êtes,— reprit M. de Thianges, — vous avez porté la livrée...

— C'est exact, monsieur le marquis.

— Vous avez été piqueur chez le comte de Saint-Gildas?

— Décapité en place de Grève, il y a vingt ans ou environ... — Toujours exact, monsieur le marquis. — Les biens du comte furent confisqués. — La comtesse, ruinée, congédia sa maison... et je me trouvai sur le pavé... — J'avais eu un bon maître... — Je n'étais pas sûr de le remplacer d'une façon satisfaisante... Je renonçai définitivement au service, et je me mis à vivre d'une vie un peu... aventureuse.

— La comtesse de Saint-Gildas avait une fille.

— Née après la mort du comte... — On me l'a dit, mais je ne l'ai jamais vue...

— Maître Jacques Aubry, êtes-vous toujours le chercheur de pistes adroit et infatigable que vous étiez jadis?...

— Toujours, monsieur le marquis... — Dieu merci, je ne songe pas encore à me rouiller... J'ai bon pied, bon œil et le reste.

— Je vais vous donner l'occasion d'utiliser tout cela.

— Je ferai de mon mieux !... Monsieur le marquis peut y compter.

— Madame de Saint-Gildas est morte.

— Voilà une nouvelle qui me peine... — Madame la comtesse était bonne et charitable... tous ses gens l'aimaient...

— Sa fille existe, et ce gentilhomme est à sa recherche...

— Elle doit avoir à peu près vingt ans, — dit le Lynx, — et sans doute elle est belle comme l'était sa mère. — Je comprends... je comprends... histoire d'amour...

— Vous ne comprenez absolument rien, — murmura M. de Thianges, —abstenez-vous de suppositions... Mademoiselle de Saint-Gildas a disparu. — Il faut la retrouver...

— Oui... — murmura le gentilhomme masqué, — retrouver cette enfant... la retrouver à tout prix !

— C'est bien... — répliqua le Lynx, — on fera le possible... — Quand faudra-t-il se mettre en chasse?

— Dès demain.

— On s'y mettra.

— Espérez-vous réussir? — demanda vivement l'inconnu.

— Cela dépend...

— De quoi ?

— Mais, d'abord, des renseignements que vous allez me donner... Vous comprenez, mon gentilhomme, que pour agir avec quelque chance de succès il faut avoir un point de départ et deux ou trois points de repère. Si l'on ne devait compter que sur le hasard, on risquerait souvent de compter sans son hôte...

Le Lynx tira de sa poche un crayon et des tablettes qu'il ouvrit.

— Permettez-moi de prendre des notes, — dit-il, — d'abord le nom de baptême de mademoiselle de Saint-Gildas ? — Je l'ai su autrefois, mais je l'ai oublié...

— Diane.

— Quel endroit habitait-elle en dernier lieu ?...

— Une petite maison de La Varenne-Saint-Maur.

— Quand a-t-elle disparu ?

— Il y a deux mois à peu près, le lendemain de la mort de sa mère.

— Rien n'indiquait de sa part l'intention de mettre fin à sa vie ? — Vous comprenez qu'il serait absurde de la chercher si elle était au fond de la Marne...

— Rien absolument... — Elle a pris les vêtements et le linge qui lui appartenaient, et elle s'est fait conduire, en carriole, à Paris où on perd sa trace.

— Et il y a deux mois de cela ?... — La piste est toute fraîche encore. — Je crois pouvoir promettre à monsieur le marquis que nous ne ferons pas buisson creux.

— Ah ! — murmura le gentilhomme masqué, — que Dieu vous entende !

— Maintenant, — reprit le Lynx en remettant les tablettes dans sa poche, — monsieur le marquis veut-il me permettre de lui adresser une question ?

— Sans doute.

— Comment se fait-il que, pour retrouver mademoiselle de Saint-Gildas, vous vous adressiez à moi plutôt qu'à monseigneur le lieutenant de police, lequel est à votre dévotion ? — S'il s'agissait de quelque chose de louche, je comprendrais qu'on me donnât la préférence... l'affaire rentrerait dans ma spécialité... — Mais ce n'est pas cela... ou du moins ce n'en a pas l'air. — Est-ce qu'on ne me dit pas bien tout ?...

— On ne vous cache rien, seulement ce gentilhomme, étant personnellement connu du lieutenant de police, ne veut point s'adresser à lui. — Pour certains motifs de famille qu'il est inutile de vous dire, il tient à ce que ses recherches soient ignorées de tout le monde...

— A la bonne heure... voilà une raison...

— Maintenant, — reprit M. de Thianges, — apprenez-nous quel prix vous mettez au service que nous attendons de vous ?...

— Ce nom, quel est-il donc? — Viola Réni, — répondit Hilda. (Page 220.)

— Monsieur le marquis plaisante! Je ne suis pas assez mal avisé pour faire prix avec un gentilhomme comme monsieur le marquis! — Je préfère mille fois m'en remettre à sa générosité... J'ai tout à y gagner.

— Soit... — Voici deux mille livres. — C'est un à-compte pour les premiers rais. — Le jour où vous viendrez m'apprendre que mademoiselle de Saint-Gildas est retrouvée...

— Ce jour-là, — interrompit le seigneur masqué, — demandez hardiment... et je vous jure que, si haute que soit votre ambition, elle sera satisfaite...

Le Lynx salua jusqu'à terre.

— Ah mordieu ! — s'écria-t-il, — voilà ce que j'appelle traiter les affaires en grand seigneur ! Le Régent ne dirait pas mieux !

Le gentilhomme masqué fit un mouvement réprimé aussitôt. Le Lynx reprit :

— Où et quand devrai-je rendre réponse à monsieur le marquis ?

— D'aujourd'hui en huit, dans la soirée, au Palais-Royal.

— Je me connais et je sais que je ne paye point de mine... les gardes et les laquais me refuseront l'entrée...

— Je vais vous signer un laisser-passer... — Demandez ce qu'il faut pour écrire...

Tandis que le Lynx s'empressait à trouver une plume, de l'encre et du papier, et que M. de Thianges traçait quelques lignes, Gérard de Noyal et la prétendue Viola Réni avaient paru sur la galerie qui dominait la salle et s'étaient arrêtés.

— Gérard, — dit la jeune femme, — tu peux dès à présent commencer le rôle que tu dois jouer auprès de moi. — Quels sont ces hommes?

Et elle désignait le groupe composé de Jacques Aubry, du marquis et du personnage masqué.

— Le premier, celui qui écrit, — répondit Gérard, — est le marquis de Thianges.

— L'ami du Régent et son capitaine des gardes?

— Oui. — Le second, penché sur la table où le marquis écrit, est Jacques Aubry, surnommé le Lynx, un madré coquin qui peut au besoin devenir utile...

— Et le troisième?

— Il est masqué, tu le vois.

— Ne peut-on deviner un visage sous un masque? — Ne peut-on reconnaître les gens à leur tournure?... Celle-là, certes, n'est point ordinaire...

— Tu as raison... — cette taille, cette démarche... oui... oui... c'est cela ! — Hilda, ce gentilhomme masqué, c'est Philippe d'Orléans, régent de France...

— Tu en es sûr?

— Oui, sûr.

— Le Régent ici !...

— Pourquoi non? — Des bouges bien autrement immondes que ce cabaret ont été honorés plus d'une fois de la présence de Son Altesse. Il aime les gaietés populaires, et même populacières. Il est facile de voir d'ailleurs que quelque grave intérêt l'appelle ici ce soir. Il y a sous roche un mystère. Cette conférence avec Jacques Aubry me le prouve jusqu'à l'évidence.

— C'est bien, — répondit la jeune femme en laissant retomber son voile sur son visage et en s'apprêtant à descendre.

— Que vas-tu faire? — demanda vivement Gérard.

— Présenter moi-même à Son Altesse la demande d'audience que je comptais adresser demain au Palais-Royal.

— Prends garde, Hilda!

— A quoi donc?

— C'est bien hardi, ce que tu veux tenter.

— Ne connais-tu pas le proverbe antique : *la fortune aime les audacieux?* — Une fois de plus, je lui donnerai raison.

Et la jeune femme, descendant l'escalier et traversant la salle, alla se placer résolûment près de la porte qui s'ouvrait sur la rue Saint-Honoré.

Le marquis de Thianges avait fini d'écrire.

— Voilà votre laisser-passer, — dit-il en tendant le papier à Jacques Aubry. — D'aujourd'hui en huit, dans la soirée, au Palais-Royal. N'oubliez pas.

— Je n'aurai garde, monsieur le marquis, et j'espère qu'il y aura du nouveau.

Le Lynx salua, et rejoignit ses compagnons. — M. de Thianges se tourna vers l'homme masqué. — Ce dernier fit un geste qui signifiait clairement : — Partons.

Tous deux se dirigèrent du côté de la porte. — Ils allaient l'atteindre quand Hilda, se détachant de la muraille contre laquelle elle s'appuyait, leur barra le passage.

— Faites-nous place, madame... — dit M. de Thianges.

La jeune femme n'obéit point; mais, s'inclinant devant le gentilhomme masqué, elle murmura :

— Pardon, monseigneur...

— Monseigneur!... — répéta d'un ton de surprise le personnage auquel elle s'adressait.

— Votre Altesse royale daignera-t-elle m'accorder une audience de quelques minutes? — reprit Hilda d'une voix très-basse.

Le marquis intervient.

— Vous vous trompez, madame, — s'écria-t-il avec impatience.

— Non, monsieur de Thianges, je ne me trompe pas. — Je sais que j'ai l'honneur de parler à monseigneur Philippe d'Orléans, régent de France.

— Vous m'avez reconnu?... — demanda le Régent.

— Je ne connais pas Votre Altesse.

— Mais alors?...

— Ah! Monseigneur, quand vous saurez mon nom, vous comprendrez que mes regards devinent un visage sous le masque qui veut le cacher.

— Ce nom, quel est-il donc?

— Viola Réni, — répondit Hilda.

Le Régent tressaillit.

— Quoi! — répliqua-t-il. — Cette femme dont le savoir est sans limites, dont la renommée remplit le monde...

— Cette femme, monseigneur, c'est moi.

En prononçant ces mots, Hilda releva son voile.

A travers les trous du masque on put voir un rayon de flamme s'allumer dans les yeux de Philippe d'Orléans.

— Si jeune... — dit-il, — si belle! vous!

— Parfois la science, monseigneur, devance le nombre des années...

— Que voulez-vous de moi, madame?

— Je l'ai dit à Votre Altesse Royale, une audience.

— Elle vous est accordée. — J'aime les sciences occultes, vous ne l'ignorez pas, — je suis un croyant, presque un adepte. — Je vous recevrai, madame.

— Merci, monseigneur.

— Demain je pars pour Saint-Germain. Mon absence durera sept jours. — D'aujourd'hui en huit, madame, dans la soirée, présentez-vous au Palais-Royal et demandez le marquis de Thianges. Des ordres auront été donnés. Vous serez conduite auprès de moi sur-le-champ. Et peut-être alors, madame, solliciterai-je de votre science la révélation d'un secret d'où dépend le repos de ma vie.

— Et la science, interrogée par vous, répondra, je vous le jure.

— Dans huit jours, madame.

— Monseigneur, dans huit jours...

FIN DU PREMIER TOME.

www.ingramcontent.com/pod-product-compliance
Ingram Content Group UK Ltd.
Pitfield, Milton Keynes, MK11 3LW, UK
UKHW020322230726
13925UKWH00002B/561

9 782019 141271